Dieses Buch wurde mit Unterstützung des ©Poland Translation Program veröffentlicht.

Erste Auflage 2021
KATAPULT-Verlag Greifswald
Die Originalausgabe ist 2019 unter dem Titel *Jak nakarmić dyktatora*
bei Grupa Wydawnicza Foksal, Warschau erschienen.

www.katapult-verlag.de
verlag@katapult-verlag.de

Gesetzt aus: Arno Pro, Bebas Neue Pro
Druck und Bindung: Optimal Media, Röbel
Papier: Enviro Top U Recyclingpapier
ISBN: 978-3-948923-28-0

An diesem Buch haben mitgewirkt:
Momo Anders, Philipp Bauer, Kristin Gora, Felix Lange, Iris Ott und Sebastian Wolter

WIE MAN EINEN DIKTATOR SATT BEKOMMT

WITOLD SZABŁOWSKI

Aus dem Polnischen
von Paulina Schulz-Gruner

KATAPULT

If "we are what we eat," cooks have not just made our meals, but have also made us. They have shaped our social networks, our technologies, arts and religions. Cooks deserve to have their story told often and well.

Michael Symons
A History of Cooks and Cooking

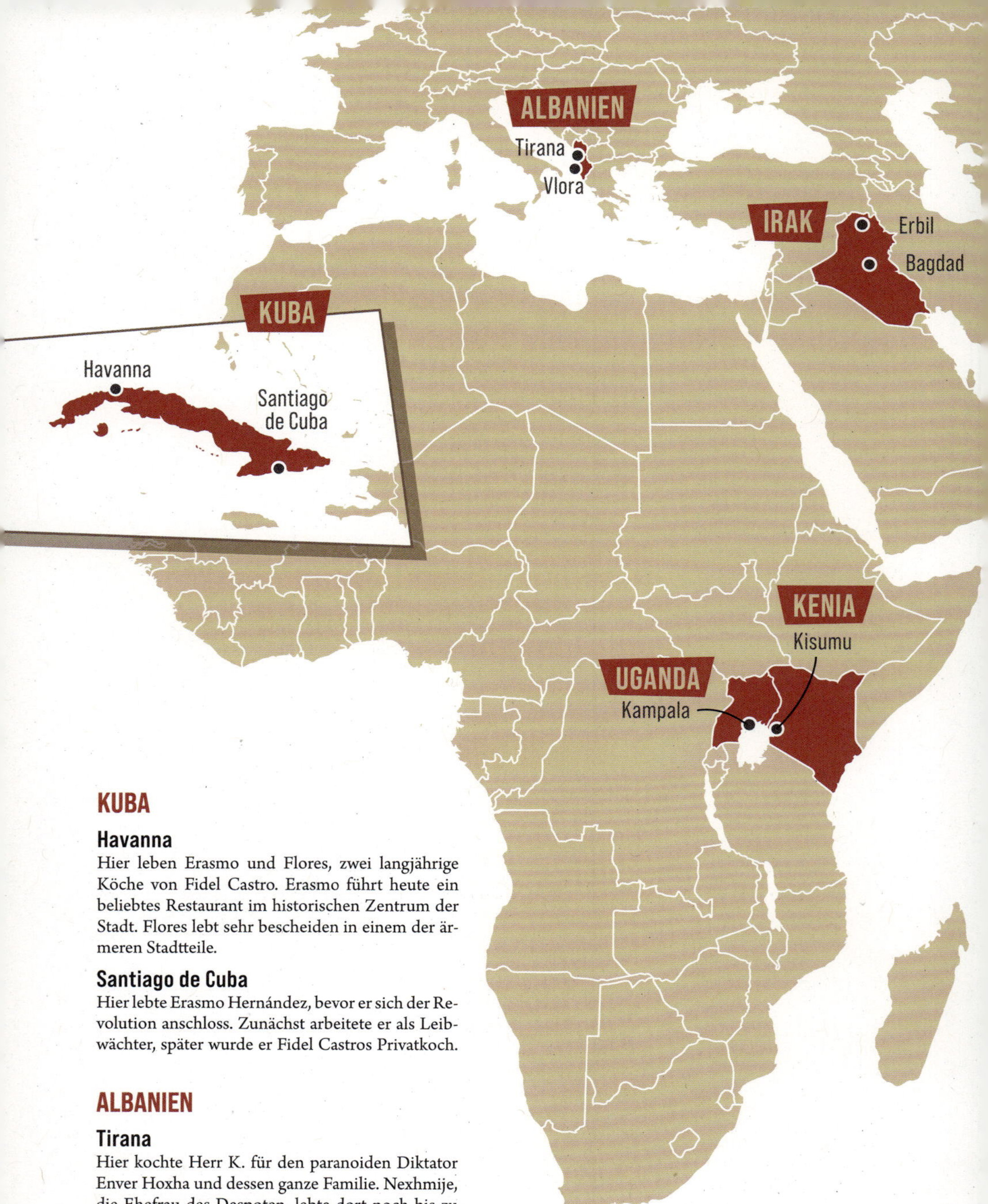

KUBA

Havanna

Hier leben Erasmo und Flores, zwei langjährige Köche von Fidel Castro. Erasmo führt heute ein beliebtes Restaurant im historischen Zentrum der Stadt. Flores lebt sehr bescheiden in einem der ärmeren Stadtteile.

Santiago de Cuba

Hier lebte Erasmo Hernández, bevor er sich der Revolution anschloss. Zunächst arbeitete er als Leibwächter, später wurde er Fidel Castros Privatkoch.

ALBANIEN

Tirana

Hier kochte Herr K. für den paranoiden Diktator Enver Hoxha und dessen ganze Familie. Nexhmije, die Ehefrau des Despoten, lebte dort noch bis zu ihrem Tod im Februar 2020.

Vlora

In dieser Stadt traf Herr K. zum ersten Mal auf Enver Hoxha, für den er lange Jahre tätig sein sollte. Diese Begegnung hat sein Leben verändert.

KENIA UND UGANDA

Kisumu (Kenia)

In der Nähe dieser Ortschaft wurde Otonde Odera geboren, der Koch der Präsidenten Milton Obote und Idi Amin. Er stammt aus dem Volk der Luo, das in den umliegenden Dörfern lebt. Viele Mitarbeiter der ugandischen Präsidenten waren Luo. Auch der Vater Barack Obamas, des 44. Präsidenten der USA, kam von hier.

Kampala (Uganda)

Die Hauptstadt Ugandas. Hier regierte Idi Amin, der brutale Despot, der seine Feinde den Krokodilen zum Fraß vorwarf. Bis heute gehen Gerüchte über seinen Kannibalismus um.

IRAK

Bagdad

Hier lebte und arbeitete Abu Ali, der letzte Koch des berüchtigten Diktators Saddam Hussein. Nach dem Einmarsch der Amerikaner versteckte er sich und überlebte als einziger der ehemaligen Köche Saddams.

Erbil

Hier diente Abu Ali in der Armee während einer der Kurden-Aufstände. Zunächst wurde er der Infanterie zugeteilt, doch später konnte er seine Vorgesetzten davon überzeugen, dass er sich viel besser als Feldkoch eignete.

KAMBODSCHA

Anlong Veng

Hier siedelten die letzten Soldaten der Roten Khmer und hier lebt bis heute Yong Moeun, langjährige Köchin und Vertraute des sadistischen Diktators Pol Pot.

Phnom Penh

Die Hauptstadt Kambodschas. Während der blutigen Herrschaft Pol Pots und seiner Schergen verlor mindestens ein Viertel der kambodschanischen Bevölkerung sein Leben.

MENÜ

VORSPEISE

Habt ihr euer Besteck in den Händen? Servietten auf den Knien? Dann muss ich euch noch um einen Moment Geduld bitten. Zunächst eine kurze Einführung.

Bevor wir uns dem Hauptmenü widmen, möchte ich euch erzählen, wie ich beinahe selbst Koch geworden wäre.

Ich war Mitte zwanzig und gerade erst mit dem Studium fertig. Ich fuhr nach Kopenhagen, um Freunde zu besuchen, und irgendwie fand ich ein paar Tage später Arbeit – als Tellerwäscher in einem mexikanischen Restaurant in der Innenstadt. Selbstverständlich schwarz, aber ich verdiente in vier Tagen so viel wie meine Mutter als Lehrerin in einem ganzen Monat. Dieser Gedanke half mir dabei, die gruselig kitschige Einrichtung und den Gestank nach altem Fett auszuhalten, den man weder von der Haut waschen konnte noch aus der Kleidung bekam. In diesem Restaurant stolperte man auf Schritt und Tritt über künstliche Kakteen oder blieb an Holsterimitationen und Sombreros hängen, die an den Wänden und an der Garderobe drapiert waren, und die unsere mit Tequila abgefüllten Gäste fast jeden Abend zu klauen versuchten.

Die jeweiligen Räume betrat man durch Saloontüren; nur in der Küche hatten wir welche, die man richtig abschließen konnte. Besser so. Es war wirklich besser, dass die Gäste nicht mitbekamen, was dahinter passierte. In der Küche standen, über Töpfe und Pfannen gebeugt, irakische Kurden, jeder mit Kippe in der Hand. Der Besitzer des Ladens hatte sie allesamt aus Kurdistan geholt. Dieser Typ, ein Araber, der mit einem nagelneuen, glänzenden, fetten BMW durch die Stadt gondelte, hatte das Restaurant von einem älteren Kanadier gekauft, der keine Lust mehr hatte, ein mexikanisches Restaurant in Kopenhagen zu leiten. Ich weiß nicht, wie viel der Araber dem Kanadier bezahlt hatte, aber das Geschäft lief hervorragend.

Auf jeden Fall beschäftigte er sechs Köche, die von früh bis spät zu tun hatten. Keiner von ihnen war je in Mexiko gewesen, sie hätten sicher Schwierigkeiten gehabt, das Land auf einer Weltkarte zu zeigen. Ich glaube übrigens nicht, dass auch nur einer von ihnen vorher tatsächlich Koch gewesen war. Man brachte ihnen bei, Burritos, Fajitas, Tacos und Hähnchen auf mexikanische Art zuzubereiten, und das Essen so mit Sauce zu begießen, dass man wenig Sauce verbrauchte, es aber nach viel aussah.

Also kochten sie, brieten, machten und taten. Den Leuten schmeckte es, und das ist doch das Wichtigste.

„Im Irak gibt es keine Arbeit", erzählten sie, als müssten sie sich vor mir rechtfertigen.

Sie brachten mir bei, vor der Arbeit einen durchzuziehen. Marihuana. „Sonst erträgst du das hier nicht", sagten sie und bliesen den Rauch aus.

Sie brachten mir bei, auf Kurdisch bis zehn zu zählen.

Sie brachten mir kurdische Flüche bei, darunter einen ganz schlimmen, bei dem es um die Mutter ging.

Und ich bediente jeden Tag drei Geschirrspüler, schrubbte angebrannte Töpfe und Bratpfannen von Hand und versuchte in meiner knappen Freizeit, eine Ratte zu zähmen, indem ich ihr Essensreste brachte. Ich weiß, eine idiotische Idee, ich hatte sie aus einem Film. Zum Glück war die Ratte schlauer als ich und hatte nicht vor, sich mir zu nähern.

Die Kurden waren wirklich gute Arbeitskollegen. Sie planten schon meine Karriere für mich.

„Wir bringen dir bei, wie man kocht", sagten sie. „Dann musst du nicht dein ganzes Leben lang am Geschirrspüler stehen."

Das hoffte ich auch. Also lernte ich, Burritos zuzubereiten, Hähnchen zu braten und Tacos mit Sauce zu begießen – genau wie sie es taten.

Bis eines Tages mein Handy klingelte. Jemand hatte dem Chef eines anderen Restaurants erzählt, dass es da einen polnischen Jungen gebe, der gerne schwarzarbeitete. Dieser Typ wollte mich also abwerben. Dort würde ich in nur drei Tagen so viel verdienen, wie meine Mutter in einem Monat bekam. Außerdem würde ich aufsteigen, vom Tellerwäscher zum Hilfskoch. Ohne lange zu überlegen verabschiedete ich mich von den Kurden. Zwei Tage später zog ich eine schwarze Schürze an und stellte mich an den Gasherd in einem kleinen, jedoch beliebten Laden unweit der Nørrebrogade.

Diesmal waren wir zu zweit in der Küche: der Besitzer, August, und ich, Witold, sein Helfer. August war halb Kubaner, halb Pole, doch er war in Chicago aufgewachsen und sprach weder Spanisch noch Polnisch. Bisher hatte er vor allem als Koch auf Handelsschiffen gearbeitet. Dieses Restaurant sollte ihm seine Rente sichern.

Solange keine Kunden da waren, konnte man sich mit August ganz normal unterhalten, doch um die Mittagszeit, wenn von den acht Tischen beispielsweise sechs besetzt waren, fuhr ein Dämon in ihn. Die Töpfe knallten, die Teller flogen, August brüllte. Er beleidigte aufs Vulgärste das ganze Team, vor allem aber seine Ehefrau – gleichzeitig die Bardame und Teilhaberin des Lokals.

„August", sagte ich nach einem dieser Ausbrüche zu ihm, „wenn du mich noch einmal so angehst, werfe ich meine Schürze zu Boden und gehe."

Er lächelte nur.

„Witold, ich habe mein ganzes Leben in der Küche gearbeitet. Und ich weiß genau, wen ich anbrüllen darf und wen nicht."

Als er mein verwundertes Gesicht sah, fügte er hinzu: „Wir arbeiten den ganzen Tag zusammen, wir beide auf vier Quadratmetern. Du bist der letzte Mensch, mit dem ich Stress haben will."

Also war er durchaus in der Lage, seine Aggressionen zu kontrollieren, wenn er wollte! In diesem Moment ging mir durch den Kopf, dass er genauso gut Diplomat sein könnte. Ich erkannte zum ersten Mal, wie clever Köche sein können.

Sobald sich die Situation im Gastraum entspannte, wurde auch August ruhiger. Dann erzählte er mir vom Meer. Er hatte sein halbes Leben auf See verbracht und vermisste es sehr. In seinen Erzählungen gab es Delfine und Wale und Stürme und einsame Segelboote, an denen er mit seinem riesigen Schiff vorbeifuhr. Es gab tropische Inseln und eiskaltes Grönland. Die ganze Welt.

Wenn wir keine Kundschaft hatten, wurde August zu einem wunderbaren, warmherzigen, humorvollen Menschen. Doch dann kamen die Gäste und er drehte wieder durch.

Ich schaute mir dieses Auf und Ab seiner Stimmungen einige Monate an. Wir kochten jeden Tag zusammen und ich half ihm, neue Gerichte für die geplante Speisekarte zu kreieren. Es war magisch. Mir war, als würden wir zu zweit die *Mona Lisa* malen. August stellte für diese Sitzungen immer eine Flasche von etwas Stärkerem kalt und wir hockten bis tief in die Nacht in der Küche. Ich schnippelte Gemüse und schnitt Fleisch und August erdachte immer raffiniertere Kompositionen. Doch damit erschöpfen sich die Ähnlichkeiten zur Malerei bereits. Leonardo da Vinci musste seine *Mona Lisa* nicht immer und immer wieder malen, wir aber diskutierten jeden Tag zig Mal über die jeweiligen Speisen.

August brachte mir bei, wie man ein Messer hält, um sich nicht die Fingerspitzen abzuhacken. Wie man Brötchen aus dem Ofen holt, ohne sich zu verbrennen. Wie man Steaks, Salate und eine großartige Lauchcremesuppe zubereitet. Und er brachte mir sogar bei, wie man am besten steht, welche Position man einnehmen muss, um einen ganzen Tag auf den Beinen durchzuhalten.

Bei ihm lernte ich, sparsam zu kochen; wenn nach dem Sonntagsbrunch (für den unser Restaurant berühmt war) teure Früchte wie Himbeeren, Kumquats oder Litschis auf den Tellern verblieben, wurden sie gewaschen und dem nächsten Gast serviert.

„Das Obst ist zu teuer, um es wegzuschmeißen!", erklärte er mir, als er mein erstauntes Gesicht sah.

Eines Tages war es dann so weit. Innerhalb weniger Minuten war der ganze Laden voll und draußen stand eine Menschenschlange. August platzte der Kragen: „Du beschissener Faulpelz!", brüllte er mich an. Offenbar konnte er seine Stimmungen doch nur bedingt kontrollieren. „Was glotzt du so? Hol die Brötchen raus!"

Meine Schürze flog zu Boden. Ich war raus.

Ein paar Tage später rief mich August an und sagte sogar etwas, das nach „Entschuldigung" klang. Nicht, weil er mich irgendwie besonders gemocht hätte. Ich war einfach eine günstige und gute Arbeitskraft und ihm lag daran, dass ich weitermachte. Doch ich hatte keine Lust mehr, mir seine Stimmungsschwankungen anzutun.

Ich begann, als Rikschafahrer für Touristen zu jobben. Ein halbes Jahr später kehrte ich nach Polen zurück und wurde Journalist. Ich vergaß jedoch nie mehr, was für faszinierende Menschen Köche sein können. Sie sind Dichter, Physiker, Ärzte, Psychologen, Therapeuten und

Mathematiker in einem. Die meisten von ihnen haben eine faszinierende Lebensgeschichte. Doch es ist eine Arbeit, bei der man schnell ausbrennt. Nicht jeder eignet sich dafür. Ich bin das beste Beispiel.

Lange Jahre schrieb ich über gesellschaftliche und politische Themen. Ich hatte keine Idee, wie ich das Thema Küche wieder in mein Schreiben integrieren könnte, obwohl ich seit meiner Zeit in Kopenhagen ein Faible dafür hatte.

Bis ich eines Tages den Dokumentarfilm *Cooking History* des slowakisch-ungarischen Regisseurs Peter Kerekes sah. Er handelte von Militärköchen; einer von ihnen war Branko Trbović, der persönliche Koch des Marschalls Josip Broz Tito, des Alleinherrschers von Jugoslawien.

Er war der erste Diktatorenkoch, den ich jemals gesehen habe. Da machte etwas klick in meinem Kopf. Ich begann zu überlegen, welche Berichte über den Verlauf der Weltgeschichte jene abgeben könnten, die in ihren Schlüsselmomenten in der Küche standen. Was war in den Töpfen, während sich das Schicksal der Welt entschied? Was bemerkten sie aus dem Augenwinkel, während sie aufpassten, dass der Reis nicht anbrannte, die Milch nicht überkochte, die Kartoffeln rechtzeitig gar wurden? Während sie das perfekte Schnitzel zubereiteten?

Schnell tauchten weitere Fragen auf: Was aß Saddam Hussein, nachdem er den Befehl erteilt hatte, Abertausende von Kurden zu vergasen? Hat er keine Magenkrämpfe bekommen? Was nahm Pol Pot zu sich, während beinahe zwei Millionen Khmer an Hunger starben? Und was Fidel Castro, als er die Welt an den Rand der nuklearen Katastrophe brachte? Wer von ihnen aß gerne scharf, wer eher mild? Wer haute so richtig rein und wer stocherte nur auf seinem Teller herum? Wer mochte sein Steak durchgebraten und wer blutig? Schließlich: Inwiefern beeinflusste ihre

Ernährung ihre politischen Entscheidungen?

Vielleicht hatte einer der Köche eine wesentliche Rolle in der Geschichte seines Landes gespielt, dank der Magie, die ein gutes Essen verbreiten kann?

Ich hatte keine Wahl. Mittlerweile hatte ich so viele Fragen, dass ich mich auf die Suche nach den Köchen der Diktatoren machen musste. Also fuhr ich los.

Die Arbeit an diesem Buch dauerte knapp vier Jahre. Ich bereiste vier Kontinente: von einem vergessenen Dorf in der kenianischen Savanne über die Ruinen des antiken Babylon im Irak bis hin zum kambodschanischen Dschungel, wo sich die letzten der Roten Khmer versteckten.

Ich saß in den Küchen der außergewöhnlichsten Köche der Welt; wir feierten, tranken, kochten, spielten Rommé. Wir gingen zusammen auf den Markt, schacherten um den Preis von Gemüse und Fleisch. Wir brieten Fisch, buken Brot, kochten süß-saure Suppe mit Ananas und Pilaw mit Ziegenfleisch.

Es dauerte stets ein wenig, bis ich diese Menschen zu einem Gespräch über die Diktatoren überreden konnte. Die einen haben das Trauma, für jemanden gearbeitet zu haben, der sie jederzeit töten konnte, noch nicht überwunden. Die anderen dienten treu dem Regime und wollen bis heute keine Geheimnisse verraten, nicht einmal die Küchengeheimnisse. Wieder andere wollten die alten Erinnerungen nicht hochkommen lassen, da sie noch immer schmerzten.

Darüber, wie ich die Köche überzeugt habe, sich mir anzuvertrauen, könnte ich ein weiteres Buch schreiben. In einem Extremfall habe ich über drei Jahre dafür gebraucht, doch es ist mir gelungen.

Ich lernte die Geschichte des 20. Jahrhunderts durch Insiderwissen aus der Küche kennen. Ich erfuhr, wie man in schlimmen Zeiten überlebte. Wie man einen Wahnsinnigen fütterte. Wie man ihn bemutterte. Wie man durchhielt.

Und ich hörte die Geschichte, wie ein im richtigen Moment losgelassener Furz das Leben mehrerer Menschen rettete.

Doch das Wichtigste: Durch die Gespräche mit den Köchen begriff ich, warum es Diktatoren überhaupt gibt. In einer Zeit, in der es laut einem Bericht des amerikanischen Freedom House aktuell neunundvierzig von Diktatoren angeführte Länder gibt, ist das relevantes Wissen.

Diese Zahl steigt außerdem immer weiter. Die aktuelle Weltlage begünstigt das Aufkommen von Diktaturen, und es ist wichtig, deren Mechanismen und die Menschen dahinter zu verstehen.

Nun also, noch mal: Habt ihr das Besteck in den Händen und die Servietten auf dem Schoß? Fein.

Dann bitte ich euch jetzt zu Tisch.

SNACK

អាហារសម្រន់

Als ich Bruder Pol Pot das erste Mal traf, verschlug es mir die Sprache. Ich saß in seiner Bambushütte inmitten des Dschungels und starrte ihn an. Das Einzige, was ich denken konnte, war: Was ist das für ein schöner Mann!

Was für ein Mann!

Damals war ich sehr jung, also wundere dich nicht, Bruder, dass ich solche Gedanken hatte. Ich musste ihm berichten, wie die Stimmung in den Dörfern war, die ich auf dem Weg zu seiner Basis durchquert hatte – doch ich wartete, bis er als Erster sprach. Nur sagte er nichts. Erst nach einer Weile lächelte er leicht. Und ich dachte sofort: Was hat er für ein tolles Lächeln!

Was für ein Lächeln!

Ich konnte mich nicht auf das Gespräch konzentrieren. Pol Pot unterschied sich so sehr von all den Männern, die ich davor kennengelernt hatte.

Wir trafen uns im Dschungel, in einer Geheimbasis der Angkar Padevat, der Organisation, der wir angehörten. Damals wurde Pol Pot von allen noch Bruder Pouk genannt, was auf Khmer „Matratze" heißt. Ich überlegte eine Weile, warum er einen so sonderbaren Spitznamen hatte, fragte sogar einige Leute, doch niemand konnte es mir sagen.

Erst viele Monate später erklärte es mir einer der Genossen: Man nannte ihn Matratze, weil er so sanft war, so weich. Er versuchte stets, zwischen den Menschen zu vermitteln, Streitende zu versöhnen. Er stand in der Mitte und bemühte sich um Schlichtung.

Das stimmt. Er war sanft. Sogar sein Lächeln war sanft. Pol Pot war die

Güte in Person. Damals sprachen wir nur kurz. Als wir fertig waren, nahm mich sein Assistent zur Seite und eröffnete mir, dass Bruder Pouk dringend eine Köchin benötigte. Er hatte schon ein paar gehabt, aber keine von ihnen fand seine Zustimmung. Und er fragte, ob ich es versuchen wolle.

„Ich würde ja", erwiderte ich. „Aber ich kann nicht kochen."

„Aber die süß-saure Suppe wirst du doch hinbekommen, oder?" Es ist die beliebteste Suppe in Kambodscha.

„Gib mir einen Topf", sagte ich daraufhin.

Nachdem ich erst einmal in der Küche war, stellte sich heraus, dass ich sehr wohl wusste, wie man diese Suppe kochte. Du brauchst nur Brechbohnen, Süßkartoffeln, Kürbis und Zucchini, Melone, Ananas, Knoblauch, Fleisch (Hähnchen oder Rind) und zwei oder drei Eier. Du kannst auch eine Tomate oder eine Lotuswurzel hinzufügen. Zuerst kochst du das Hähnchen, dann gibst du das Gemüse hinzu, sowie Salz und Zucker. Ich kann dir leider nicht genau sagen, wie lange man sie kochen muss, denn wir hatten keine Uhren im Dschungel. Ich habe immer nach Gefühl gekocht. Aber ungefähr eine halbe Stunde, denke ich. Zum Schluss kannst du auch etwas Tamarindenwurzel hinzufügen.

Mein Papayasalat war auch lecker. Du schneidest eine Papaya klein, fügst Gurken, Tomaten, Bohnen, Weißkohl, ein paar Blätter der Blauen Prunkwinde, Knoblauch und einige Spritzer Zitronensaft hinzu. Als ich den Salat zum ersten Mal zubereitet hatte, wollte Pol Pot ihn nicht essen. Erst später erfuhr ich, dass er ihn lieber auf Thai-Art mochte: mit getrockneten Krabben, Fischpaste und Erdnüssen.

Ich konnte auch einen guten Mangosalat machen, sowie Fisch und Huhn zubereiten. Offenbar habe ich in meiner Kindheit mitbekommen, wie meine Mutter kochte. Und Bruder Pouk erwartete nicht viel.

So wurde ich zu seiner Köchin.

Sobald ich morgens die Küche betrat, verließ ich sie bis zum Abend nicht mehr. Ich kochte ihm sein Mittagessen, dann sein Abendessen, hinterher räumte ich auf und wusch ab.

Ich freute mich sehr, dass ich ihm wenigstens auf diese Weise helfen konnte. Ihm und der Revolution. Deshalb wollte ich auf diesem Stützpunkt mitten im Dschungel bleiben. Doch vor allem wegen Bruder Pol Pot.

FRÜHSTÜCK

وجبة افطار

IRAK
Erbil
Bagdad

Fischsuppe nach Diebesart

Die Geschichte des Abu Ali, Koch von Saddam Hussein

1.

Eines Tages lud Präsident Saddam Hussein seine Freunde zu einer Bootstour ein. Er nahm ein paar Leibwächter, seinen Privatsekretär und mich, seinen Koch, mit – und wir machten uns auf zu einem Törn auf dem Tigris. Es war warm, einer der ersten frühlingshaften Abende jenes Jahres. Wir befanden uns damals nicht im Krieg, alle waren gutgelaunt, und einer der Leibwächter, Salim, sagte zu mir: „Abu Ali, komm, setz dich hin, du hast heute frei. Der Präsident hat gesagt, dass er heute für uns alle kocht. Er will uns Köfte machen!"

„Frei, soso …"

Ich grinste, denn ich wusste, dass es bei Saddam so etwas nicht gab. Und da es Köfte geben sollte, fing ich an, alles vorzubereiten: Ich nahm Hackfleisch aus Rind und Lamm, halbe-halbe, und vermengte es mit Tomaten, Zwiebeln und Petersilie. Dann legte ich es in den Kühlschrank, damit es sich später gut am Spieß hielt. Ich bereitete eine Schüssel mit Wasser zum Händewaschen vor, machte Feuer in der Bordküche, buk mehrere Pitabrote und bereitete einen Tomaten-Gurken-Salat zu.

Erst dann setzte ich mich hin.

Im Irak glaubt jeder Mann, dass er weiß, wie man Fleisch grillt. Er wird grillen, koste es, was es wolle! Auch wenn er es nicht kann. Ähnlich verhielt es sich mit Saddam. Das, was er den Leuten vorsetzte, aßen diese meist aus Höflichkeit – denn man konnte dem Präsidenten doch nicht sagen, dass das von ihm zubereitete Essen nicht schmeckte.

Ich mochte es nicht, wenn er in der Küche herumwerkelte. Doch an jenem Tag auf dem Tigris dachte ich mir, dass man Köfte ja sowieso nicht versauen kann: Wenn das Fleisch fertig ist, formst du es um den Spieß herum, drückst es fest, legst es für ein paar Minuten auf den Rost – fertig.

Das Boot legte ab. Saddam und seine Freunde machten eine Flasche Whisky auf und Salim kam zu mir in die Küche, um das Fleisch für die Köfte und den Salat zu holen.

Ich saß also da und harrte dessen, was da kommen würde.

Nach einer halben Stunde kam Salim mit einem Teller Köfte zurück.

„Der Präsident hat dir auch welche gemacht."

Ich bedankte mich, betonte, wie freundlich das vom Präsidenten sei, und steckte ein großes Stück Fleisch in eine Pita. Ich kostete ... Es war, als würde mein Mund in Flammen stehen!

„Wasser, Wasser, schnell!"

Ich stürzte ein Glas hinunter, doch es half nicht.

„Mehr Wasser!"

Keine Linderung. Mein Mund brannte. Meine Wangen brannten, mein Zahnfleisch brannte, aus meinen Augen strömten Tränen.

Gift?, dachte ich und wurde panisch. Aber warum? Wozu? Oder wollte vielleicht jemand Saddam vergiften und ich habe versehentlich seine Portion gegessen?

Ein weiterer Schluck Wasser.

Bin ich noch am Leben?

Noch ein Schluck Wasser.

Ja. Also kein Gift.

Was läuft hier?

Es dauerte über eine Viertelstunde, bis ich den brennenden Geschmack halbwegs losgeworden war.

So erfuhr ich von der Existenz der Tabascosauce. Saddam hat sie irgendwann geschenkt bekommen, und da er nichts Scharfes mochte, machte er sich einen Scherz daraus: Er würde die Sauce an seinen Freunden und dem Personal testen. Wir rannten alle auf dem Boot herum und schütteten Wasser in uns hinein, während Saddam dasaß und sich amüsierte.

Zwanzig Minuten später kam Salim zurück und fragte, wie mir die Köfte geschmeckt hätten. Ich wurde fuchsteufelswild und antwortete: „Sollte ich das Fleisch so vermasseln, würde mir Saddam einen Tritt in den Arsch geben und verlangen, dass ich es bezahle!"

Das machte er nämlich manchmal: Wenn ihm das Essen nicht schmeckte, musste ich ihm das Geld für Fleisch, für Reis oder für den Fisch zurückgeben. Er kam dann an und sagte: „Das da ist Mist. Ich kriege fünfzig Dinar von dir."

Ja, ich hatte diesen blöden Spruch gemacht, aber ich hätte niemals gedacht, dass Salim meine Worte an den Präsidenten weitergeben würde. Doch Saddam wollte wissen, wie Abu Ali reagiert habe, und der Leibwächter erwiderte: „Abu Ali hat gesagt, dass der Präsident ihm in den Hintern treten und ihm Geld dafür abknöpfen würde, sollte er jemals sowas kochen."

Und das vor all seinen Freunden!

Saddam ließ ausrichten, dass ich zu ihm kommen solle.

Ich bekam Angst. Ich bekam es richtig mit der Angst zu tun. Ich hatte keine Ahnung, wie der Präsident reagieren würde. Man durfte ihn doch nicht kritisieren. Das durfte niemand. Weder seine Minister noch seine

Generäle, erst recht kein kleiner Koch wie ich. Also ging ich hin. Wütend auf Salim, dass er mich verraten hatte, und wütend auf mich selbst, weil ich sowas Idiotisches gesagt hatte.

Saddam saß mit seinen Freunden am Tisch, darauf noch die Reste vom Köfte und mehrere leere Whiskyflaschen. Einige seiner Freunde hatten rote Augen, also mussten auch sie von der Tabascosauce gekostet haben.

„Mir kam zu Ohren, dass dir mein Köfte nicht geschmeckt hat", sagte der Präsident ernst.

Seine Freunde, die Leibwächter, sein Sekretär, alle starrten sie mich an.

Meine Angst wuchs ins Unermessliche. Ich konnte doch nicht plötzlich anfangen, sein Essen zu loben, das wäre unglaubwürdig gewesen! Meine Gedanken wanderten zu meiner Familie. Wo ist meine Frau jetzt wohl? Was macht sie? Sind die Kinder schon von der Schule zurück? Ich hatte keine Ahnung, was passieren würde, doch ich wusste, dass es nichts Gutes sein konnte.

„Es hat dir also nicht geschmeckt", wiederholte Saddam.

Und plötzlich fing er an zu lachen. Er lachte und lachte, und mit ihm alle Anwesenden. Dann griff er in seine Tasche, holte fünfzig Dinar hervor und reichte sie mir.

„Du hast recht, Abu Ali, das war zu scharf. Ich gebe dir das Geld für das Fleisch zurück, das ich verdorben habe. Ich mache dir Köfte, aber diesmal ohne die Sauce, einverstanden?"

Ich bejahte.

Also machte er mir Köfte. Ohne Tabasco. Diesmal schmeckte es hervorragend. Doch wie ich vorhin gesagt habe: Man kann Köfte eigentlich nicht verpfuschen.

* * *

2.

Breite Straßen mit Hunderten zerbombten Häusern, die nicht wiederaufgebaut wurden. An jeder zweiten Ecke Checkpoints des Militärs. Dazwischen rasen kanariengelbe Taxis, denn die Stadtverwaltung von Bagdad hat beschlossen, auf New York zu machen. Also stechen einem die Autos von der Farbe reifer Zitronen in die Augen.

Nach beinahe zwei Jahren Suche war es Hassan, meinem Guide und Dolmetscher, gelungen, an den letzten noch lebenden Koch von Saddam Hussein heranzukommen. Der Mann hieß Abu Ali und wollte lange nicht darüber reden, für einen der größten Feinde der Amerikaner gekocht zu haben. Er fürchtete ihre Rache. Hassan brauchte beinahe ein Jahr, um Abu Ali zu überzeugen, sich mit mir zu treffen.

Schließlich erklärte er sich einverstanden, doch er stellte klare Bedingungen: Wir dürfen nicht zusammen gesehen werden, wir werden nicht zusammen kochen, wir können nicht zu ihm nach Hause kommen – obwohl ich darum gebeten hatte. Er wollte sich mit mir in meinem Hotelzimmer einschließen und – sobald er mir alles erzählt hatte, woran er sich erinnerte – wieder verschwinden.

„Er fürchtet sich noch immer", erklärt Hassan. „Doch er möchte helfen", fügt er rasch hinzu. „Er ist ein guter Mensch."

Also warten wir, bis Abu Ali eintrifft. Hassan berichtet derweil stolz, dass er bereits Journalisten aller Herren Länder begleitet habe, an alle möglichen Fronten jeglicher irakischen Kriege (von der Invasion der Amerikaner über den Bürgerkrieg bis hin zum Konflikt mit dem „Islamischen Staat") und dass keinem von ihnen je auch nur ein Haar gekrümmt worden sei. Damit ich nicht als eine unrühmliche Ausnahme auf seiner

Liste ende, verbietet mir Hassan, alleine auch nur über die Straße zu gehen.

Ich will ihm nicht recht glauben. Direkt neben meinem Hotel befindet sich ein Autosalon von Jaguar, daneben ein riesiges Einkaufszentrum. Überall Polizei und Sicherheitskräfte, alle bewaffnet. Die Stadt erscheint mir sicher.

„Ja, ich weiß: Alle sind freundlich und lächeln ständig", erklärt Hassan. „Aber vergiss nicht: Ein Prozent aller Menschen ist böse. Sehr böse. Für sie ist ein allein reisender europäischer Journalist ein leichtes Ziel. Ohne mich gehst du nirgendwohin, Witold, ich wiederhole: NIRGENDWOHIN! Auch zu zweit bewegen wir uns nur per Taxi, und zwar mit den lizenzierten, nicht den freien."

Er fügt hinzu, dass es bis vor Kurzem noch Usus war, Ausländer zu entführen. Man ließ sie frei, nachdem die ausländischen Firmen, für die sie arbeiteten, Lösegeld gezahlt hatten. Doch nicht alle kehrten zurück.

Ich bin ein freischaffender Journalist. Es gibt niemanden, der für mich zahlen würde.

Aber ich halte es nicht lange aus. Es ist gegen meine Natur. Ich kann nicht nur rumsitzen. Als sich Hassan verabschiedet und zu seiner Frau nach Hause geht, gönne ich mir einen abendlichen Spaziergang durch mein Viertel. Ich gehe an ein paar Moscheen und Geschäften vorbei und sehe einen Straßenhändler, der Masgouf verkauft, einen lokalen Karpfen, den man über großem Feuer grillt. Schließlich setze ich mich in ein Café und esse ein Eis. Später unterhalte ich mich mit einem Schafhändler, der die Tiere extra für das Ende des Ramadans züchtet. Ich verhalte mich wie in jedem anderen Land, auf jeder anderen Reise. Hassan soll mal nicht so übertreiben!

Am späten Abend kehre ich in mein Hotel zurück und schreibe noch lange meine Eindrücke auf. Ich schlafe spät ein, erst nach Mitternacht.

Zwei Stunden später werde ich von einem entsetzlichen Knall geweckt. Dann erklingt das Jaulen von Sirenen. Im Hotel fallen der Strom und das Internet aus.

Erst am Morgen erfahre ich, dass ein paar Hundert Meter von meinem Hotel entfernt ein Selbstmordattentäter über dreißig Menschen getötet hat.

3.

Am nächsten Tag verspätet sich Hassan. In ganz Bagdad wurden die Polizeikontrollen verschärft, überall staut sich der Verkehr. Auch Abu Ali kommt deutlich zu spät. Wir warten in der Hotellobby auf ihn.

„Was für ein schreckliches Leben", seufzt mein Begleiter. „Du kannst nie wissen, wann und wo eine Bombe hochgeht. Seit Saddam gestürzt wurde, versinkt alles im Chaos. Viele ehemalige Offiziere und Mitglieder der Spezialkräfte haben sich paramilitärischen Gruppierungen angeschlossen. Einige sind sogar zum ‚Islamischen Staat' übergelaufen. Heute ist der IS schwach, aber noch vor einigen Monaten war ich überzeugt, dass sie sogar Bagdad gefährlich werden könnten."

Aktuell darf man nicht reisen, viele irakische Städte sind Sperrgebiet. Ich wollte beispielsweise nach Tikrit, wo Saddam Hussein aufgewachsen ist, aber Hassan rät mir davon ab.

„Das ist zu gefährlich. Du müsstest einen Führer haben, der die Kämpfer schmiert, die die Stadt kontrollieren", erklärt er. „Doch selbst dann könnte es Probleme geben."

Abu Alis Ankunft unterbricht unser Gespräch. Wir begrüßen uns nach irakischer Tradition mit zwei Wangenküssen. Er trägt ein Sakko, darunter einen Rollkragenpullover. Er hat graue Haare, ein kleines Bäuchlein und ein überaus sympathisches Lächeln. Als ich seine Hand schüttele, muss ich daran denken, dass diese Hände jahrelang einen der größten Diktatoren des 20. Jahrhunderts gefüttert haben. Doch ich kann mich diesem Moment nicht allzu sehr hingeben. Abu Ali ist verlegen, man merkt ihm an, dass er sich unwohl fühlt.

Er möchte nicht, dass man sieht, wie er mit mir redet. Er hat Angst, jemand könnte sich dafür interessieren, wer er ist, da doch ein Ausländer sich mit ihm unterhält. Also gehen wir mit einem riesigen Krug frisch gepressten Orangensafts, Wasser, Snacks und einem Aschenbecher auf mein Zimmer. Wir nehmen den Aufzug in den zweiten Stock. Ich ziehe die Vorhänge zu und schalte das Diktiergerät ein.

Abu Ali, der Koch von Saddam Hussein, zusammen mit dem Autor

4.

Ich wurde in Al-Hillah geboren, in der Nähe der Ruinen des antiken Babylon, doch als ich größer war, zogen wir nach Bagdad. Mein Vater eröffnete einen kleinen Lebensmittelladen und einer seiner Brüder, Abbas, ein Restaurant. Es befand sich in der Nähe unseres Hauses, also ging ich fast jeden Tag hin. Ich mochte es da, und als ich fünfzehn oder sechzehn Jahre alt war, fragte ich Onkel Abbas, ob ich bei ihm arbeiten könne. Abbas zeigte mir die Küche und stellte mich gleich an den Herd. Von ihm lernte ich, wie man die typisch irakischen Speisen zubereitet: Shish Kebab, Kibbeh, Dolma, Patscha.

Shish, das sind in eine Marinade aus Knoblauch, Öl und Gewürzen eingelegte Fleischstücke, über Feuer gebraten und mit Reis oder im Brot serviert.

Kibbeh sind Fleischbällchen mit Tomaten und Bulgur, oft in einer Suppe serviert.

Dolma ist in Weinblätter eingerolltes, mit Reis vermischtes Fleisch.

Bei Patscha handelt es sich um eine seltene Delikatesse: eine Suppe aus einem Schafskopf unter Beigabe von Schafsbeinen und -magen. Den Kopf, die Beine und den Magen kochst du jeweils extra. Sie müssen vorher ordentlich gewaschen werden. Von der Brühe werden alle Reste, die obenauf schwimmen, abgeschöpft. Aus der Magenhaut machst du Taschen und tust das kleingeschnittene Fleisch hinein. Patscha wird auf kleiner Flamme geköchelt und fast nicht gewürzt; man gibt nur ein wenig Salz und Pfeffer sowie Zitronensaft hinzu. Zum Schluss vermischst du die drei Brühen miteinander und tust die Fleischtaschen hinein. Doch das Beste sind die Augen! Schafsaugen sind köstlich!

Das Kochen ging mir leicht von der Hand. Die Gäste mochten mich und ich mochte meine Arbeit. Doch nach einigen Jahren wusste ich, dass ich von meinem Onkel nichts mehr lernen konnte. Ich würde bei ihm auch nicht mehr verdienen, das war mir klar – doch ich war jung und sparte auf ein Auto. Also musste ich mir eine andere Anstellung suchen.

Ich las in der Zeitung, dass das Baghdad Medical Centre, das größte Krankenhaus der Stadt, Köche suchte. So meldete ich mich dort. Sie wollten nur eines wissen: ob ich Reis für dreihundert Personen kochen könne. Wie bitte? Seit Jahren tat ich tagein, tagaus nichts anderes!

Ich wurde eingestellt. Nach ein paar Jahren Arbeit kaufte ich mir dann endlich ein Auto, doch irgendwann genügte mir das alles nicht mehr. Ich wollte weiterkommen. Also begann ich, mich nach etwas anderem umzusehen und fand eine gutbezahlte Stelle in einem Fünf-Sterne-Hotel.

Kurz bevor ich anfangen konnte, wurde ich einberufen. Statt in einem Luxushotel fand ich mich in Erbil wieder, einer Stadt im Nordirak, die von Kurden bewohnt war. Der Mustafa-Barzani-Aufstand war gerade in vollem Gange.

Und so zog ich in den Krieg.

5.

Die Kämpfe gegen die Kurden fanden vor allem in den Bergen statt. Man gab mir ein Gewehr und schickte mich hin. Ich war nicht glücklich darüber. Ich war Mitte zwanzig und hatte rein gar nichts gegen die Kurden – und schon gar nicht wollte ich in einem Krieg gegen sie sterben.

Also sagte ich meinem leitenden Offizier, dass ich in Bagdad Koch gewesen sei und dass ich viel besser kochen als schießen könne.

Gute Soldaten gab es Tausende, gute Köche deutlich weniger. Mein Offizier sprach mit einem anderen Offizier, dieser dann mit noch jemandem, bis sich herausstellte, dass Mohammad Marai, einer der Befehlshaber, mit der Qualität seines Essens unzufrieden war. Er hatte keinen Koch, sein Adjutant bereitete seine Mahlzeiten zu.

Marai ließ mich sofort kommen, direkt an die Front. Er hatte Probleme mit der Versorgung. Die Dörfer waren verlassen und man kam nicht an Lebensmittel.

Unsere Soldaten kämpften also gegen die Kurden und ich fuhr jeden Tag nach Erbil (zwei Stunden hin, zwei Stunden zurück), denn nur dort konnte man etwas zu essen organisieren. Diese Aktionen waren sehr gefährlich, denn ich konnte jederzeit von den Kurden erschossen werden.

Etwas Leckeres auf einem Feldkocher zuzubereiten, grenzte geradezu an ein Wunder. Ich quälte mich mehrere Wochen, bis ich Marai schüchtern fragte, ob ich nach Erbil ziehen dürfte. Dort könnte ich die Mahlzeiten in einer richtigen Küche kochen und sie ihm an die Front bringen. Marai fand, dass das eine hervorragende Idee war.

Also zog ich nach Erbil und fuhr jeden Tag mit meinem Fahrer hin und her. Ich schenkte Mohammad Marai Suppe ein, tat ihm Salat und Fleisch auf den Teller, und dann setzte ich mich vor sein Zelt. Über meinem Kopf zischten die Gewehrkugeln. Ob ich Angst hatte? Nein. Man gewöhnt sich daran, dass man jederzeit sterben kann. Vielmehr konzentriert man sich darauf, wo man ein Hähnchen oder ein paar Kilo Fisch herbekommt. Da denkt man nicht an den Tod.

Eines Tages war mein Dienst vorbei. Ich verabschiedete mich von Marai und meinen Kollegen und wurde mit einem Militärwagen nach

Mossul gebracht. Von dort kehrte ich mit dem Zug nach Bagdad zurück. Einfach so. Ich stieg in den Zug und kam vom Krieg zurück nach Hause. Eine außergewöhnliche Erfahrung. Noch viele Jahre später, als ich schon für Saddam arbeitete, konnte ich nicht fassen, dass wir im sicheren Bagdad ins Auto stiegen und ein paar Stunden später mitten im Krieg waren, wo Menschen starben.

Leider war meine Stelle im Hotel längst weg. Doch einer der Adjutanten von Marai hatte mir erzählt, dass ich mich an das Ministerium für Tourismus wenden könne, wenn ich einen Job in einem guten Hotel suchte. Es hieß, dass sie dort Köche an alle staatlichen Hotels im ganzen Land verteilten. Er gab mir den Namen eines Bekannten in Bagdad, den ich ansprechen solle.

Und so landete ich zwei Monate nach dem Krieg in einem Regierungshotel, dem *Friedenspalast*. Zuvor musste ich einen speziellen Kochkurs absolvieren.

6.

Navarin ist eine Speise aus Lammfleisch mit Cherrytomaten und in Bouillon gekochten Kartoffeln. Schmeckt hervorragend! Bis heute kann ich mich daran erinnern, wie uns einer der Lehrer zeigte, wie man es zubereitet. Es war wie eine Offenbarung für mich: dass man Lamm, unser Nationalfleisch, ganz anders zubereiten konnte, als ich es gewohnt war.

Wir hatten zwei Ausbilder in unseren Kochkursen: John aus England und Salah aus dem Libanon. John war für Fleisch und europäische Küche zuständig, Salah für Nachtisch und arabische Küche. Wir lernten, wie man Hähnchenrouladen, Schokoladenmousse, Biskuittorte und französische Quiche zubereitet.

Ich schloss die Ausbildung als Bester ab. Meine Lehrer meinten, es sei besser, wenn ich an der Schule bliebe, anstatt eine Anstellung in einem Hotel zu suchen. Und so wurde ich selbst Ausbilder und bot Einführungskurse an. Außerdem arbeitete ich als Koch beim Touristikministerium. Dort befand ich mich unter den besten Köchen des Landes. Wir waren bei allen offiziellen Anlässen dabei, haben für Minister, Parlamentarier, Präsidenten und Könige gekocht.

Einmal besuchte der König von Jordanien den Irak, später auch der marokkanische Herrscher. Ich war aufgeregt und nervös, denn bis dahin hatte ich nur in einem Krankenhaus, an der Front und in dem Restaurant meines Onkels gekocht. Wie hätte ich ahnen können, dass ich eines Tages für gekrönte Häupter tätig sein würde?

Doch oft wusste ich gar nicht, für wen ich da überhaupt kochte. Mit einem Koch ist es wie mit einem Soldaten – es ist besser, nichts zu hinterfragen, nicht zu viel nachzudenken, sondern einfach die Befehle auszuführen.

Eines Tages bekamen mein Kollege Nisa und ich eine ungewöhnliche Aufgabe: Unsere Vorgesetzten befahlen uns, die herrlichste Torte zu backen, die wir zustande brachten. Wir arbeiteten volle zwei Tage und zwei Nächte daran. Die mit Creme überzogenen Biskuitstücke, also die Basis der Torte, bildeten ein Quadrat mit zwei Metern Seitenlänge. Auf dieser Plattform bauten wir das antike Mesopotamien nach: Wir formten Ruinen aus Teig, Flüsse aus Marzipan, Bäume, Palmen und Tiere aus Früchten. Obendrauf steckten wir eine Mandelblüte und ließen von oben bis unten einen Wasserfall aus Kokosflocken hinunterstürzen. Die ganze Torte war drei Meter hoch!

Zwei Tage später sahen wir unsere Torte im Fernsehen. Sie wurde von unserem Präsidenten Saddam Hussein angeschnitten.

Es war seine Geburtstagstorte.

* * *

7.

Während wir auf ein weiteres Treffen mit Abu Ali warten, erzählt mir Hassan die folgende Geschichte: „Du kannst ruhig lachen, wenn du willst. Ich bin es gewohnt, dass die Leute mir nicht glauben. Doch die Außerirdischen existieren wirklich! Und sie interessieren sich für uns. Sie kommen immer wieder her, um uns zu beobachten. Ich bin einer der Wenigen, die sie sehen können. Auf jedem der Schlachtfelder, auf denen ich bisher gewesen bin, konnte ich sie sehen. Sie standen abseits und beobachteten uns. Sie wissen immer, was wir tun."

„Sind sie uns freundlich gesinnt?", fragte ich, nur um etwas zu fragen. Ich war skeptisch, klar. Doch keine Gegenfrage zu stellen, wäre mir unhöflich erschienen.

„Ja, schon. Sie wissen, dass ich sie sehen kann. Sie haben mir sogar ein paarmal das Leben gerettet. Denn sie sind voller Güte und Mitgefühl. Sie wollen nicht, dass wir uns bekriegen und töten."

Mir huscht der Gedanke an eine wunderbare Erzählung von einem Mann durch den Kopf, der so viel Böses in seinem Leben gesehen hat, dass er – um damit klarzukommen – zu glauben beginnt, dass er Außerirdische sieht. Nach einer Weile rufe ich mich gedanklich zur Ordnung. Vielleicht sieht er sie wirklich, nur ich, mit meinem idiotischen Rationalismus, will es ihm nicht glauben. Seitdem nicke ich immer brav, egal, was er sagt.

Doch ich bin nicht wegen der Außerirdischen hier. Also bitte ich Hassan: „Erzähl mir etwas über Saddam."

„Ein mieses Arschloch", erwidert er und nickt sich selbst bestätigend zu. „Er wurde in der Nähe von Tikrit geboren, und das war schon seit jeher die Stadt der Diebe und Schmuggler. Die Tikriter sind stolz darauf, dass auch Saladin, der große arabische Führer, von dort stammt. Saddam wuchs in diesem Kult auf und hatte offenbar die Idee verinnerlicht, dass er der nächste große islamische Führer werden müsse. Vielleicht musste es deswegen so enden, wie es geendet hat. Denn egal, was passierte – Saddam war überzeugt, dass es Allahs Hand sei, die ihn führte. Seine Karriere ist wahrhaft unglaublich. Sein Vater hat seine Mutter verlassen, als sie schwanger war. In einem irakischen Dorf, in dem bis heute Regeln wie aus dem Mittelalter herrschen, haben sie es bestimmt nicht leicht gehabt."

Die Biografen des ehemaligen irakischen Präsidenten würden Hassan recht geben. Saddam musste schon immer stark sein, von klein auf. Seine Mutter, Sabha, kam nach der Scheidung von seinem Vater mit einem Mann zusammen, den sie Hassan den Lügner nannten. Er soll den Leuten eingeredet haben, dass er die Pilgerfahrt nach Mekka absolviert habe, obwohl alle im Ort wussten, dass es nicht stimmte. Der Lügner war nicht reich, er hatte nur einen Esel und ein paar Schafe, doch ihm kam die Idee, dass er sich ja an dem Sohn seiner Lebensgefährtin bereichern könne. Anstatt ihn zur Schule zu schicken, schickte er ihn deshalb zum Stehlen.

„Manche behaupten, dass er Hühner und Eier stahl, um seine Familie zu ernähren. Andere wiederum, dass er am Tikriter Bahnhof Wassermelonen an Zugpassagiere der Strecke Bagdad-Mossul verkaufte", schrieb einer der Hussein-Biografen.[1]

Hassan der Lügner soll den Jungen permanent gedemütigt haben, ließ ihn vor sich tanzen und schlug ihn ohne Grund.

Vielleicht wäre Saddam als ein kleiner Dieb geendet, wäre nicht sein Onkel Khairallah Talfah gewesen. Dieser belesene und politisch interessierte Mann aus Tikrit nahm den Jungen bei sich auf, obwohl er bereits mehrere eigene Kinder hatte. Von ihm erfuhr der kleine Saddam, dass es eine Wirklichkeit außerhalb seines irakischen Dorfes gab. Und obwohl der Horizont des neuen Erziehungsberechtigten auch nicht der weiteste war (er sympathisierte mit den Nazis, verfasste sogar eine Broschüre mit dem Titel *Drei Dinge, die Gott niemals hätte erschaffen dürfen: Perser, Juden und Fliegen*), so erweckte der Umgang mit ihm in Saddam eine große Neugierde auf die Welt.

Einige Jahre später wurde Khairallah Talfah für die Teilnahme an einer Verschwörung gegen die Regierung verhaftet. Saddam musste zurück zu seiner Mutter und dem Lügner. Doch nach wie vor sah er die Kinder seines Onkels als seine besten Freunde an. Erst bei ihnen hat er erfahren, was es bedeutet, eine Familie zu haben. Noch viele Jahre später würde Saddam sich dafür erkenntlich zeigen.

***

8.

Es begann ganz unauffällig.

Einer der Kellner, Sha'i Djuhani, sagte mir, dass ich in den Palast am Stadtrand, in der Nähe des Flughafens, gerufen worden sei. Dort gebe es für mich eine Sonderaufgabe.

Ich machte mir keine Gedanken darüber, denn im Ministerium fielen immer wieder Sonderaufgaben an. Mal kam ein ausländischer Minister, mal eine ganze Delegation, dann wieder mussten wir für jemandes Geburtstag Süßigkeiten zubereiten.

Also fuhr ich hin, ohne mir übermäßig Gedanken darüber zu machen, was man von mir wollte. Jemand ließ mich eintreten, jemand suchte mich nach Waffen ab. Im Palast begrüßte mich ein Mann namens Kamel Hana Gegeo. Er gab mir die Hand und sagte: „Abu Ali, du musst wissen, dass ich in der Sicherheitsabteilung von Saddam Hussein arbeite. Ich werde dich jetzt zu ihm bringen."

„Wie bitte?" Ich nahm an, dass er sich einen Scherz erlaubte.

„Ich bringe dich jetzt zu unserem Präsidenten Saddam Hussein", wiederholte Gegeo ernst. „Alles, was ab diesem Moment passiert, unterliegt strikter Geheimhaltung. Vor allem das, was der Präsident dir sagt."

Ich konnte es nicht fassen. Zwar arbeitete ich bereits seit ein paar Jahren für das Ministerium, doch ich kannte niemanden, der für den Präsidenten kochte. Wieso gerade ich? Ich konnte es mir nicht erklären.

Ich musste eine Erklärung unterzeichnen, in der ich mich verpflichtete, über alles, was ich im Palast erlebte, zu schweigen. Dort stand auch, dass mich bei einem Verstoß gegen diese Klausel der Tod durch Erhängen erwartete.

Alles geschah so schnell. Kaum hatte ich den Palast betreten, schon stand ich ein paar Minuten später vor dem Präsidenten.

Auf einmal fielen mir die Zusammenhänge auf: Ein halbes Jahr zuvor baten mich meine Vorgesetzten, meinen Lebenslauf zu verfassen und darin alle Familienmitglieder und alle Personen zu vermerken, mit denen ich je gearbeitet habe. Auch musste ich ein Führungszeugnis von der Polizei besorgen.

Mein Vater und Onkel Abbas wurden von Polizisten aufgesucht und ausgefragt – was für ein Typ ich sei, ob ich zu Alkoholkonsum neige, ob ich mich jemals geprügelt habe, ob ich Kontakt zu Ausländern oder Kurden oder religiösen Fanatikern hätte. Und schließlich, ob sich jemals einer beschwert habe, ich hätte ihn zu vergiften versucht. Sie tauchten auch in dem Krankenhaus auf, in dem ich gearbeitet hatte, und fragten meine ehemaligen Vorgesetzten und Arbeitskollegen über mich aus. Sie redeten mit meinen Freunden.

Ich hielt das für normal. Ich kochte doch für Könige, also musste ich auch überprüft werden. Damit sich später nicht herausstellte, dass ich verrückt sei oder so.

Jedenfalls wurde ich schon damals als persönlicher Koch Saddam Husseins auserkoren. Alles war monatelang sorgfältig vorbereitet worden. Nur dass ich nichts davon wusste. Saddam mochte es, unerwartet zuzuschlagen. So konnte er immer die Oberhand behalten.

Zu dem Zeitpunkt ahnte ich jedoch nichts davon. Und plötzlich stand ich vor dem Präsidenten. Er schaute mich aufmerksam an.

„Du bist Abu Ali?“, fragte er mich.

„Ja, Herr Staatspräsident“, stammelte ich.

„Wunderbar. Dann mach mir ein Tikka.“

Ich verbeugte mich und wurde in die Küche gebracht.

9.

Kamel Hana Gegeo begleitete mich. Es stellte sich heraus, dass sein Vater ebenfalls als Saddams Koch tätig war. Zu der Zeit bereitete er jedoch allmählich seinen Ruhestand vor. Ich sollte zu seinem Nachfolger werden, allerdings erst einige Monate später – doch nun war der andere Koch krank geworden und Gegeo beschloss, das ganze Prozedere zu beschleunigen. Schließlich war ich bereits genauestens durchleuchtet worden.

Er blieb die ganze Zeit bei mir und erzählte von der Arbeit für Saddam. Währenddessen bereitete ich das Tikka zu.

Du schneidest Fleisch in kleine Stücke, salzt und pfefferst es und steckst es auf Schaschlikspieße. Die legst du dann auf den Grill.

Zum Tikka machte ich einen Salat aus Tomaten und Gurken. Eine halbe Stunde später war alles fertig und Kamel brachte es Saddam Hussein. Weitere zwanzig Minuten später kam er zurück und sagte: „Der Präsident möchte dich sehen."

Es ist ein bisschen peinlich für einen Koch, mit jemandem zu sprechen, der gerade die von ihm zubereitete Speise gegessen hat. Erst recht, wenn es sich dabei um den Präsidenten seines Landes handelt.

Doch Saddam war zufrieden.

„Ich danke dir, Abu Ali. Du bist in der Tat ein hervorragender Koch", lobte er mich, obwohl es sich bei Tikka um kein kompliziertes Gericht handelt. Dann überreichte er mir einen Umschlag, in dem sich fünfzig Dinar befanden. Heute wären das fast hundertfünfzig Dollar.

„Ich kann nur hoffen, dass du dich einverstanden erklärst, für mich zu arbeiten?", fragte er zum Abschied.

Ich verbeugte mich vor ihm und erwiderte ohne zu zögern: „Selbstverständlich, Herr Staatspräsident!"

Wie hätte ich Nein sagen können? Man lehnt ein Angebot von Saddam Hussein doch nicht ab! Zumindest hatte ich nicht vor, es darauf ankommen zu lassen.

Und so gelangte ich statt in das Luxushotel meiner Träume in den Präsidentenpalast.

Wir nannten diesen Ort *die Farm*. Zwar wurde bereits an einer Residenz für Saddam gebaut, doch die Zeit seiner riesigen Paläste war noch nicht gekommen. Es war ein riesiges Anwesen, auf dem sich auch ein richtiger Bauernhof befand. Leute aus Tikrit hielten dort Hühner, Ziegen, Schafe und Kühe. Der Schlachter Sidschad und seine vier Gehilfen schlachteten jeden Tag ein Lamm und mehrere Hühner, damit wir frisches Fleisch hatten. Auf dem Anwesen wuchsen Dattelpalmen, es gab einen Gemüsegarten und einen kleinen Teich, in dem Fische gehalten wurden. Jedes Mal, wenn Saddam Lust auf gegrillten Masgouf hatte, holte man einen frischen Karpfen da raus. Es war sein Leibgericht.

Die Farm war ein sehr angenehmer Ort.

In meiner Küche arbeiteten sechs Köche; es war das kleinste Team, in dem ich je gearbeitet hatte. Zwei von ihnen waren Saddams Frau zugeteilt, Sadschida – Tochter seines Onkels Khairallah Talfah. Einer der Köche hieß Shakir und war schon Chefkoch beim vorigen Präsidenten Ahman Hassan Al-Bakr gewesen. Saddam hatte ihn zwar nicht entlassen, doch so ganz vertraute er ihm trotzdem nicht. Also teilte er ihm einen anderen Koch, Habib, zu und ließ die beiden für die First Lady kochen. Ich sah sie lediglich alle paar Wochen.

Sadschida verfügte über eine eigene Residenz. Sie vermutete, dass ihr Mann sie betrog, doch da er den ganzen Tag arbeitete und kaum je zu Hause auftauchte, konnte sie es nicht mit Sicherheit wissen. Für alle Fälle zog sie es vor, permanent eingeschnappt zu sein. Wann immer sie konnte, nahm sie den Flieger und gönnte sich ein ausgiebiges Shopping irgendwo in der großen weiten Welt.

Die vier anderen Köche, einer davon ich, arbeiteten in zwei Schichten: einen Tag arbeiten, einen Tag frei. Der andere Koch in meiner Schicht war Marcus Isa, ein Christ aus Kurdistan. Wir bekamen öfter Besuch von Kamel Hana, mit dem ich mich schnell anfreundete. Von Kamel und Marcus erfuhr ich, dass das Trinkgeld, das ich für die Tikka-Spieße bekommen hatte, kein Einzelfall war. Sie sagten, dass Saddam an seinen guten Tagen wollte, dass alle um ihn herum ebenfalls glücklich waren, sodass er nur so mit Geld um sich warf. Wenn man an einem solchen Tag etwas kochte, was ihm schmeckte, bekam man eben ein Geschenk. Marcus und ich teilten uns die Trinkgelder immer gerecht auf: Wenn ich etwas bekam, gab ich ihm die Hälfte ab, und umgekehrt.

Die Arbeit für Saddam Hussein bestand im Wesentlichen daraus, zu erkennen, wann er einen guten Tag hatte. Dann kochten wir etwas, was er besonders mochte. Wenn er einen schlechten Tag hatte, gingen wir ihm aus dem Weg. Nein, ich hatte keine Angst, dass er mir etwas antun könnte. Doch wenn er schlechte Laune hatte, passierte es schnell, dass ihm sein Essen nicht schmeckte. Dann ließ er einen das Geld für das Fleisch oder den Fisch in die Verwaltungskasse zurückzahlen. Das geschah regelmäßig. Wenn er beispielsweise etwas aß, was er für versalzen hielt, rief er mich zu sich und fragte: „Wer, verdammt noch mal, gibt so viel Salz an das Tikka?"

Oder ans Omelett oder an die Okrasuppe, eine seiner Leibspeisen. Eigentlich war es egal, um welches Gericht es ging. Bevor ich etwas erwidern konnte, rief er verärgert: „Du gibst mir das Geld zurück. Kamel, sieh zu, dass er fünfzig Dinar in die Kasse zahlt!"

Meistens stimmten seine Vorwürfe gar nicht. Er wollte nur seine schlechte Laune an jemandem auslassen. Doch zahlen musste ich, so oder so. Marcus und ich witzelten immer wieder darüber. Wenn in der Küche das Telefon klingelte, war klar, dass einer von uns zum Präsidenten gerufen wurde. Und dann riefen wir: „Fünfzig Dinar!“

Ein paar Tage später war Saddam wieder bester Laune. Er erinnerte sich selbstverständlich, dass er mir das Geld vom Gehalt abgezogen hatte, und sagte zu Kamel Hana: „Unser Abu Ali hat heute eine hervorragende Linsensuppe gemacht! Mit genau der richtigen Dosis Salz. Gib ihm das zurück, was du neulich eingezogen hast, und leg noch einen Fünfziger obendrauf.“

Die Suppen unterschieden sich kaum voneinander, doch so war Saddam nun mal. Man wusste bei ihm nicht, was als Nächstes kam. Mal nahm er dir was weg, dann gab er es dir wieder zurück. Doch am Ende des Monats war ich stets schön im Plus.

Zweimal im Jahr bekamen wir neue Arbeitskleidung: Schürzen und Mützen, außerdem Kleidung, die speziell für uns in Italien angefertigt wurde: zwei Sets Anzüge mit Westen. Es geschah immer wieder, dass Saddam uns mit ins Ausland nahm, also mussten wir gut aussehen. Einmal im Jahr kam ein italienischer Schneider in den Palast und nahm bei allen Angestellten Maß. Dann flog er zurück nach Italien, fertigte unsere Sachen in seinem Atelier an und schickte sie uns per Flieger.

Und jetzt werde ich dich neidisch machen, mein Freund! Denn jedes Jahr schenkte uns Saddam ein neues Auto! Immer ein anderes: Ich habe von ihm unter anderem einen Mitsubishi, einen Volvo und einen Chevrolet Celebrity bekommen. An diesen Tagen sammelte ein Mitarbeiter der Verwaltung die alten Autoschlüssel von uns ein und überreichte uns neue. Niemand sagte einem vorher was – du kamst nichtsahnend zur Arbeit und da stand schon ein brandneues Auto für dich in der Garage.

* * *

10.

Um jene Zeiten besser zu verstehen, verabrede ich mich mit Hassan Yasin, einem Arzt aus dem Irak, der jetzt in Istanbul lebt. Wir treffen uns in einem Café auf der berühmten İstiklâl Caddesi, und Yasin zeigt mir ein Foto, auf dem er als siebenjähriger Knirps Saddam Hussein einen Blumenstrauß überreicht.

„Er besuchte meine Schule. Meine Mutter war damals die Direktorin. Es war eine große Ehre, ich konnte eine Woche lang nicht schlafen", erinnert er sich. „Damals wusste ich noch nicht viel über ihn. Für mich war er der Herr aus dem Fernsehen und von den Geldscheinen."

Später fiel Hassans Mutter bei Saddams Leuten in Ungnade, denn sie hatte in einem privaten Gespräch den Krieg mit Kuwait kritisiert. Ein entfernter Verwandter, der Geheimoffizier war, warnte sie, dass sie festgenommen werden könnte, daher schnappte sie sich ihre beiden Söhne und ein paar notwendige Dinge und verschwand in die Türkei. Sie sagte es nicht einmal ihrem Ehemann, der Mitglied der Baath-Partei und großer Anhänger Saddams war.

„Meinen Vater hab ich nie wiedergesehen", erzählt Yasin. „Ihm wurde unterstellt, dass er von unserer Flucht gewusst habe. Angeblich hat er danach angefangen zu trinken. Ein paar Monate später starb er dann bei einem Autounfall, doch ich bin mir sicher, dass er vom irakischen Geheimdienst umgebracht wurde."

„Was glauben Sie: Warum konnte Saddam so hoch aufsteigen?"

Hassan Yasin hat eine Erklärung: „Er war gnadenlos und grausam. Stalin war sein Vorbild, er hat viele Bücher über ihn gelesen. Saddam dachte wie ein Schachspieler: immer mehrere Züge voraus. Ab dem Moment, in dem er die politische Bühne betrat, ist er niemals einen Schritt zurückgewichen, nicht mal einen halben."

Saddam war in der Tat für seine Brutalität bekannt. Die Baath-Partei stellte ihn an die Spitze des Sicherheitsapparates. Er war verantwortlich für das Foltern von politischen Gegnern und für innerparteiliche Säuberungen. Seine Biografen schreiben, dass er Gefangene mit einem mit Steinen gefüllten Schlauch schlug, oder dass er ihnen Glasflaschen in den Anus steckte und sie mit Fußtritten hineinrammte.

„Ich weiß noch, dass sich mein Vater stets mit dem größten Respekt über Saddams Arbeit äußerte", erklärt Hassan Yasin.

Die Geheimpolizei, die der spätere Diktator gründete, nannte sich *Dschihaz Hanin*, der „Apparat der Sehnsucht". Alle ihre Mitglieder rekrutierten sich aus der Al-Tikriti-Familie, Saddams Clan.

„So sicherte er sich ihre Loyalität. Die Familie ist im Irak heilig", erklärt mein Gesprächspartner. „Saddam hat seine Position in der Partei kontinuierlich ausgebaut. Auch das hatte er von Stalin gelernt: Wie man eine enorme Machtfülle in seinen Händen konzentriert, ohne es zur Schau zu stellen. Und so waren viele verwundert, dass sich Stalin nach Lenins Tod als viel stärker und mächtiger als Trotzki erwiesen hat. Saddam verfolgte eine ähnliche Taktik. Als die Leute merkten, über welchen Einfluss er verfügte, war es bereits zu spät. Niemand konnte ihn mehr aufhalten."

1968 übernahm die Baath-Partei zum zweiten Mal in ihrer Geschichte die Macht. Ein entfernter Cousin Saddams, Ahmad Hassan al-Bakr, wurde Staatspräsident. Al-Bakr protegierte Saddam und so wurde er zum Vizepräsidenten ernannt. Mit gerade mal Anfang dreißig. Er war für Säuberungen zuständig und ließ 1969 Dutzende irakischer Juden ermorden. In jenem Jahr machte die Armee außerdem kurzen Prozess mit den nordirakischen Kurden. Das muss zur selben Zeit gewesen sein, als Abu Ali als Koch an der Front war.

1970 bis 1972 ging Saddam gegen die Schiiten vor.

1974 richteten sich seine Säuberungsaktionen gegen Kommunisten und andere – wahre oder eingebildete – Feinde der Baath-Partei.

Saddam Hussein hat nicht nur gefoltert und gemordet. Er nahm sich außerdem das Sprichwort zu Herzen, dass „volle Bäuche keine Revolutionen anzetteln". Er überlegte stets, wie er die Iraker so weit satt bekam, dass sie nicht gegen die regierende Partei aufbegehrten. Also beschloss er, Iraks Erdölvorkommen zu verstaatlichen. Seit den Siebzigerjahren floss das Geld aus der Erdölgewinnung somit nicht mehr an westliche Konzerne, sondern in die Taschen der irakischen Bevölkerung.

„Der zuckerkranke Präsident al-Bakr war zu der Zeit nur noch eine Marionette", erzählt Hassan Yasin.

1977 wechselte Saddam Hussein die Leitkader der Armee aus und besetzte die Stellen mit seinen Anhängern.

Zwei Jahre später übernahm er die Macht ganz.

* * *

11.

Ich begann, für Saddam zu arbeiten, während der Krieg gegen den Iran im vollem Gange war. Saddam ließ sich damals immer in einem normalen Militärfahrzeug herumfahren und wenn er irgendwo in der Nähe der Front übernachten wollte, schlief er in einem Camper. Von Luxus konnte keine Rede sein.

Diese Phase erinnerte mich an meine Zeit in der Armee. Ich kam morgens zur Arbeit und jemand (meistens war es Kamel Hana) sagte: „Pack deine Sachen, wir fahren an die Front."

Also packte ich.

Wenn uns eine Stunde oder mehr blieb, bereitete ich schon ein paar Zutaten vor, damit ich vor Ort weniger zu tun hatte. Dort wurde auf Feldkochern gekocht, was viel schwieriger ist. Ich sah zu, dass wenigstens der Reis schon fertig war. Sobald wir da waren, besuchte Saddam die Soldaten; ich hielt mich währenddessen abseits und stellte meine Gerätschaften auf. Ich machte Feuer und begann, Tikka, Köfte oder Fisch zuzubereiten.

Der Präsident zeigte gerne, wie sehr er sich um seine Soldaten sorgte. Also kochte er hin und wieder selbst für sie. Ich stellte ihm dafür einen großen Topf mit vorgekochtem Reis hin, den er dann fertig kochen und mit einer (ebenfalls von mir vorbereiteten) Sauce servieren konnte. Doch lief es mit Saddam oft folgendermaßen: Hier verquatschte er sich mit einem Offizier, da posierte er für ein Foto (er liebte es, fotografiert zu werden), und am Ende ließ er den Reis anbrennen. Oder aber er redete mit jemandem und kippte dabei ein Kilo Salz ins Essen. Dann kredenzte er diesen angebrannten oder versalzenen Reis seinen Soldaten – und die mussten das Zeug essen, denn der Staatspräsident höchstpersönlich hatte ja für sie gekocht! Für solche Gelegenheiten hatten wir einen riesigen Topf mit besonders dickem Boden, eben damit nichts anbrannte, und dennoch mussten wir die Töpfe regelmäßig ersetzen.

Wenn Saddam an die Front fuhr, wurde ich schon einige Kilometer davor abgesetzt, dort baute ich dann die Feldküche auf und begann zu kochen. Sobald ich fertig war, fuhr ich das Essen aus – wie früher, als ich in der Armee war.

Hin und wieder konnte es richtig gefährlich werden. Eines Tages besuchte Saddam eine Einheit, die erst einige Stunden zuvor ein Gefecht gewonnen hatte. Plötzlich setzten die Iraner zu einer Gegenattacke an. Ajatollah Chomeini hatte ihnen ja eingeredet, dass jeder, der in diesem Krieg fiel, direkt ins Paradies komme – sogar, wenn er zuvor nicht religiös gewesen war oder gar die Gesetze des Islam missachtet hatte. Die Iraner griffen also besonders heftig an, denn sie waren wütend auf den Irak und hofften auf das Paradies. Sie brüllten und stürzten sich blindlings in den Kampf.

Wir wurden alle panisch. Ein Teil der Soldaten begann zu schießen. Der andere Teil – darunter auch ich, muss ich zugeben – sprang auf und rannte davon. Ich schmiss meine Töpfe hin und lief einfach geradeaus. Ich war vollkommen sicher, dass sie uns alle abknallen würden.

Heute sagen die Leute alles Mögliche über Saddam. Zum Beispiel, dass er ein Feigling war, dass er nie selbst an den Kämpfen teilgenommen, sondern immer nur andere Leute vorgeschickt habe. Aber ich erlebte Saddam in einer Situation, in der alle anderen wegrannten – nur er blieb.

Nachdem die Gefahr vorüber war, kehrte ich mit hängendem Kopf an meinen Platz zurück. Der Präsident stand an derselben Stelle, an der ich ihn zuletzt gesehen hatte, und besprach mit ein paar Offizieren die Lage. Er schaute weder mich noch andere von den Soldaten an, die weggerannt waren. Ich hörte nur, dass er später einige von ihnen erschießen ließ. Keine Ahnung, ob das stimmt. Mir zumindest ist nichts passiert.

Ich stellte den Topf zurück auf die Feuerstelle. Die Flammen flackerten noch, doch der ganze Reis lag auf dem Boden und ich musste neuen ansetzen.

Ich erzählte Marcus, was passiert war; er zuckte nur mit den Schultern: „Du hast richtig reagiert, Abu Ali. Du bist nicht dafür zuständig, den

Staatspräsidenten zu retten. Dafür hat er seine Leibwächter. Unsere Aufgabe ist es, zu kochen. Hättest du versucht, was zu unternehmen, wäre es bestimmt schiefgegangen."

Er hatte recht.

12.

Kurz nachdem ich angefangen hatte, für den Präsidenten zu arbeiten, lernte ich seine Ehefrau Sadschida kennen. Ich sagte ja schon, dass die beiden zerstritten waren und dass Sadschida Saddam meist aus dem Weg ging. Doch Saddam wünschte, dass ich von ihr lernte, seine Lieblingssuppe zu kochen, die Fischsuppe aus seiner Heimatstadt Tikrit. Denn Sadschida bereitete sie genau so zu, wie er es aus seiner Kindheit kannte: Bei ihr schmeckte sie wie zu Hause.

Diese besondere Suppe kennen nur Leute aus Tikrit. Ich habe weder davor noch danach so etwas gegessen. Saddam nannte sie die *Diebessuppe*, denn angeblich haben die Tikriter Diebe sie immer gekocht. Man nimmt dafür den fettesten Fisch, Gattana, doch ich weiß, dass man sie auch mit Lachs oder Karpfen zubereiten kann.

Du schneidest den Fisch in circa zwei Zentimeter lange Stücke und panierst sie in Mehl. Auf den Topfboden legst du ein paar Zwiebeln und gibst ein wenig Öl dazu. Du brätst die Zwiebeln an und legst eine Schicht Fisch darauf und bestreust ihn mit ein wenig Petersilie. Darauf kommt eine Schicht Tomaten und eine Schicht getrocknete Aprikosen. Dann noch mal Fisch, Tomaten und Aprikosen. Obendrauf Mandeln. Dann noch mal Fisch. An sich kannst du die Schichten anordnen, wie du willst,

Hauptsache, die Zwiebeln sind unten. Und du darfst den Knoblauch, die Petersilie und die Mandeln nicht vergessen. Zum Schluss kannst du auch ein paar Rosinen hinzufügen. Dann wartest du, bis das Wasser aus dem Fisch und dem Gemüse ausgedünstet ist. Wenn du ein Zischen hörst, was bedeutet, dass das ganze Wasser weg ist, übergießt du alles mit heißem Wasser, bis Fisch und Gemüse komplett bedeckt sind. Dann lässt du es fünfzehn bis zwanzig Minuten köcheln. Zum Schluss kannst du ein wenig Kurkuma hinzugeben.

13.

Alle seine Leibwächter und Beamten stammten aus Tikrit. Sogar Leute, die für ihn einkauften, oder die Tanzgruppe, die er auf seine Geschäftsreisen mitzunehmen pflegte. Sie alle kamen aus Saddams Heimatstadt und waren auf irgendeine Weise mit dem Präsidenten verwandt.

Neben dem Al-Tikriti-Clan vertraute Saddam nur noch den Christen. Außer mir arbeiteten in der Küche ausschließlich Christen, vor allem aus dem Norden Iraks, aus Kurdistan. Ich war der einzige Muslim und stammte dazu noch nicht mal aus Tikrit. Offenbar bin ich wirklich ein guter Koch, denn mir fällt kein anderer Grund ein, weshalb er mich sonst eingestellt hätte.

Diese ganzen Al-Tikriti waren keine guten Menschen. Ich kann mich noch an Saddams Bodyguards erinnern: Habib, Saad, Nassir, Abdul, Rafat, Ahmed, Isma, Hadschi, Akram, Salim und an den Privatsekretär Abd Ahmud. Glaub mir, du möchtest keinem von ihnen nach Einbruch der Dunkelheit über den Weg laufen.

Die Leibwächter hatten ihre eigene Küche. Wir nannten sie die *Vierzehn*, denn das war ihre Telefondurchwahl. Manchmal baten sie uns, etwas für sie zu kochen, doch das musste ich jedes Mal ablehnen. Ich war der Koch des Präsidenten! Und das bedeutete, dass ich für das Staatsoberhaupt, seine Familie und seine Gäste kochte – und nicht für seine Security-Typen oder andere Bedienstete. So wie du nicht die Unterhosen des Präsidenten oder seine Schuhe trägst, so wie du nicht sein Auto fährst, so isst du auch nicht sein Essen. Das waren die Regeln. Doch jedes Mal, wenn sie sahen, dass ich etwas Besonderes gemacht hatte, wollten sie mich überreden, dass ich ihnen davon abgab. Sie meinten, sie würden es keinem erzählen und dass wir einander doch unterstützen sollten.

Doch ich blieb standhaft. Regeln sind Regeln. Da wurden sie wütend, verfluchten mich, und ich dachte mir jedes Mal, dass man sich mit diesen Leuten nicht anfreunden sollte. Man konnte ihnen nicht vertrauen.

Saddams Söhne, Udai und Qusai, waren ebenfalls schreckliche Menschen. Vor allem Udai. Einmal fuhr er mit dem Auto durch die Stadt und bemerkte ein Mädchen, das ihm gefiel. Sie ging mit einem Soldaten händchenhaltend die Straße entlang. Udai hielt an, riss das Mädchen ins Auto und ließ den Soldaten von seinen Leuten erschießen. Dann machte er mit ihr, wonach ihm war. Später beging sie Selbstmord.

Udai konnte einen Menschen mit bloßen Händen töten. Wenn jemand von seinem Personal etwas tat, was ihm nicht passte, verprügelte er ihn eigenhändig, am liebsten mit einer Eisenstange direkt auf die Fußsohlen. Das passierte einem unserer Köche, den ich gut kannte. Udai schmeckte die Suppe nicht, die er gemacht hatte, und so verdrosch er ihn, bis der Mann bewusstlos wurde.

Beide Söhne Saddams waren öfter im Palast zu Besuch. Jedes Mal, wenn

Udai mich sah, blickte er mich an, als ob er mir etwas antun wollte. Ich wusste, wenn sein Vater uns nicht beschützt hätte, hätte Udai uns alle umgebracht.

Aus dem gesamten Al-Tikriti-Clan war Saddam der einzige Anständige. Ich weiß nicht, wie er das geschafft hat.

* * *

14.

Abu Ali steht für einige Tage nicht zur Verfügung, sodass ich all meinen Mut zusammennehme und in den Süden des Iraks fahre. Mein Führer ist Saif – er stammt aus der Gegend um Basra, ist zwanzig Jahre alt, trägt einen modischen Bart und eine noch modischere Frisur. Er arbeitet als Tätowierer und ist ein echter Hipster, obwohl er – wie jeder Hipster – heftigst leugnet, einer zu sein.

Ich frage ihn nach der Situation im Land.

„Zugegeben, in Bagdad geht hin und wieder eine Bombe hoch", erzählt er. „Aber der Süden ist sicher. Es wird uns nichts geschehen. Ich war mal mit einem Mädchen aus Basra zusammen und besuchte sie zweimal die Woche und da ist nie was passiert."

Sogar mein überaus vorsichtiger Hassan meint, dass wir im Süden tatsächlich sicher sein könnten. Also fahren wir.

Ein gelbes Sammeltaxi bringt uns aus Bagdad heraus, nach Al-Hilla, die Stadt, in der Abu Ali geboren wurde. Dort befinden sich die Ruinen des alten Babylon.

Der Fahrer hat einen grauen Pullover und eine schwarze Kunstlederjacke an. Die Temperatur liegt bei unter fünfzehn Grad plus, alle frieren. Winter im Irak.

„Wer ist der Typ?“, fragt der Fahrer meinen Guide Saif und spuckt Schalen von Sonnenblumenkernen aus dem Fenster.

Saif erklärt ihm, dass ich ein Interview mit dem Koch von Saddam Hussein mache und dass ich schauen will, was nach dem Krieg aus dem Land geworden ist.

„Sag ihm, dass ich auf einen neuen Saddam warte“, sagt der Fahrer zu ihm und spuckt wieder. „Ich hoffe, dass es noch zu meinen Lebzeiten passiert“, fügt er hinzu, die zwei anderen Passagiere nicken zustimmend.

„Warum das denn?“, frage ich verwundert.

„Wäre er noch am Leben, gäbe es keinen IS-Scheiß.“ Er meint den „Islamischen Staat“, dessen Gebiet sich etwa zweihundert Kilometer von uns entfernt befindet. „Unter Saddam wurde jeder Verbrecher gleich eingekerkert. Da gab es kein solches Chaos wie heute. Als er noch am Leben war, sagten alle, dass er uns in den Krieg schickt, während er sich Paläste baut. Ich habe im Iran-Krieg gekämpft, ich war erst achtzehn. Da schau, hier hab ich einen Schuss abbekommen.“

Er hebt die Hand und zeigt uns die Narbe in der Handfläche.

„Hier ist die Kugel rein- und hier rausgegangen.“

Damit wir es genau sehen können, lässt er für einen Moment das Lenkrad los, was mir bei etwa hundert Stundenkilometern ziemlich riskant erscheint. Zum Glück greift er gleich mit der anderen Hand danach und fährt normal weiter.

Ich versuche zu protestieren. Schließlich weiß ich aus Büchern und Zeitungen, dass Saddam Hussein ein brutaler Diktator war. Er hatte Abertausende Menschen gefoltert und ermordet. Doch der Fahrer winkt nur ab und spuckt aus dem Fenster, als ob er mir zeigen wollte, dass das Gespräch sinnlos sei.

Die zwei anderen Fahrgäste, beides Männer Mitte sechzig, schalten sich ins

Gespräch ein: „Als ich ein Junge war, unter Saddam, liefen die Mädels in Bagdad noch in Miniröcken herum", sagt der eine, der sich als Energieingenieur vorstellt. „Wir haben wie in Europa gelebt. Und heute? Die Frauen rennen in muslimischen Gewändern herum, die den ganzen Körper bedecken. Keine trägt mehr einen Mini. Das ist sehr schade. Wenn ich die Beine einer jungen Frau sehen will, muss ich ins Internet gehen." Er grinst, bestimmt stellt er sich gerade die Frauen dort vor.

„Wir werden von Mullahs regiert", sagt der andere Mann, ein auf Brücken spezialisierter Bauingenieur.

„Wir haben gegen den Iran gekämpft, doch heute bestimmen die iranischen Schiiten über unsere Regierung."

Der Fahrer dreht sich zu uns um und spricht weiter: „Das ist es, was Amerika mit seinem Krieg erreicht hat: Der Irak wird heute vom Iran regiert."

Wieder versuche ich zu widersprechen, doch plötzlich schaltet sich Saif, unser Hipster, ein: „Witold, du hast keine Ahnung!", fällt er mir aufgeregt ins Wort. „Mein Vater war Offizier unter Saddam. Ja, zugegeben – wenn sich jemand gegen den Präsidenten oder einen seiner Söhne stellte, konnte es böse enden. Aber ein Land wie den Irak kann man nur mit harter Hand regieren, sonst fällt alles auseinander. So wie jetzt."

Sowohl der Fahrer wie auch die beiden Ingenieure sind erstaunt, dass der Junge Saddam verteidigt. Schließlich wird er sich kaum an ihn erinnern können. Den Rest der Fahrt schweigen wir. Die Ingenieure sind eingenickt. Nur der Fahrer spuckt weiterhin Schalen aus dem Fenster. Irgendwann fragt er Saif: „Was macht dein Vater heute?"

„Er ist Taxifahrer, wie du."

„Richte ihm meinen höchsten Respekt aus."

* * *

15.

Saddam pflegte meist Eier, Fisch oder Suppe zu frühstücken – Linsen- oder Okrasuppe.

Zum Mittagessen bereiteten wir sechs, sieben oder sogar acht verschiedene Speisen zu. Meistens zwei verschiedene Suppen, zwei Arten Hähnchen, Fisch und Grillfleisch. Da hatte er eine schöne Auswahl.

Zum Abendessen gab es mindestens einmal in der Woche Masgouf. Er liebte diesen Fisch. Wenn er ihn nicht alle paar Tage bekam, schickte er Kamel Hana und ließ fragen, wann es denn wieder Masgouf gebe.

Saddam selbst erschien nur an Ramadan in der Küche; er fastete vom Sonnenaufgang bis zum Sonnenuntergang und kam danach zu uns, um sich sein Essen zu holen. Zu dem Zeitpunkt hatte er bereits schlimmen Hunger und entsprechend schlechte Laune. Also sahen wir zu, dass sich seine Stimmung besserte.

Bevor wir dem Staatspräsidenten etwas auftischten, wurde es von Kamel Hana vorgekostet. Wenn er nicht da war, musste es einer der Köche probieren. Man erzählte sich, dass auch Geschenke aus dem Ausland wie Wein, Whisky oder Saddams geliebte kubanische Zigarren getestet werden mussten. Der Präsident hatte Angst, vergiftet zu werden. Die Bodyguards brachten die Sachen in ein Labor, aber ich kenne da keine Details.

Alle Lebensmittel wurden von den Leibwächtern eingekauft, und zwar nur von den vertrauenswürdigsten. Das meiste wurde ohnehin auf der Farm angebaut, aber wenn etwas fehlte, fuhren sie auf den Souk oder in ein sicheres Geschäft – doch wo sie genau einkauften, das wussten nicht einmal wir Köche.

Jeden Tag mussten wir Essensproben in den Kühlschrank stellen, damit sie überprüft werden konnten. Für alle Fälle.

Saddam verfügte über eine eiserne Gesundheit. Während meiner gesamten Zeit bei ihm hat er sich nur einmal unwohl gefühlt. Es war so untypisch für ihn, dass wir alle verhaftet wurden, rein prophylaktisch. Man untersuchte unsere Hände auf Spuren von Gift und hielt uns fest, bis alles vorbei war.

Jedes Jahr fuhren wir nach Tikrit oder zumindest aus Bagdad heraus an den Tigris. Saddam schwamm dann quer durch den breiten, wilden und reißenden Fluss.

In einem Jahr, nach der Kuwait-Invasion, streuten die Amerikaner das Gerücht, dass nicht Saddam selbst schwimmen würde, sondern ein Doppelgänger. Dass er zu alt sei, um den Tigris zu durchqueren. Weißt du, was er da gemacht hat? Ein paar Wochen später lud er Journalisten und Diplomaten ein und hielt eine Rede am Flussufer. So konnten sie sich persönlich davon überzeugen, dass er wirklich Saddam Hussein war. Und dann stieg er ins Wasser und durchquerte den Tigris, einmal hin, einmal zurück.

Aber weißt du was – die Amerikaner behaupteten, dass sich mitten im Tigris eine Unterwasserplattform mit einem Motor befunden habe. Und von dem sei Saddam gezogen worden. Wie du siehst, wollen gewisse Leuten nicht glauben, dass jemand einfach nur gesund ist, weil er jeden Tag Sport treibt und daher stark und fit ist. Schließlich hatte Saddam in jedem seiner Paläste einen Swimmingpool und schwamm jeden Morgen mehrere Bahnen, noch vor dem Frühstück.

Ich habe jahrelang für ihn gekocht, ich habe ihn jeden zweiten Tag gesehen, und nie war er krank oder geschwächt. Schlecht gelaunt, das ja, immer wieder. Aber krank – nein, niemals.

16.

Ich habe viele Länder mit Saddam Hussein bereist: Marokko, Jordanien, die UdSSR. Wir haben Michail Gorbatschow in Moskau besucht. Die beiden sprachen über Waffen, denn der Irankrieg war in vollem Gange.

In der UdSSR benahmen sich sogar Köche wie Befehlshaber. Wir kochten in einer großen Küche, auf einem riesigen Gasherd, und sie schoben ständig unsere Töpfe weg. Das war gar nicht notwendig, Platz hätte es genug gegeben, doch sie konnten es einfach nicht lassen. Sie waren nun mal so. Ihr Land machte sich in der Politik breit und sie sich eben in der Küche.

Ich ging selbstverständlich sofort hin und schob unsere Töpfe wieder zurück. Kurze Zeit später kam einer der Russen und schob sie wieder zur Seite, um ihre Töpfe auf unser Feuer zu stellen. Dabei murmelte er irgendwas – bestimmt verfluchte er uns, keine Ahnung, ich kann kein Russisch.

Das Spiel ging stundenlang so weiter.

Ich weiß noch, dass ich dachte, dass auf diese Weise Kriege beginnen: Jeder versucht, seinen Topf auf die Feuerstelle zu kriegen.

17.

Saddam mochte Kamel Hana unter anderem deswegen, weil der ihm immer Frauen organisierte. Der Staatspräsident konnte doch nicht eine Unbekannte auf der Straße ansprechen und sagen: „Hallo, ich bin an dir interessiert!"

Kamel kannte den Frauengeschmack des Präsidenten, kannte auch massenhaft Leute in Bagdad und brachte immer mal wieder eine charmante

Dame auf die Farm – damit der Staatschef sich in einer lockeren Atmosphäre mit ihr unterhalten konnte.

Was sie sonst noch taten? Tja, ich erzähle dir eh schon zu viel.

Eines Tages machte Kamel den Präsidenten mit Samira Schahbandar bekannt. Sie war verheiratet, aber weder sie noch er störten sich daran.

Sie gefielen einander sehr und so kam Samira fast jeden Tag auf die Farm. Wann immer Saddam auf Reisen ging, nahm er sie mit. All das passierte natürlich heimlich, damit Saddams erste Ehefrau, Sadschida, es nicht mitbekam. Und sie kriegte nichts mit; nicht einmal, als er die Scheidung von Samiras Ehemann arrangierte, und auch nicht, als er sie schließlich selbst heiratete.

Sadschida war die Tochter von Saddams Onkel, jenem, dem er so viel verdankte. Ihr Bruder Adnan Talfah war Verteidigungsminister und Held des Irankriegs. Saddam wollte es sich mit keinem von ihnen verscherzen.

Samira stammte aus einer geachteten Bagdader Familie, die vor vielen Jahren aus Persien in den Irak gekommen war. Sie hatten ihr gesamtes Vermögen verloren und so wuchs Samira in Armut auf. Dank der Hingabe ihrer Eltern konnte sie die Schule abschließen und die Universität besuchen. Als sie später Ärztin wurde und gut verdiente, kaufte sie ihren Eltern Lebensmittel, Kleidung und sogar Haushaltsgeräte.

Später wurde sie dann die zweite Frau des Staatspräsidenten, doch sie benahm sich nach wie vor wie ein armes Mädchen. Manchmal kam sie abends zu uns in die Küche, fragte, ob etwas Essen übrig geblieben sei, ließ es sich einpacken und schickte es mit einem Fahrer zu ihren Eltern.

Damit machte sie Saddam rasend. Er war sehr fair zu ihrer Familie: Er kaufte ihren Eltern ein neues Haus, den Geschwistern schenkte er jedes Jahr neue Autos. Er sorgte dafür, dass es ihnen an nichts fehlte. Ihre drei

Kinder aus erster Ehe ließ er auf der Farm wohnen, finanzierte ihnen Schule und Studium.

Ich erzähle dir noch etwas: Als ihr erster Mann krank wurde, ließ Samira uns für ihn kochen und ihm das Essen jeden Tag nach Hause bringen. Kannst du dir das vorstellen?

Samira hatte keinen Grund, Essen von der Farm zu nehmen und ihrer Familie zukommen zu lassen. Nur war sie so von ihrer früheren Armut geprägt, dass sie nicht anders konnte. Saddam ärgerte sich immer maßlos über sie und schrie: „Benimm dich endlich wie die Ehefrau des Staatspräsidenten! Wenn deiner Familie etwas fehlen sollte, sag es mir und ich kaufe es ihnen!"

Sie weinte und er schrie und schrie.

Nach einem solchen Streit ließ Samira sich eine Weile nicht bei uns blicken, ein paar Tage, ein paar Wochen. Doch ihr Zwang war stärker als sie. Kaum war Saddam weg, kam sie wieder in die Küche und fragte, ob wir etwas zu essen übrig hätten. Wieder ließ sie es in Plastikbehälter einpacken und zu ihren Eltern bringen.

* * *

18.

Saif, der Bagdader Hipster, und ich besichtigen Al-Hilla und dann die an die Stadt angrenzenden Ruinen des antiken Babylon. Wir machen Erinnerungsfotos an der Stelle, wo der Überlieferung nach Alexander der Große gestorben sein soll. Wir fotografieren auch die Überbleibsel des Ischtar-Tores und die auffälligen Götterskulpturen, die es beschützen.

Babylon bemüht sich seit Jahren vergeblich, auf die Unesco-Weltkulturerbeliste aufgenommen zu werden, obwohl es einer der Orte ist, an denen unsere Zivilisation geboren wurde. Und das alles wegen Saddam, der es restaurieren ließ, ohne auf jegliche Regeln zu achten, die für derartige Kulturdenkmäler gelten. Er ließ die Mauern wiederaufbauen und dazwischen Ziegelsteine mit seinem Namen hineinsetzen.

Nach dem Besuch der Babylonruinen würde ich gerne nach Nadschaf fahren, in die heilige Stadt der Schiiten. Dort ist Imam Ali begraben, der Schwiegersohn des Propheten Mohammed. Aber Saif meldet Bedenken an: „Warum willst du da unbedingt hin?", wundert er sich. „Lass uns nach Basra fahren. Da gibt es geile Mädels. Und richtig gute Puffs. Vielleicht sogar Weiber aus deinem Land." Er kommt ins Schwärmen.

Doch ich bestehe darauf, dass mir Nadschaf lieber ist als Puffs, egal wie geil die Frauen dort sind. Saif packt also unwillig seinen Hipster-Daypack und folgt mir. Also zurück ins Taxi, ein paar Checkpoints und schließlich ein billiges Hotel im Stadtzentrum von Nadschaf. Dort trinken wir erst einmal einen frisch gepressten Granatapfelsaft – und ein paar Stunden später sind wir schon am zweitheiligsten Ort des schiitischen Glaubens.

Die Moschee, die über dem Grab des Imams Ali erbaut wurde, ist eine wahre Perle der Architektur. Der Reichtum an Mosaiken, Ornamenten, Vergoldungen, an außergewöhnlichen Mustern raubt einem geradezu den Atem. Wir schauen zu, wie muslimische Gläubige aus der ganzen Welt ihrem Heiligen die Ehre erweisen und mit einem Gebet auf den Lippen sein Grab umkreisen. Ich gehe mit ihnen und bete für den Weltfrieden. Wenn es im Himmel Allah gibt, wenn es einen Propheten gibt, möge er mich bitte erhören.

Alle sind sie hier: von stolzen, hochgewachsenen Berbern aus den Maghreb-Ländern bis hin zu kleinen, schrägäugigen Großvätern aus Kirgistan. Alle paar Minuten kommt jemand mit einem Sarg an und umkreist damit das Grab, denn die Schiiten wollen auch nach ihrem Tod den Segen des Propheten erhalten – und in seiner Nähe begraben liegen. Der Friedhof in Nadschaf ist die größte Nekropolis der Welt.

Einer der Securitymänner an der Moschee kommt neugierig auf uns zu, als er hört, dass ich mit Saif Englisch spreche. Er will wissen, woher ich komme. Wir reden und ich nutze die Gelegenheit, ihn zu fragen, wie es sich an einem solch heiligen Ort arbeitet.

„Am schlimmsten ist es nach terroristischen Anschlägen", erwidert er. „Da kommen sie mit Armen, Beinen, blutigen Torsos an. Alles durcheinander in den Särgen. Die Leute weinen, völliges Chaos. Das ist schon sehr deprimierend."

„Wie ist es euch unter Saddam ergangen?", will ich wissen.

„Oh, gar nicht gut." Der Mann taucht seine Finger in seinen dichten, langen Bart, als ob es ihm helfen würde, die Erinnerungen von vor zwanzig Jahren heraufzubeschwören. „Saddam war ja Sunnit. Für ihn waren wir Schiiten Feinde. Als 1980 der Irankrieg begann, wurde alles uns angelastet, egal was passierte."

„Ajatollah Chomeini war auch Schiit", wirft Saif ein. „Er hat ein paar Jahre hier gelebt, nachdem ihn der Schah aus dem Iran vertrieben hatte. Erst Saddam zwang ihn, wieder auszureisen. Dann ging Chomeini zurück in den Iran und wurde, kurz nachdem die Revolution ausbrach, zum Staatsoberhaupt."

„Woher weißt du das, Saif?", frage ich ihn verwundert.

Noch vor ein paar Stunden schien Religion das Letzte, was ihn interessierte, und nun entpuppt er sich als Schiismus-Experte.

„Ich wollte mal Imam werden", gibt er zu.

Zum ersten Mal, seit wir uns kennen, wirkt er verlegen. Ich meine, sogar einen Hauch von Röte auf seinem Gesicht zu erkennen.

Chomeini hat Hussein seine Vertreibung aus Nadschaf nie verziehen. Nachdem er an die Macht gekommen war, begann er, alle zu finanzieren, die gegen den Irak kämpfen wollten. Er wiegelte die iranischen Schiiten auf und versorgte die Kurden mit Waffen. Als Antwort auf seine Aktivitäten griff die irakische Armee 1980 den Iran an. Die Iraker waren überzeugt, dass der Nachbarstaat in Chaos versunken sei und dass es höchstens ein paar Wochen dauern würde, ihn zu besiegen.

Saddam Hussein wollte immer sämtliche Entscheidungen allein treffen; er fürchtete den Einfluss der charismatischen Generäle, sodass er sicherheitshalber regelmäßig die Befehlshaber austauschte. Vor allem aber besaß er keinerlei militärische Erfahrung. Und so verpasste er den Moment, als der Weg nach Teheran für seine Armee frei war. Die Iraner beeilten sich, die Verteidigung zu organisieren, und der geplante schnelle Krieg wurde zu einem jahrelangen mühsamen Kampf um jeden Meter Boden.

Saddam wurde von der ganzen Welt unterstützt, die entsetzt war über Chomeinis brutale Revolution. Aus den Vereinigten Staaten, aus Westeuropa und aus der Sowjetunion strömten Waffen und Ausbilder in den Irak. Zu Zeiten des Kalten Krieges war das etwas Besonderes.

Anfangs zeigte Saddam seinem Volk ein väterliches Gesicht: Persönlich besuchte er Ehefrauen und Mütter der gefallenen Soldaten, zahlte den Frauen hohe Schmerzensgelder und kaufte ihnen Autos.

Doch je länger der Konflikt andauerte, desto ungeduldiger und gereizter wurde er, vor allem als die Iraner mehrmals hintereinander einen Waffenstillstand ablehnten. Die Befehlshaber warteten oft stundenlang auf Anweisungen des Staatspräsidenten, doch er war unfähig, Entscheidungen zu treffen.

Der Krieg, der beide Seiten insgesamt über eine Million Menschenleben gekostet hat, brachte niemandem den Sieg.

* * *

19.

Ich weiß nicht, wie das möglich war, aber Saddams erste Ehefrau, Sadschida, wusste wie gesagt lange nichts von Samira. Saddam war sehr loyal zu den Menschen, die für ihn arbeiteten, und offenbar erwiderten diese das und schwiegen über die Sache.

Doch es konnte nicht ewig so weitergehen. Schließlich flog alles auf. Und es war ja keine Affäre wie mit den ganzen anderen Frauen. Saddam war mit dieser Dame verheiratet! Zwar erlaubt die islamische Religion die Vielehe, aber Sadschida rastete trotzdem aus. Sie ließ sich nicht mehr auf der Farm blicken. Sogar ihre Söhne Udai und Qusai kamen nicht mehr.

Angeblich stellten sich sogar Sadschidas Brüder gegen Saddam. Ich weiß es zwar nicht mit Sicherheit, doch so wurde gemunkelt. Sie sagten, dass Saddams Präsidentschaft nicht seine persönliche Errungenschaft sei, sondern das Verdienst des Al-Tikriti-Clans. Sadschida Talfah war eine von ihnen. Samira Schahbandar nicht. Das war Verrat.

Und im Irak verzieh man Verrat nicht.

Saddam hatte also an zwei Fronten zu kämpfen: gegen Chomeini und gegen seine eigene Familie.

20.

Kurz nachdem die Eheschließung Saddams mit Samira aufgeflogen war, betrank sich Kamel Hana Gegeo und begann, zum Spaß in seiner Villa herumzuballern. Einige Hundert Meter weiter stand die Villa von Saddams Sohn Udai. Dieser schickte seine Security los mit der Anweisung, Kamel solle damit aufhören.

Doch seine Leute konnten nichts ausrichten. Gegeo schoss weiter. Vielleicht wollte er Udai ärgern? Die beiden mochten sich nicht; außerdem war allgemein bekannt, dass Kamel es war, der Saddam all die Frauen organisierte. Und obwohl Udai selbst ein Frauenheld war, stellte er sich in dieser Angelegenheit auf die Seite seiner Mutter.

Oder vielleicht war Gegeo zu betrunken, um zu verstehen, worum es ging? Keine Ahnung.

Udai fuhr rüber zu Kamels Villa und rastete vollkommen aus. Er nahm eine Eisenstange und begann, damit auf dessen Auto einzuschlagen. Als Kamel Hana herausgerannt kam, verpasste ihm der rasende Udai einen Schlag gegen den Kopf. Mit der Eisenstange.

Nie habe ich Saddam weinen gesehen. Doch bei Kamel Hanas Begräbnis stand er in der Kirche (denn Hana war Christ) am Sarg seines Freundes und ich sah, wie die Tränen nur so über seine Wangen liefen. Sein Freund war tot, sein Vertrauter, jemand, der ihm wirklich viel bedeutete. Und sein Sohn war auch noch der Täter.

Wir alle auf der Farm trauerten um Kamel Hana. Er war ein guter, herzlicher Mensch, der nicht nur von Saddam geliebt wurde – sondern von uns allen.

Der Präsident steckte seinen Sohn ins Gefängnis. Er ließ ihn in eine winzige Zelle werfen und untersagte jeglichen Besuch. Dann ging er selbst zu ihm und brachte ihn mit bloßen Händen beinahe um.

Doch am Ende siegte die Liebe des Vaters zu seinem Kind. Ein paar Monate später kam Udai wieder frei. Saddam befahl ihm, für eine Weile aus dem Land zu verschwinden, aber es war klar, dass Udai wieder gnädig aufgenommen werden würde. Und er kam zurück. Ich habe ihn später noch viele Male gesehen.

21.

Mein Land schloss schließlich Frieden mit dem Iran, doch diese Zeit währte nicht lange. Die Kuwaitis beschlossen, davon zu profitieren, dass der Irak schwach und mit Kriegsschulden belastet war – und so verkauften sie ihr Erdöl viel günstiger, als sie es hätten tun sollen. Saddam versuchte, mit ihnen zu verhandeln, zu erklären, dass wir Araber einander unterstützen sollten.

Doch es nützte nichts.

Eines Tages kam ich wie immer zur Arbeit, machte den Fernseher an und hörte, dass unsere Panzer wieder unterwegs waren. Du fragst, wie es möglich sein kann, dass ich nichts von irgendwelchen Vorbereitungen mitbekommen habe? Na ja, daran ist nichts Verwunderliches. Was hat denn ein Koch mit der Politik zu schaffen? Es gibt kein Land, in dem das Staatsoberhaupt einen Koch fragen würde, ob es einen Krieg beginnen darf.

Damals erzählten alle, dass die Invasion mit den Amerikanern abgesprochen gewesen war. Als Präsident Bush aber begann, sich aufzuplustern, wurde Saddam sauer. Im Irankrieg waren alle Staaten auf unserer Seite gewesen, daher dachte er, es würde diesmal genauso sein, alle würden ein Auge zudrücken.

Doch er irrte sich.

Die Amerikaner stellten sich auf die Seite Kuwaits. Unsere Armee musste sich zurückziehen. Später griff George Bush unser Land an, ab da wurde es richtig gefährlich. Viele Wochen bekam ich Saddam nicht zu Gesicht, obwohl ich wusste, dass er in Bagdad war. Er versteckte sich in verschiedenen Häusern und Wohnungen, im Stadtzentrum und am Stadtrand. Er glaubte, dass die Amerikaner die Hauptstadt angreifen und ihn töten wollten.

Aus der Perspektive der Küche änderte sich ebenfalls einiges. Wir kochten wie immer, doch Saddam speiste nicht zu Hause. Einer seiner Leibwächter kam jeden Tag und holte seine Mahlzeiten ab.

Doch es kam auch vor, dass wir abgeholt und an irgendeinen Ort gebracht wurden. Jedes Mal woandershin. Dort sollten wir dann kochen. Später, als die Amerikaner vor Bagdad standen und die Bombardements begannen, wurden wir aus dem Palast in den Stadtteil Al-Amiriya gebracht. Dort lebten und kochten wir in einem gemieteten Haus – und wieder wurde das Essen Saddam an die Front gebracht. Damals sah ich den Präsidenten mehrere Monate lang nicht.

Irgendwann zogen die Amerikaner ab. Doch die Sanktionen blieben bestehen.

Die Leute sagen manchmal, dass es an den Sanktionen lag, dass Saddam kein gutes Essen bekam – weil man viele Dinge nicht mehr kaufen konnte. Das stimmt so nicht. Er aß wie immer. Denn Saddam aß gar keine importierten Speisen, er mochte ausschließlich irakische Gerichte aus irakischen Lebensmitteln. Warum sollte er importierten Reis essen, wenn wir doch im Irak den besten Reis der Welt haben! Die Sorte Amber, die in der Gegend um Nadschaf wächst, übertrifft an Qualität alles, was man in Asien findet.

Was hätten wir denn im Ausland kaufen sollen? Fleisch? Schwer vorstellbar, wo doch unser Fleischer jeden Tag eine Ziege oder ein Schaf schlachtete. Fisch? Den besten Fisch gibt es bei uns. Masgouf, Saddams Karpfen, findet man nur im Irak.

Der Präsident liebte Fisch, Gegrilltes, Suppen, Kebab, Schawarma. Er aß gerne Okrasuppe und auch Zucchini- oder Linsensuppe. All diese Gemüse wurden ja im Irak angebaut, vielmehr wuchs es gleich auf unserer Farm, direkt vor unserer Nase. Also warum hätten uns die Sanktionen treffen sollen?

Wen die Sanktionen am schlimmsten erwischten, das waren die ganz normalen Leute. Sie verdienten auf einmal viel weniger. Und sie sind es, die die Last der Sanktionen bis heute zu tragen haben.

***

22.

Die Politikexperten sind sich einig: Die Amerikaner hätten Saddam Hussein problemlos bereits 1991 stürzen können. Sie hatten Dreiviertel des Landes hinter sich, darunter Schiiten und Kurden. Da die Amerikaner jedoch irgendwann weg waren, rächte sich Saddam grausam für die gegen ihn angezettelten Aufstände. General Ali Hassan Al-Madschit, einer seiner Vettern, der zuvor Gas gegen die Kurden eingesetzt hatte, tötete Tausende und Abertausende von Menschen.

Aus einem wunderschönen, reichen Land wurde eine Ruine.

Während die Iraker Hunger litten, begann ihr Staatspräsident mit einem großen Palastbauprogramm. Die besten Architekten, die besten Inneneinrichter, Maler und Bildhauer wurden dafür engagiert. Im ganzen Land entstanden Dutzende von Gebäuden. Der Irak streckte quasi der ganzen Welt den Mittelfinger entgegen.

Ich besichtige einen dieser Paläste, zusammen mit Saif, dem Tätowierer aus Bagdad. Wir sind in Al-Hilla, der oben erwähnten Stadt, die an das antike Babylon angrenzt.

Alles, was man tragen konnte, wurde von den in der Nähe wohnenden Anwohnern herausgeschleppt, doch auch so zwingt einen der Bau in die Knie. Schon am Eingang überwältigt er mich mit seinen Ornamenten und Mosaiken. Die Wände und die Böden sind mit Marmor verkleidet. Im Garten hatte Saddam einen Swimmingpool zwischen Orangenbäumen anlegen lassen, mit Blick auf den Tigris. In jedem seiner Paläste musste es einen solchen Pool geben.

Ich betrete den ersten Stock. Dort wartet ein überraschendes Souvenir aus der Zeit, als polnische Soldaten Teil der unrühmlichen Irakkoalition von George Bush waren, auf mich. Die ganze Wand ist voller Herzchen mit polnischen Namen: Sławek liebt Marta, Jacek liebt Ilona und Zbyszek Marzena.

Während wir den Palast besichtigen, kommt auf einmal ein Mann auf uns zu. Er stellt sich als Mohammed vor. Sein Gesicht ist voller Spuren einer überstandenen Windpockeninfektion und unter seiner Nase prangt ein kecker Schnurrbart, der ihn jünger erscheinen lässt.

„Ich habe in diesem Palast als Wachmann gearbeitet", sagt er und grinst.

Dann fügt er hinzu, dass er uns gegen ein kleines Bakschisch gerne herumführen könne. Also bitte ich ihn, dass er uns die Küche zeigt und uns hilft, wenn möglich, den Koch zu finden, der hier gearbeitet hat.

„Es gab damals zwei Köche. Der eine ist aus Al-Hilla weggezogen, der andere ist gestorben", erzählt Mohammed. „Aber ich kann euch zeigen, wo die Küche war."

Wir laufen ihm hinterher, eine breite Treppe hinunter, die hinter dem Pool in die Kellergewölbe führt. Offenbar ist lange niemand mehr hier gewesen, denn überall liegen Staub, Dreck, abgesplitterte Marmorstückchen und Fledermauskot herum.

„Diese Köche hatten die sonderbarste Arbeit auf der ganzen Welt", erzählt unser Guide. „Jeden Tag bereiteten sie das Frühstück, das Mittagessen und das Abendessen zu, so, als ob der Präsident hier leben würde. Sie mussten auch Essensproben abliefern, damit geprüft werden konnte, ob auch nichts vergiftet war. Doch abends warfen sie alles, was sie gekocht hatten, in den Müll."

„Warum denn das?", frage ich verwundert.

„Aus Sicherheitsgründen. Saddam hatte absichtlich so viele Paläste bauen lassen, damit niemand wusste, in welchem er sich gerade aufhielt. Er hätte in jedem davon sein können. Deswegen arbeiteten die Bediensteten in jedem der Gebäude ganz normal, so als ob nichts wäre. Manchmal schickte er eine Kolonne mit leeren Autos quer durch die Stadt, damit seine Feinde glaubten, dass er unterwegs war. Solche Kolonnen kamen auch hierher."

„Aber warum haben sie das Essen weggeworfen?"

„Es war ja das Essen des Präsidenten. Kein anderer durfte es anrühren. Doch es gab jeden Tag so viel davon und eines Tages fanden die armen Leute aus der Umgebung heraus, wo es weggeworfen wurde. Und sie begannen, es einzusammeln und mitzunehmen. Doch das fiel natürlich auf. Kurz darauf wurden sie festgenommen und verprügelt."

Schließlich erreichen wir mit Mohammed die Küche. Wir besichtigen sie im Dunkeln und leuchten mit unseren Smartphones. In dem Raum findet sich keinerlei Spur von Küchenmöbeln oder Arbeitsgeräten, nur unter der Decke und an den Wänden verläuft ein dickes Lüftungsrohr. Bis auf diese Konstruktion ist hier nichts zu sehen.

„Hat Saddam jemals etwas gegessen, was die hiesigen Köche gekocht hatten?", will ich wissen.

„Er war vielleicht zwei- oder dreimal in diesem Palast", sagt Mohammed. „Doch wenn er kam, brachte er seine eigenen Köche mit. Die hiesigen Bediensteten wurden für die Zeit seines Besuches eingesperrt und durften nicht rauskommen."

***

23.

Nach dem Kuwaitkrieg war ich erschöpft. Ich war es leid, für den Präsidenten zu arbeiten. Das Schlimmste daran war, dass man nie wusste, was am nächsten Tag geschehen würde. Man konnte sich auf nichts verlassen. Das machte mich fertig.

Ich wartete auf den richtigen Moment, bis ich endlich dem Chef der Leibwächter anvertraute, dass ich kündigen wollte.

Bald darauf ließ mich Saddam zu sich kommen.

„Ich habe gehört, dass du mich verlassen willst."

Ich erwiderte, dass es mir sehr leid täte, aber dass es in der Tat so sei.

Er nickte daraufhin.

„Gut, ich verstehe."

Einige Wochen später wurde mein größter Traum wahr: Ich durfte in einem Fünf-Sterne-Hotel anfangen. Als ich den Palast verließ, hatte die Verwaltung nur eine einzige Bitte an mich: Saddam liebte meine Pastirma, getrocknetes Rindfleisch. Er bitte darum, dass ich ihn einmal im Jahr besuchte und es für ihn zubereitete (Pastirma macht man im Winter).

Ich erklärte mich ohne zu zögern einverstanden – und so nahm ich in den folgenden Jahren im Winter eine Woche frei, bestellte alle Zutaten und bereitete Unmengen Trockenfleisch zu. Das war dann die Jahresration für alle Mitarbeiter des Palasts. Der Staatspräsident war mir gegenüber weiterhin sehr großzügig, und solange er an der Macht war, zahlte er mir jeden Monat weiterhin mein Gehalt, als ob ich immer noch für ihn arbeiten würde.

Einige Jahre nach meinem Weggang von der Farm schickte Osama bin Laden zwei Flugzeuge los, um das World Trade Center in New York zu zerstören. Kurz darauf befand George Bush junior, dass Saddam Hussein sein Erzfeind sei. Den Rest kennst du.

Udai und Qusai starben in Mossul, von den Amerikanern getötet.

Sadschida und Samira verließen das Land, jede in eine andere Richtung. Ich weiß nicht, wo sie sich aktuell aufhalten, aber Saddam hat gewiss dafür gesorgt, dass sie keine Not leiden müssen.

Saddam wurde gehängt.

Die letzte Ladung Pastirma machte ich vor dem zweiten Angriff der Amerikaner. Als sie den Präsidenten in einem Haus in der Tikriter Vorstadt ergriffen, trocknete es dort gerade im Garten, auf den Palmen.

Er hatte es bis zum Schluss bei sich.

24.

Die Amerikaner eroberten Bagdad. Ich war entsetzt, denn es hieß, dass sie auch nach Saddams Mitarbeitern suchten. Ich hatte Angst, dass sie mich festnehmen und nach Guantánamo bringen würden, um mich zu foltern oder gar zu töten.

Wir tauchten alle unter, jeder wie er konnte. Aus unserem alten Team an Köchen haben sie niemanden gefunden. Von all den Leuten, mit denen ich gearbeitet hatte, wurde nur der Mann verhaftet, der im Palast immer die Batterien in den Fernbedienungen ausgetauscht hat. Später stellte sich heraus, dass sie nach Informationen über Saddam suchten, um ihn schnappen zu können. Den einen oder anderen haben sie erwischt, aber wer waren diese Leute schon? Ich habe keine Ahnung. Zum Schluss bestand Saddams Umfeld ausschließlich aus Mitgliedern des Al-Tikriti-Clans.

Nach fünfzehn Jahren besaß ich Unmengen von Fotos mit Saddam, aufgenommen bei allen möglichen Gelegenheiten. Ich habe dir ja erzählt, dass er es liebte, fotografiert zu werden. Später brachte mir sein Fotograf diese Bilder vorbei. Als die Amerikaner einmarschierten, hatte ich solche Angst, dass ich sie hinter der Klimaanlage in meiner Wohnung versteckte.

Nach einigen Monaten stabilisierte sich die Situation und ich glaubte, dass das Schlimmste hinter uns lag. Also holte ich die Bilder wieder hervor. Doch wie sich herausstellte, war Wasser aus der Anlage getropft und hatte alle Fotos zerstört. Alle, bis auf eines.

Schau, ich habe es dir mitgebracht. Das Bild wurde an der Straße zwischen Tikrit, Saddams Heimatort, und Samarra, der Stadt, in der sich eine der ältesten Moscheen des Landes befindet, aufgenommen. Wir hielten irgendwo zwischen den Feldern, um Mittag zu essen. Saddam verspeiste mein Essen, es schmeckte ihm sehr, und er sagte: „Abu Ali, du bist ein wahrer Meister! Lass uns ein gemeinsames Foto machen!"

Es war ein wunderbarer, sonniger Tag. Alle hatten gute Laune. Da, schau. Das ist das einzige, was mir aus jener Zeit geblieben ist.

SNACK

អាហារសម្រន់

Anfangs lief es nicht so gut mit dem Kochen. Wenn ich mich heute an meine ersten Tage in der Küche erinnere, ist es mir beinahe peinlich.

Ich muss dir etwas über Pol Pot erzählen. Er war ungemein witzig! Wie ein Clown, wirklich! Bei den ersten Begegnungen mit ihm fiel mir auf, dass er attraktiv war und ein schönes Lächeln hatte, aber er machte auch die ganze Zeit Witze und brachte mich zum Lachen.

Sein Lieblingsscherz war, alles ins Gegenteil zu verdrehen. Wenn er zum Beispiel dachte, dass ich zu viel gekocht hätte, sagte er: „Unsere Moeun, sie kocht immer zu wenig! Wir werden wohl hungern müssen." Dabei schaute er mir in die Augen und wartete, wie ich reagieren würde. Er lächelte sein unglaubliches Lächeln und sah mich einfach nur an. Und wenn ich in den ersten Monaten Suppe für ihn kochte, streichelte er seinen Bauch und sagte: „Was für eine leckere Suppe!", und da wusste ich nie, ob er einen Scherz machte oder ob es ihm wirklich geschmeckt hatte. Erst später begriff ich, dass er sich über mich lustig machte – und dass ich noch sehr viel zu lernen hatte.

Also lernte ich, wie man besser kochte. Es war für uns alle entscheidend, dass Bruder Pouk nicht hungrig herumlief. Von der Tatsache, ob er satt war oder nicht, hing unser Leben ab. Unsere Revolution hing davon ab!

Also kochte ich jeden Tag mehrere Speisen, von denen ich wusste, dass er sie mochte: Fisch, Papayasalat, Hähnchen. Da kann er sich immer etwas aussuchen, dachte ich mir. Das Wichtigste war, dass er sich satt essen konnte.

Es war auch deswegen wichtig, weil Pol Pot öfter unter Bauchschmerzen litt und nachts nicht schlafen konnte.

Also kochte ich viel. Er blickte dann auf den reich gedeckten Tisch und sagte: „Ach, unsere Moeun! Sie kocht immer zu wenig!“, und lächelte dabei.

MITTAGESSEN

Chiemo

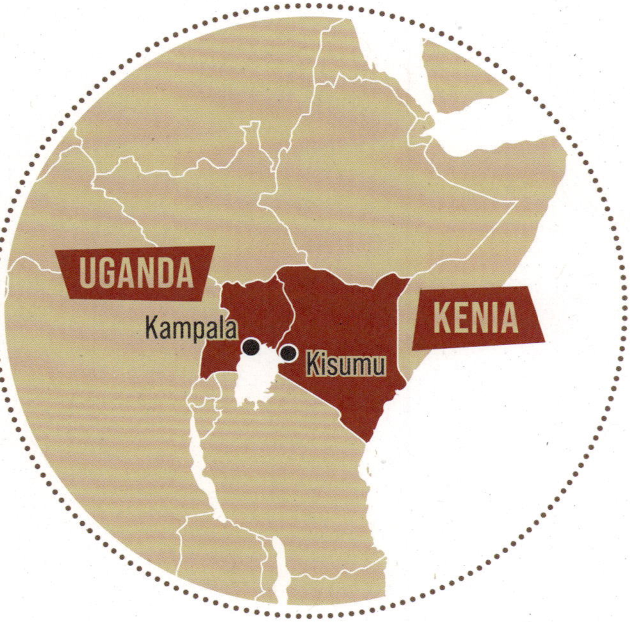
UGANDA
KENIA
Kampala
Kisumu

Gebratene Ziege

Die Geschichte des Otonde Odera, Koch des Idi Amin

1.

Bruder, sag mir doch, bevor wir beginnen: Glaubst du an Gott? Glaubst du an unseren Herrn Jesus Christus, der sein Leben gab, um uns zu erlösen?

Wenn es so ist, wie du sagst, dann reiche mir deine Hände und lass uns zusammen beten. Lass uns beten wie dereinst die Apostel.

Gütiger Gott, durch dessen Gnade wir alle am Leben sind, der du mich vor einer Hyäne und einem Flusspferd beschützt hast, der du mich aus den Händen der Schergen von Idi Amin befreit hast, als sie mich schon im Kerker dem sicheren Tod übergeben wollten; lieber Gott, der du nun auf uns herabschaust, der du uns zusiehst, wenn wir lachen und wenn wir weinen, der du uns Nahrung schenkst wie zu Zeiten deines Sohnes, unseres Erlösers Jesus Christus, der du uns Fisch, Reis, Hähnchen, Möhren und Schnitzel auf Kiewer Art geschenkt hast, nimm unseren Dank entgegen! Wir danken dir für all deine Gaben und deinen ewigen Segen! Nimm meinen Dank entgegen für diesen Gast, der gekommen ist aus einem fernen Land, um von der Geschichte meines Lebens zu berichten. Eines Lebens, das so außergewöhnlich war.

Lieber Gott, der du mich, einen armen Jungen aus dem Dorf Rambugu am Ufer des Victoriasees, gesegnet hast, einen armen Jungen vom Stamm der Luo, der nie die Schule abgeschlossen hat, dessen Mutter sich ihren Lebensunterhalt damit verdiente, für die wohlhabenden Nachbarn

Wäsche zu waschen, und die niemals gedacht hätte, dass sie eines Tages in fremde Länder reisen und in teuren Hotels übernachten würde, die nie vermutet hätte, dass ihr Sohn für Präsidenten kochen, mit Flugzeugen fliegen, die Hände der ersten schwarzen Staatsoberhäupter Afrikas schütteln würde, und die nie geglaubt hätte, dass diese bedeutenden Männer ihn *Bruder* nennen würden; lieber Gott, der du mir alles Mögliche geschenkt hast, Karriere, Autos, schöne Kleidung, nur um mir später alles wieder zu nehmen, von heute auf morgen, um mir zu zeigen, dass auf der Welt nichts gewiss ist außer deiner unendlichen Liebe, ich möchte dich preisen, Gott mein Herr. Wir preisen dich und beten zu dir, König über alle Könige, gütiger Gott, mein Herr.

* * *

2.

Wir verlassen Kisumu, die drittgrößte Stadt Kenias, am frühen Morgen. Schnürsenkelverkäufer und Rudel herrenloser Hunde schleichen durch die Stadt. Fahrer von Boda-Boda-Motortaxis tuckern gemächlich durch die Straßen. Wir fahren am Ufer des Victoriasees entlang, riesig wie ein Meer und beängstigend wie der Tod. Bei mir sind Julia Prus, die Afrikakorrespondentin von *Polskie Radio,* und Carl Odera, ein lokaler Journalist, der aus demselben Stamm kommt wie der Koch, zu dem wir gerade unterwegs sind. Dass Carl und er sogar den gleichen Nachnamen tragen, ist reiner Zufall.

Wir sind unterwegs zum Koch des Diktators Idi Amin, des Machthabers von Uganda, der seine Feinde Krokodilen zum Fraß vorwarf.

Am Ufer sehen wir gelb, grün, blau und schwarz gestrichene Boote, verziert mit Bildern von Politikern, von Filmstars oder mit Darstellungen von Jesus Christus. Irgendwann kommen wir in einem Dorf an, wo der Boden rot ist wie geronnenes Blut. Hier biegen wir ab, fahren eine Weile auf dem blutroten Weg, bis wir noch mal abbiegen, und dann noch mal und noch mal.

Die Vögel singen wie verrückt, Baumzweige schrammen am Auto entlang, schließlich fahren wir einen Hügel hinunter und halten unter einem hohen Baum. Dort sitzt auf einer Orangenkiste ein älterer Mann mit dem Aussehen eines biblischen Patriarchen, umgeben von seiner Familie. Er ist groß gewachsen und dünn wie das Savannengras, hat hohe Wangenknochen und lange schmale Finger mit kräftigen Fingernägeln.

Ich gehe auf den Baum zu, der Mann steht auf, kommt mir entgegen und umarmt mich zur Begrüßung. Für einen Augenblick ist mir, als hätte ich einen lange vermissten Verwandten wiedergefunden.

Der Greis mit der Ausstrahlung eines Patriarchen ist Otonde Odera. Seine langen Finger haben einst Fleisch und Gemüse für zwei Diktatoren Ugandas geschnitten. Er kochte für Idi Amin, den blutrünstigen Schergen, von dem man heute noch erzählt, dass er Kannibale gewesen sei.

Hat Odera Menschenfleisch für Amin gekocht? Wie hat er es zubereitet? Was gab es als Beilage? Wie kann man nach so etwas weiterleben?

All das will ich Otonde Odera fragen. Ich weiß nur nicht, wie.

Ich weiß es wirklich nicht. Noch nicht. Doch vorerst habe ich keine Zeit, darüber nachzudenken, denn der alte Koch führt mich gleich in sein Haus. Dort, an prominentester Stelle, hängen an der Wand eine einsaitige Geige und das Schwarz-Weiß-Foto einer Frau.

Es ist Otondes Mutter.

Alles begann mit seiner Mutter. Wenn das Gespräch also gemäß dem göttlichen Willen verlaufen soll, müssen wir auch bei der Mutter anfangen. Und mit einer Geschichte, die diesen Mann für immer gezeichnet hat.

***

3.

Meine Mutter selig hieß Teresa Anaza. Mein Vater: Ojode Odera.

Vor mir hatte meine Mutter dreizehn Kinder geboren, doch diese sind alle nacheinander gestorben: Windpocken, Malaria, Keuchhusten. Meine Eltern waren sehr arm, hatten kein Geld für den Doktor.

Bei mir hätte auch niemand gedacht, dass ich überleben würde. Meine Mutter war bereits hochschwanger, als sie ihre Schwester besuchen ging. Der Mann meiner Tante, Nyangoma Obiero, war Fischer. Sie lebten im Dorf Liunda am Ufer des Großen Sees. Mein Onkel gab uns immer wieder Fisch, sodass meine Mutter sie alle paar Wochen besuchte. Von unserem Dorf braucht man mehrere Stunden zu Fuß bis dorthin.

Nach dem Besuch setzte sich meine Mutter in den Kopf, dass sie nicht bei ihrer Schwester übernachten, sondern nach Hause laufen wollte. Es wurde allmählich dunkel; meine Tante und ihr Mann meinten, dass sie bleiben solle, da sie unterwegs von einer Hyäne angefallen werden könne. Erst einige Tage zuvor war ein Mann angegriffen und schwer verletzt worden.

Doch meine Mutter blieb bei ihrem Vorhaben. Und wenn sie sich etwas vornahm, dann gab es weder Vor noch Zurück – sie blieb stur. Sie verabschiedete sich von den beiden, umarmte ihre Schwester, nahm ihren Beutel mit den Fischen und lief los.

Sie ging und ging, bis die Sonne über dem Großen See versank und es deutlich kühler wurde. Es wurde Nacht, doch sie lief immer weiter.

Etwa auf der Hälfte der Strecke wurde ihr auf einmal ganz anders. Sie hatte ja vor mir schon dreizehn Kinder bekommen, sodass sie wusste, was nun passieren würde.

Meine Mutter suchte sich einen bequemen Platz am Rande des Weges und legte sich auf die Erde. Da war sie, ganz alleine, fern jeglicher Hilfe. Sie spannte ihre Unterleibsmuskeln an, dann noch einmal und noch einmal. Bald konnte sie meinen Kopf sehen. Sie presste noch einmal fest, dann war es vorbei. Beim vierzehnten Kind geht es viel schneller.

Meine Mutter knickte einen scharfkantigen Grashalm ab und schnitt damit die Nabelschnur durch. Sie riss einen Kaktus aus dem Boden, legte die Plazenta in das Erdloch und mich obendrauf. Dann setzte sie sich daneben und ruhte sich aus.

Aus der Ferne hörte sie das Heulen der Hyänen. Sie war überzeugt, dass die Tiere das frische Blut riechen konnten und kommen würden. Später erzählte sie mir ganz oft, wie sie dasaß und auf den Tod wartete. Den ihren und den meinen. Doch sie hatte bereits so viele schwierige Momente in ihrem Leben durchgestanden, dass sie keine Angst mehr hatte. Sie war bereit.

Die Hyänen schlichen die ganze Nacht um unser Lager herum, doch sie kamen nicht näher.

Es war mir nicht bestimmt, zu sterben.

Am Morgen wickelte mich meine Mutter in ihre Röcke und lief zurück in unser Dorf. Als sie dort eintraf, konnten die Leute nicht glauben, dass wir beide heil und gesund angekommen waren. Alle liefen zu unserem Haus, um das Wunder zu bestaunen, auch der alte weise Mann kam, der sich mit Heilkunst auskannte und die Zukunft vorhersagen konnte. Er sagte: „Wenn sich die Hyänen nicht an den Jungen herantrauen, wird er sehr lange leben."

Der Medizinmann hat recht behalten. Mittlerweile bin ich über achtzig, und mit der Geschichte meines Lebens könnte man zehn weitere Menschen beschenken.

4.

Wir waren arm, aber ich kann mich nicht erinnern, dass ich jemals gehungert hätte. Meistens gab es Maniok oder eine Speise aus Maniokmehl mit Gemüse zubereitet. Fleisch gab es äußerst selten. Mein Vater hatte immer zwei oder drei Kühe, doch wenn er eine davon schlachtete, verkaufte er das gesamte Fleisch auf dem Wochenmarkt. Wir brauchten das Geld, vor allem, um unsere Schulden bei den Nachbarn abzubezahlen.

Die Küche der Luo, des Stammes, dem ich angehöre, ist ganz ähnlich wie die Küche der Mzungu, der weißen Menschen. Die Grundlage ist Gemüse und Fleisch. Mzungu essen Kartoffeln, wir Maniok, Graupen oder Reis. Nur dass es den Mzungu nicht genügt, ein bisschen Graupen mit einem Stück Fleisch zu essen – sie müssen es mit Käse überbacken oder Gemüse dazu dünsten oder das Fleisch in Wein einlegen. Es ist eine Küche von Menschen, die zeigen wollen, dass sie Macht haben.

Denn Essen ist Macht. Das habe ich gelernt, während ich für die Präsidenten gekocht habe. Wenn du Essen hast, hast du Geld, hast du Frauen, hast du die Bewunderung der Leute. Du kannst alles haben, was du willst.

Unsere Küche ist die Küche von Menschen, die den Hunger kennen.

Wir müssen niemandem etwas beweisen. Du isst, um Kraft zum Arbeiten zu haben. Nicht mehr, nicht weniger.

Solange ich bei meinen Eltern wohnte, nahm ich jede Arbeit an, die sich mir anbot. Zunächst machte ich ein bisschen Musik. Ich spielte Orutu, eine Art Geige, sehr populär bei meinem Volk. Es ist ein Streichinstrument mit nur einer Saite, das man gegen die Hüfte gestützt spielt. Bis heute besitze ich eine Orutu. Ich habe mir damit etwas dazuverdient, indem ich auf Hochzeiten und bei anderen wichtigen Ereignissen auftrat.

Später arbeitete ich bei meinem Onkel als Fischer. Ich fuhr ungefähr zwei Jahre lang mit ihm hinaus auf den See.

Eines Tages griff uns ein Flusspferd an. Wir sahen schon von Weitem, wie es auf uns zuschwamm. Ein wütendes Flusspferd ist gefährlicher als ein Krokodil und es ist im Wasser sehr schnell. Es stieß unser Boot um. Wir fielen heraus, mein Onkel zur einen, ich zur anderen Seite. Es war ein Wunder, dass keinem von uns etwas geschah, denn jenes Tier hatte zuvor schon einige Menschen getötet und alle Fischer am Victoriasee hatten Angst vor ihm.

Nach dem Angriff sagte ich zu meinem Onkel: „Ich habe nicht als einziges von vierzehn Kindern überlebt, nur um jetzt von diesem Flusspferd getötet zu werden."

Mein Onkel gab mir recht.

Einer seiner Söhne, Sylvester, arbeitete in Kampala, der Hauptstadt Ugandas, in einem bei Weißen sehr beliebten Club. Mein Onkel empfahl mir, mit dem Schiff hinzufahren, Sylvester aufzusuchen und ihn zu bitten, mir bei der Arbeitssuche zu helfen.

Für uns Luo sind Familienbande sehr wichtig. Wusstest du, dass Präsident Barack Obama auch von den Luo abstammt? Sein Vater kommt aus einem Dorf zwanzig Kilometer von hier. Und obwohl Obama nie hier gelebt hat, hilft er seiner Familie, wo er nur kann. Deshalb war ich mir sicher, dass Sylvester für mich da sein würde.

Ich bestieg das Schiff von Kisumu nach Entebbe und überquerte den Victoriasee. Nachdem das Boot angelegt hatte, fuhr ich direkt zu meinem Cousin.

Der Club in Kampala war ein sehr wichtiger Ort für die Mzungu. Dort trafen sie sich. Viele Menschen, die für die britische Regierung in Uganda arbeiteten, wohnten die ersten paar Wochen in einem Hotel direkt daneben, bis sie ein Haus zur Miete und Bedienstete fanden.

Mein Cousin arbeitete dort als Groundsman, er pflegte den Rasen in der Clubanlage. Als er mich sah, freute er sich sehr und lief umgehend zum Manager. So bekam ich einen Job als Hilfskellner. Zwar sprach ich kein Wort Englisch, aber es war zum Glück nicht notwendig. Ich sollte lediglich lächeln und das Essen von der Küche in den Speisesaal tragen.

Und das Flusspferd? Es verschwand einige Zeit später. Die Leute sagten, dass es der Geist eines Kriegers gewesen sei, der gekommen war, um sich an seinen Feinden zu rächen.

* * *

5.

Um etwas mehr über die Luo zu erfahren, fahre ich mit Julia und Carl zu der Stammesältesten, Mama Sarah Obama. Die 95-Jährige ist bekannt für ihr ehrenamtliches Engagement: den Kampf gegen Aids und die Spendensammlungen zugunsten der Kinder aus den umliegenden Dörfern, damit sie in die Schule gehen können.

Die Ortschaft, in der sie lebt, Kogelo, liegt einen Katzensprung vom Dorf Otonde Oderas entfernt. Von hier aus zog Barack Obama senior los, um in den Vereinigten Staaten zu studieren – wo sein Sohn später zum Präsidenten werden sollte.

Ein von der kenianischen Regierung abgestellter Securitymann steht am Tor des Anwesens. Er arbeitet nicht nur hier, sondern lebt auch mit seiner Familie in einer Baracke am Eingang.

Er überprüft unsere Dokumente, erkundigt sich nach dem Zweck unseres Besuches bei Mama Sarah und zeigt mir, als ich ihn frage, wo sich die Gräber der Altvorderen befinden: des Großvaters und Vaters des 44. Präsidenten der Vereinigten Staaten.

Ich gehe rüber, um ihnen meine Ehre zu erweisen. Neben den schlichten Grabplatten, unter denen die sterblichen Überreste der ehrenwerten Ahnen des Präsidenten ruhen, stehen zwei schwarz-weiße Kühe und fressen Gras. Eine weitere muht in einem nahe gelegenen Stall. Sie soll vor zwei Tagen zum ersten Mal gekalbt haben und offenbar hat sie sich noch nicht gänzlich davon erholt.

Zwischen unseren Beinen wuseln Hühner herum, über uns flattern Schmetterlinge. Der Stammsitz der Familie Obama ist ein verschlafener, idyllischer Ort.

Mama Sarah ist gerade von ihrem Mittagsschläfchen erwacht. Sie empfängt uns auf der Terrasse ihres Hauses. Onyango Obama war ihr dritter Ehemann und Barack Hussein Obama senior ihr Stiefsohn. Zwar fließt in ihren Adern nicht dasselbe Blut, aber der ehemalige Präsident der USA nennt sie trotzdem *Dani* – Oma.

„Onyango war viel älter als ich", erzählt Mama Sarah. „Ich war neunzehn, als wir heirateten, er wiederum über vierzig. Das war damals so. Ein

Mädchen suchte sich den Mann nicht selbst aus. Eine Jagam, eine professionelle Heiratsvermittlerin, kam zu den Eltern und sagte: ‚Dieser und jener Mann interessiert sich für eure Tochter, was haltet ihr davon?'

Das war 1941. In dieser Region Kenias hatten die Leute erst kürzlich zum ersten Mal ein Flugzeug gesehen. Auf Luo, in der Sprache unseres Stammes, heißt es *Dege*. Damals wurden viele Kinder auf den Namen Dege getauft. Zu Ehren des Flugzeugs, weil es eine so unglaubliche Erfindung ist. Als die ersten Löffel aufkamen, nannte man viele Kinder Ojiko: Löffel. Oder Asande, zu Ehren des Tellers.

Das soll nicht heißen, dass die Luo dumme Leute seien. Ganz im Gegenteil! Sie haben den Ruf, der klügste Stamm in ganz Ostafrika zu sein. Wenn hier jemand Geld hat, kauft er sich kein neues Auto, sondern überlegt, auf welche Schule er seine Kinder schickt. Auf dem Weg zu mir hast du Kinder in Uniformen gesehen, nicht wahr? Alle gehen sie zur Schule! Die Luo leiden keinen Hunger – sie sind hungrig nach Bildung.

Mein Ehemann war genauso. Er schickte seine Kinder nach Amerika, damit sie dort studieren konnten. Unser Barack wäre nie so weit gekommen, wenn die Luo nicht so viel Wert auf Bildung legen würden.

Ich hatte ein sehr schönes Leben mit meinem Mann. Bis heute bin ich der Meinung, dass eine Heiratsvermittlerin am besten Bescheid weiß. Ja, Obama war älter als ich, ja, ich war seine dritte Ehefrau – aber er sah toll aus und war top in Form. Wir hatten ein wirklich schönes Leben; nur dass niemand ewig lebt ... Jetzt bin ich schon seit fast vierzig Jahren alleine.

Aber warte, warte. Eines verstehe ich nicht! Warum fragst du mich über meinen verstorbenen Mann aus? Willst du mir etwa einen Antrag machen?"

* * *

6.

Über dem Haus von Otonde Odera geht allmählich die Sonne unter. Wir haben stundenlang unter dem alten Baum gesessen, nun gehen wir hinüber ins Haus. Es ist aus gebrannten Ziegeln gebaut, deren ursprünglich blutiges Rot nach dem Trocknen in ein cremiges Braun übergeht. Die Wände sind rissig, man kann durch die Ritzen hinausschauen. Das Blechdach rattert und knattert bei jedem heftigeren Windstoß, als ob es gleich auf unseren Köpfen landen würde. Aber es hält.

Wir setzen uns um einen Tisch herum und trinken einen Gewürztee.

Otonde Odera erzählt weiter.

* * *

Ich mochte die Arbeit im Club und da ich von Natur aus fleißig bin, half ich auch meinen Kollegen, wenn ich einen Augenblick Zeit hatte. Mal half ich putzen, mal trug ich Gepäck, mal wechselte ich eine durchgebrannte Glühbirne in einem Zimmer aus. Die Leute mochten und schätzten mich.

Eines Tages fragte mich ein Mzungu-Ehepaar, die Robertsons, ob ich nicht Lust hätte, für sie als ihr Shamba Boy, also Gärtner, zu arbeiten.

Für einen Jungen wie mich war eine Stelle als Shamba Boy (oder einfach Boy, wie wir afrikanischen Hilfsarbeiter von den Mzungu genannt wurden) ein wahrer Segen. Also sagte ich ohne zu zögern zu.

Ich zog zu den Robertsons in das kleine Gärtnerhäuschen neben ihrer Villa und kümmerte mich jeden Tag um ihren Rasen. Aus irgendeinem Grund wollen die Weißen, dass ihr Gras wie mit dem Lineal nachgemessen wächst. Uns ist so etwas egal, die Menschen hier haben andere Probleme. Aber für die Mzungu war es etwas, das die Einstellung eines Arbeiters erforderte. Bei dieser scheinbar einfachen Tätigkeit wurde ich jeden Tag korrigiert und belehrt.

Herrn Robertson nannte ich einfach nur Mister, doch seine Ehefrau wünschte, dass ich sie Memsahib nannte. So nannten wir die weißen Damen. Der Mann war der *Sahib*, die Frau die *Memsahib*. Deswegen kann ich mich nicht an ihren Vornamen erinnern, obwohl ich ihr so viel verdanke.

Als ich endlich gelernt hatte, wie man den Rasen richtig schneidet, stellte sich heraus, dass mir viel freie Zeit blieb. Irgendwann bat mich die Memsahib, ihr beim Hausputz zu helfen. Also wischte ich die Treppe, kehrte den Boden, putzte die Fenster. Und als herauskam, dass ich danach immer noch Zeit hatte – denn ich habe immer hart gearbeitet und war schnell und gründlich –, meinte die Memsahib, dass ich ihr in der Küche helfen solle.

Und so fing es an.

Es war magisch. Endlich hatte ich etwas gefunden, das ich für den Rest meines Lebens machen wollte. Ich kann mich nicht erinnern, was mein erster Auftrag war. Vielleicht Fleisch schneiden? Einen Teig kneten? Möhren für einen Salat schnippeln? Ich weiß es wirklich nicht mehr. Auf jeden Fall muss es etwas Einfaches gewesen sein, denn damals hatte ich keine Ahnung von Küchenarbeit. Ich musste die ganze Zeit aufpassen, dass ich nichts kaputt mache.

Doch ich fühlte mich von Anfang an, als wäre ich für die Küche geboren worden. Als ob ich etwas gefunden hätte, was Gott für mich vorgesehen hatte; als hätte er diese Arbeit für mich ausgesucht, lange bevor ich zur Welt gekommen war.

Die Memsahib konnte nicht glauben, dass ich so eine gute Auffassungsgabe hatte, denn ich lernte wirklich schnell. Sie brauchte mir nur einmal zu zeigen, wie man ein Messer hält, schon schnitt ich ein paar Stunden später alles flink und sicher. Ich musste nur einmal zusehen, wie sie einen Kuchen buk, um ihn am nächsten Tag genauso backen zu können. Irgendwann zeigte sie mir, wie man ein T-Bone-Steak zubereitet, und schon konnte ich es. Dabei handelt es sich um ein wirklich schwieriges Steak: auf der einen Seite Filet, auf der anderen Roastbeef, getrennt durch einen Knochen. Das magere Filet muss anders gegrillt werden als das fettreiche Roastbeef, das ist ziemlich kompliziert. Und ich sage dir: Bis heute weiß ich nicht, wie es mir gelungen ist, all das zu lernen, ohne ein Wort Englisch zu können.

Nein, ich habe mir nie Notizen gemacht. Das Schreiben war und ist nicht meine Stärke. Aber dadurch lernte ich noch schneller, da mir klar war, dass ich mir alles merken musste.

Später, als ich schon für den Präsidenten arbeitete, konnte ich ohne einen Merkzettel Einkäufe für über hundert Menschen erledigen. Zum Beispiel kaufte ich für ein Festessen hundert Hühner, zehn Ziegen, verschiedene Gemüsesorten, die passenden Gewürze, dazu Zutaten für Suppe und Dessert – und konnte das alles sogar im Kopf zusammenrechnen. Das Ergebnis stimmte immer!

Die Memsahib brachte mir jeden Tag etwas Neues bei. Sie war sehr zufrieden mit mir. Jemanden für den Garten oder eine Putzhilfe zu finden, war kein Problem. Aber jemanden im Haushalt zu haben, der so kochen konnte, wie die Mzungu es mochten, das war schon etwas anderes. Die reichen Weißen brachten sogar ihre eigenen Köche aus der Heimat mit. Die Robertsons waren nicht so wohlhabend. Und als sich herausstellte, dass ich wirklich begabt war, ging die Memsahib zu ihrem Mann und erzählte ihm davon. Mister Robertson war damit einverstanden, mich zum Koch zu befördern.

Ich, Otonde Odera, ein Junge aus einem kleinen Dorf, der beinahe von

Hyänen gefressen und fast von einem Flusspferd getötet worden wäre, wurde zum Koch der weißen Leute. Es war eine große Ehre für mich.

Ein Koch könnte dich vergiften, also musst du ihm vertrauen. Er muss sauber und adrett sein. Nur wenige Schwarze durften für die Weißen kochen. So achtete ich stets darauf, reinlich zu sein, mir immer die Hände zu waschen und eine ordentliche Schürze zu tragen. Seit damals hat sich mir eingeprägt: Egal, was passiert, ein Koch muss sauber und gepflegt aussehen.

Die Memsahib brachte mir nach und nach alles bei: Wie man ein Hähnchen brät. Wie man einen Fisch zubereitet. Wie man erkennt, wann das Fleisch in der Pfanne fertig ist. Weißt du das? Solange es zischt, ist es gut; wenn es nicht mehr zischt, bedeutet das, dass es sich mit Öl vollgesogen hat und nicht mehr schmeckt.

Ungefähr nach einem Jahr signalisierte mir die Memsahib durch Zeichensprache, dass sie mich nun in der Küche allein lassen könne und ich ihre Hilfe nicht mehr brauche, weder beim Kochen noch beim Backen oder bei der Zubereitung der Chapati, der indischen Fladenbrote, die die Robertsons so sehr mochten.

Ich lernte, hervorragend zu kochen, doch Englisch lernte ich nicht. Nach einiger Zeit verstand ich ein paar Worte, das schon: roast, melted, boil, cook.

Doch viel mehr Englisch brauchte ich auch nicht. Der weiße Mann wollte, dass ich für ihn kochte. Ich war nicht dazu da, mich mit ihm über Politik zu unterhalten. Die Mzungu wollten einen perfekt geschnittenen Rasen, sauber geschrubbte Böden und ein leckeres Essen. Mehr nicht.

Das passte mir gut. Auch ich hatte nicht vor, mich mit der Memsahib und ihrem Mann zu unterhalten. Ich war der Kochjunge, das genügte mir vollkommen. Hätte ich mich mit ihnen unterhalten müssen, hätte ich Angst gehabt, dass mir etwas Unpassendes rausrutscht. Ein Wort zu viel, und ich hätte meine Anstellung verlieren können.

Das war es, was ich im Haus des weißen Mannes gelernt habe: mir die Hände zu waschen, mich ordentlich anzuziehen und nicht zu viel zu reden. Niemand erwartet von einem Koch, eine Meinung zu haben.

7.

Nachdem ich mich in meinem Leben eingerichtet hatte, beschloss ich, dass es an der Zeit wäre, mir eine Frau zu suchen.

Alle paar Monate fuhr ich von Uganda nach Kenia, um meine Familie zu besuchen. Eines Tages wurde ich zur Hochzeit meines Cousins eingeladen und lernte dort Elizabeth kennen, ein Mädchen aus dem nahe gelegenen Dorf Aluor. Sie war schlank, hatte wunderschöne Augen und einen langen Hals. Sie fiel mir sofort auf. Zwei Monate nach der Hochzeit meines Cousins heirateten auch wir.

Die Ehefrau von Otonde Odera, Elizabeth, mit ihrem Hochzeitsfoto

Ich musste ihren Eltern eine Kuh kaufen, um Elizabeth zu bekommen. Anfangs wollten sie zwei haben und waren nicht erfreut, dass ich ihnen nur eine anbot. Es war klar, dass sich bald ein anderer Mann um dieses schöne Mädchen bemühen würde, wenn ich nicht dranblieb. Aber jemand erklärte ihnen, dass ich im Ausland für die Mzungu arbeitete und dass ich eine bessere Partie sei als die hiesigen Jungs. Auch wenn einer von ihnen zwei Kühe als Mitgift beisteuern würde – ich würde Elizabeth ein besseres Leben bieten können. Das hat ihre Eltern schließlich überzeugt.

Elizabeth lebte in Kenia, ich in Uganda. Ich besuchte sie alle paar Monate und brachte ihr Geschenke mit: Schmuck, Kleidung, aber auch praktische Dinge wie Kochtöpfe.

Ich wollte Elizabeth mit zu mir nehmen, nach Kampala, doch ich traute mich nicht, die Memsahib zu fragen, ob meine Frau zu mir in das Häuschen auf ihrem Anwesen ziehen dürfte.

Später ergab sich keine Gelegenheit mehr dazu.

Die Weißen bekamen immer mehr Probleme in Uganda. Mister Robertson arbeitete für die britische Regierung und war oft gereizt. Es gab keinen guten Zeitpunkt, um meine Ehefrau nach Uganda zu holen.

* * *

8.

Mister Robertson hatte durchaus Gründe, beunruhigt zu sein.

Seit dem Ende des Zweiten Weltkrieges erlebte Afrika eine Art Unabhängigkeitsfieber. Menschen wie die Robertsons, Mitarbeiter der Kolonialregierungen, lebten wie Mandazi (das sind ostafrikanische Pfannkuchen) in Sirup. Sie verdienten viel mehr als in ihren Heimatländern und konnten sich große Häuser und Bedienstete leisten. Nun mussten sie sich umstellen.

„Nach dem Zweiten Weltkrieg wollte Europa seine Kolonien aufgeben. Frankreich und Großbritannien betrachteten sie als kostspielige Überbleibsel aus der Vergangenheit", berichtet mir Wojciech Jagielski, ein versierter Kenner Afrikas.

Die Afrikaner wurden jahrhundertelang von den Europäern gedemütigt und unterdrückt. Sie wurden als Sklaven verkauft, ausgenutzt, gefoltert und wie Menschen zweiter Klasse behandelt.

Jetzt sollten sie die Geschicke ihres Kontinents in die eigenen Hände nehmen.

1951 verkündete Libyen seine Unabhängigkeit.

1956 Sudan, Tunesien und Marokko.

1957 Ghana.

1958 Guinea.

Anschließend nahm dieser Prozess an Fahrt auf. Ein echter Durchbruch kam 1960, als siebzehn afrikanische Länder ihre Unabhängigkeit erklärten.

„Die Kolonialmächte ließen Afrika fallen, haben den Kontinent nicht auf die Unabhängigkeit vorbereitet. Letztlich waren die schwachen afrikanischen Länder ein leichteres Opfer als die anspruchsvollen Kolonien und konnten besser ausgebeutet werden", erklärt Wojciech Jagielski.

Am 9. Oktober 1962 erklärte auch Uganda in einer feierlichen Zeremonie seine Unabhängigkeit.

9.

Wir fahren mit Otonde Odera zum Wochenmarkt nach Kisumu, um Lebensmittel einzukaufen. Später wollen wir zusammen kochen. Wir waten bis zu den Knien in grünem Gemüse, roten Tomaten, die wie die untergehende Sonne leuchten, in glänzenden Paprika, scharfen wie süßen.

Es gibt hier unendlich viele Sorten Obst und Gemüse: köstliche Bananen strecken sich uns entgegen, Ananas recken ihre gepanzerte Brust, Mangos und Papayas locken mit ihren Düften.

Später gehen wir zu den Fleischständen. Es ist ganz einfach, sie zu finden: immer dem Summen der Fliegen nach. Die Fleischer, die die vorgeschriebenen muslimischen Kappen und ordentlich gestutzte Bärte tragen, freuen sich darauf, uns zu beraten. Doch Otonde Odera braucht keinen Rat, er kennt sich aus. Er sucht das beste Hähnchen für uns aus – nicht zu fett, aber auch nicht zu sehnig.

„Genau so ein Hähnchen hätte ich auch für Idi Amin genommen", betont er, denn ich habe ihn gebeten, für uns genauso zu kochen, wie er es für den Diktator getan hat.

Schließlich kommen wir bei den Fischverkäufern an und kaufen eine mittelgroße Tilapia, den beliebtesten Fisch am Victoriasee.

Wir haben jetzt alles und können zurück ins Dorf fahren. Odera stellt eine Feldküche vor seiner Hütte auf und teilt seiner Familie – der Schwiegertochter und zwei Enkelinnen – Aufgaben zu wie ein Offizier seinen Soldaten.

Das Hähnchen brät über dem Feuer. Der Fisch brutzelt in der Pfanne. Die Frauen kümmern sich um das Gemüse.

Wir kehren zu unserem Gespräch zurück.

Otonde Odera, der Koch von Idi Amin

MILTON OBOTE

10.

Stell dir die folgende Situation vor: Alle Menschen um mich herum waren glücklich, feierten, sangen, tranken Bananenbier.

Nur ich war traurig.

Das geschah, als Uganda seine Unabhängigkeit erklärt hatte und die Weißen das Land verlassen mussten. Die Schwarzen jubelten: „Endlich sind sie weg! Das Land gehört uns! Nie wieder sollen uns Mzungu sagen, was wir zu tun haben und wie wir leben sollen!“

Doch ich war arbeitslos geworden. Ich hatte kein Geld und keine Chance, meine geliebte Elizabeth nachkommen zu lassen. Was mir blieb, waren meine zwei Hände und der feste Wunsch, zu arbeiten. Und meine Fähigkeiten als Koch.

Irgendwann erzählte mir jemand, dass in der Kanzlei von Milton Obote, dem Premier von Uganda, ein Hilfskoch gesucht werde. Da dachte ich mir, dass ich doch der perfekte Kandidat wäre!

Also ging ich zum Büro des Premiers. In den ersten Jahren der Unabhängigkeit lief es wie folgt: Wenn du ein Anliegen an den Staatschef oder einen seiner Minister hattest, bist du einfach hingegangen und hast erklärt, worum es geht. Das sollte die afrikanische Regierung von der Herrschaft des weißen Mannes unterscheiden: Unsere Leute hörten uns zu.

Bei dem Vorstellungsgespräch wurde ich gefragt, was ich kochen könne. Ich zählte alles auf. Sie nickten und luden mich ein paar Tage später zu einer Prüfung ein.

Der erste Teil der Prüfung war ein Gespräch. Anwesend war unter anderem der Verwaltungschef Oyite Ojok, der – wie ich später erfuhr – einen Favoriten unter den Bewerbern hatte, einen Mann aus seinem Dorf.

Nach dem Gespräch kam der praktische Teil. Wir sollten eine Ochsenschwanzsuppe, als Hauptgang ein T-Bone-Steak und zum Nachtisch einen Pudding aus Trockenfrüchten zubereiten.

Die Ochsenschwanzsuppe ist eine Delikatesse, man muss genau wissen, was man zu tun hat. Ich nahm zwei Ochsenschwänze und kochte sie mit Möhren, Petersilie, Nelkenpfeffer und schwarzem Pfeffer. Nach einer halben Stunde nahm ich die Ochsenschwänze heraus, schnitt das Fleisch ab und tat es in die Suppe, dann fügte ich noch in Würfel geschnittene Kartoffeln hinzu – fertig.

Das T-Bone-Steak ist sehr schwierig, das habe ich dir ja bereits gesagt. Zwei verschiedene Sorten Fleisch in einem Steak. Zum Glück habe ich dieses Gericht sehr oft zusammen mit der Memsahib zubereitet – Mister Robertson liebte Steaks!

Der Pudding aus Trockenfrüchten ist auch nicht einfach. Er wird aus Aprikosen, Birnen, Äpfeln und anderen Früchten gemacht. Man vermischt sie miteinander, bäckt sie bei niedriger Temperatur und serviert dazu eine Sauce aus Sahne, Zimt, Vanille, Rotwein und Granatapfelkernen. Zum Schluss fügt man Nüsse hinzu: Walnüsse oder Haselnüsse. Wenn man es richtig macht, ist der Pudding eine Delikatesse.

Auch das konnte ich mit links.

Ein paar Tage später sollte ich wegen der Antwort vorsprechen.

„Morgen fängst du an", sagten sie.

Erst da begriff ich, was ich mir da aufgehalst hatte. Kochen für das Staatsoberhaupt. Ach du Schreck!

Milton Obote entschied sich für mich, weil kaum einer der Afrikaner das Essen des weißen Mannes kochen konnte. Die, die es beherrschten, arbeiteten bereits in den feinen Hotels und hatten nicht vor zu wechseln, zumal niemand mit uns darüber sprach, was der Premier bezahlen würde.

Und Obote mochte die Küche der Mzungu. Er wollte die Gerichte essen, an die er sich während der Kolonialzeit gewöhnt hatte. Unabhängigkeit hin oder her – er hatte nicht vor, seine Ernährung umzustellen. Witzig, oder? Ein schwarzer Premier stellt einen schwarzen Koch ein, damit er wie ein Weißer kocht!

Es war ihm außerdem wichtig, dass ich ein Luo war. Obote stammte von den Langi ab und Luo und Langi sind befreundete Stämme. Die Kanzlei des Präsidenten beschäftigte viele Menschen aus meiner Gegend. Ich überlegte, warum das so war, und kam zu dem Schluss, dass sie uns ein bisschen wie Söldner einschätzten: Euch Luo interessiert nicht, wer Uganda regiert, ihr werdet nicht rebellieren und niemanden vergiften. Ihr wollt nur Geld verdienen, für euch und eure Familien in Kenia.

Ich freundete mich mit Salomon Okuku an, dem Chauffeur von Milton Obote, der in einem Dorf etwa fünfzehn Kilometer von meinem aufgewachsen war. Fast jeden Tag tranken wir ein Bier nach der Arbeit und unterhielten uns: über unsere Ehefrauen, unsere Arbeit, Politik. Wir wurden gute Freunde. Salomon war freundlich und hilfsbereit. Später sollte ihm das zum Verhängnis werden.

Ich mochte auch Odero Osore, der als Diener für den Premier arbeitete. Er machte dessen Bett, wusch seine Kleidung, putzte seine Schuhe. Auch er stammte aus meiner Gegend in Kenia, doch er war zurückhaltender als Salomon Okuku. Wir saßen zwar öfter zusammen, manchmal trank er auch einen Schluck mit uns, doch er vertraute sich uns nicht an.

Salomon und ich machten uns nichts daraus. Jeder hat schließlich das

Recht, seine Probleme für sich zu behalten. Wir drei waren befreundet, halfen einander, was wollte man mehr.

Nur der Verwaltungschef Oyite Ojok war nicht mit mir zufrieden. Er war enttäuscht, dass sein Bekannter den Job nicht bekommen hatte. Darüber durfte er zwar nicht diskutieren – denn der Premier hatte stets das letzte Wort –, aber er sollte es niemals vergessen.

* * *

11.

Dass Milton Obote die Kindheit überlebt hatte – darin seinem Koch ähnlich –, grenzte an ein Wunder. Einmal wäre er beinahe von einem Leoparden gefressen worden. Ein anderes Mal wäre er fast in eine jagende Kobra hineingerannt. Und einmal stand der kleine Milton am Flussufer und ein Krokodil griff an – doch das Tier schnappte sich stattdessen das Mädchen neben ihm.

Einer seiner Vorfahren war ein Stammeshäuptling. Der Mann war den Briten gegenüber äußerst misstrauisch und erzog den Jungen in diesem Sinne. Ein anderer war ein Medizinmann: Er kannte sich mit Kräutern aus, heilte die Nutztiere und konnte den Regen beschwören. Beide Großväter vergötterten den Kleinen.

Ungefähr zur selben Zeit wuchs im Süden Ugandas, in der Nähe der Kasernen von Jinja, ein anderer Junge auf: Er war groß, stark und ohne Beschäftigung. Für Heranwachsende wie ihn gab es in Uganda keine Arbeit. Sein Name war Idi Amin.

Seine Mutter war Köchin und Hexe zugleich. Nachdem sie sich von Idis Vater getrennt hatte, lernte sie den beinahe zwanzig Jahre jüngeren Yassim kennen, einen Unteroffizier des britischen Regiments *King's African Rifles*. Er wurde ihr neuer Lebensgefährte.

Das Leben in der Nähe der Kasernen hatte einen enormen Einfluss auf Idis weiteres Schicksal. Der starke junge Mann fiel schon bald den Rekrutierern auf. So begann seine Karriere.

Major Iain Grahame war viele Jahre lang Idi Amins direkter Vorgesetzter bei den King's African Rifles. Ich besuche ihn zusammen mit Antonia Lloyd-Jones, meiner Englischübersetzerin, in seinem Haus in East Anglia. Als Erstes zeigt er uns einen Antilopenschädel an der Wand, den Amin ihm geschenkt hat, dann lässt er uns in bequemen Sesseln im Wintergarten Platz nehmen und beginnt zu erzählen.

„Hin und wieder trifft man auf Menschen, die die geborenen Anführer sind. Das ist sehr selten. Und Idi Amin war so ein geborener Anführer. Auch wenn er kein gebildeter Mann war." Amin war schon immer größer und stärker als alle anderen gewesen. Mehrfach gewann er die Boxmeisterschaften seines Landes.

Er erwies sich als guter und folgsamer Soldat. Es machte ihm Spaß, Befehle auszuführen. Manche Quellen behaupten, er habe gerade mal vier Klassen der Grundschule absolviert, laut anderen hat er nie auch nur einen Tag auf einer Schulbank verbracht.

Major Grahame erinnert sich, ihm bei der Eröffnung eines Bankkontos geholfen zu haben. Angeblich musste der zukünftige Präsident zwanzig Minuten lang seine eigene Unterschrift üben.

Die Briten störten sich allerdings nicht daran. Im Gegenteil. Sie waren der Meinung, dass der ihnen ergebene und nicht besonders helle junge Mann ihnen sehr nützlich sein würde, sobald Uganda unabhängig war.

Dass Milton Obote eine Schule besuchen konnte, grenzt ebenfalls an ein Wunder. Ein glücklicher Zufall spielte ihm dabei in die Hände. Milton war sieben Jahre alt, als ein Soldat, der in seinem Dorf Urlaub machte, ihm das Alphabet beibrachte. Schon am nächsten Tag nahm sich der Kleine ein Buch und versuchte, es Buchstabe für Buchstabe zu entziffern. Die überraschten Eltern entschieden, dass sie einem so begabten Kind die Chance auf Bildung nicht verwehren konnten – und so schickten sie ihn auf eine Schule nach Kenia.

Milton Obote kehrte als erwachsener Mann nach Uganda zurück und wurde beinahe sofort in den Legislaturrat gewählt.

Zu der Zeit kämpfte Idi Amin noch verbissen gegen die Feinde des British Empire.

Derweil wurde Milton Obote schon bald zu einer der Stützen der Unabhängigkeit Ugandas. Vor den ersten freien Wahlen schloss er eine Allianz mit dem König *(Kabaka)* von Buganda, des größten und stärksten der alten Stammeskönigreiche.

Und so wurde der Kabaka von Buganda der erste Staatspräsident des unabhängigen Ugandas und Milton Obote der erste Premier.

Doch einen halben Schritt hinter ihm hielt sich stets Idi Amin, der ehrgeizige Vizechef der Armee, der bis zum Schluss den Briten die Treue gehalten hatte.

* * *

12.

Die ersten paar Wochen bekam ich Premier Obote nicht zu Gesicht. Es war eine schwierige Zeit, dauernd passierte etwas, was seine Aufmerksamkeit erforderte. Bis mich eines Tages der Verwaltungschef Ojok zu sich rief und mit mir ins Büro von Milton Obote ging.

„Herr Premier, hier ist Otonde Odera, der Koch."

Obote las gerade in einer Zeitung. Er hob kurz den Blick und sah mich an. „Goood", sagte er und las einfach weiter.

Meine Audienz war zu Ende.

Später sollte ich erfahren, dass dieses „goood" das größte Kompliment war, was er sich abringen konnte.

Wir gingen wieder hinaus und ich fragte Ojok, warum der Premier nach mir gefragt hatte. Er zögerte, doch dann erklärte er, dass Milton Obote sehr mit meinem Essen zufrieden sei. Erst kürzlich sollte er darum gebeten haben, ihm nur noch das zu servieren, was von mir zubereitet worden war.

Damals arbeiteten noch andere Köche für den Premier, allesamt besser ausgebildet als ich. In der Küche brodelte es geradezu vor Ehrgeiz – jeder von uns versuchte, der Liebling des Premiers zu werden. Als sich herausstellte, dass Obote nur noch mein Essen haben wollte, begannen meine Kollegen, hinter meinem Rücken schlecht über mich zu reden. Doch was sollte ich tun? Ich musste damit leben.

Dafür mochte Milton Obote mich wie einen Bruder.

Er hatte eine spezielle Glocke, mit der er klingelte, wenn ich ihm etwas aus der Küche bringen sollte. Und wenn jemand anderes erschien, schimpfte er: „Was willst du hier? Ich will Otonde sehen."

Also lief ich zu ihm, auch wenn ich gerade beim Fleischschneiden war. Ich wusch meine Hände und zog eine saubere Schürze an, so wie es mir die Memsahib beigebracht hatte.

Er saß meistens Zeitung lesend da, hob wie immer kaum den Blick und sagte nur: „Tee."

Also brachte ich ihm seinen heißen Gewürztee; dabei hatte ich aber einen Trick, auf den keiner meiner Kollegen gekommen war: Jeden Morgen buk ich schnell ein Blech richtig leckerer Kekse. Wenn mich der Premier dann um einen Tee bat, brachte ich ihm auf einem Teller etwas Gebäck dazu. Es war eine Art Markenzeichen von mir.

Ich bemühte mich stets, nicht nur das zu tun, worum ich gebeten wurde, sondern schon einen Schritt weiter zu denken. Es ersparte mir Arbeit, denn ich musste nicht fünf Minuten später wieder meine Schürze wechseln und zu Obote laufen, wenn er etwas Süßes zum Tee wünschte. Oder mitten im Kochen eine halbe Stunde verlieren, um ihm diese Kekse zu backen.

Alle hatten Angst vor Milton Obote. Er konnte richtig cholerisch werden, wenn etwas nicht so lief, wie er es sich vorstellte. Ich war der Einzige, der sich nicht vor ihm fürchtete. Ich wusste, dass ich meine Arbeit gut machte, dass ich beim Kochen geradezu goldene Hände hatte, und dass mich der Premier nicht einfach so hinauswerfen würde.

Mit Milton Obote hatte ich nur ein Problem: Er war geizig. Obwohl er mich nicht von seinem eigenen Geld bezahlte. Die ersten paar Monate arbeitete ich ohne Gehalt. Zwar meldete ich das dem Chef der Verwaltung, aber da mich Oyite Ojok nicht mochte, leitete er es einfach nicht an die Buchhaltung weiter.

Erst einige Zeit später erwähnte es jemand dem Premier gegenüber. Also befahl er, mir jeden Monat dreihundertneunzig Ostafrikanische Schilling auszuzahlen. Das war nicht viel, für heutige Verhältnisse etwa hundert Dollar. Aber wenigstens verdiente ich Geld und fühlte mich endlich sicher genug, um Elizabeth nachkommen zu lassen. Sie zog zu mir in das Mitarbeitergebäude unweit des Premiersitzes.

Es war eine schöne Zeit, unsere ersten gemeinsamen Jahre in Kampala.

Zum ersten Mal fühlte ich mich wie ein richtiger Mann. Ich hatte Arbeit und Geld, ich arbeitete für den Premier! Ich hatte eine Ehefrau und zwei gute Freunde: Salomon Okuku und Odero Osore.

Bald gebar mir Elizabeth unseren ersten Sohn, Edward. Es kam mir vor, als könnte mein Leben nur noch besser und besser werden.

13.

Ab 1963 gab es für mich eine weitere Person, die ich satt bekommen musste. Milton Obote heiratete eine junge Frau namens Miria Kalule, ein wunderschönes Mädchen mit einer Haut wie Milchkaffee.

Miria war von Anfang an eifersüchtig auf meine Freundschaft mit Milton. Sobald sie in den Palast gezogen war, kam sie zu mir in die Küche und verkündete: „Ab heute koche ich für meinen Mann."

Es überraschte mich, doch ich hatte nicht vor, mit der Ehefrau meines Arbeitgebers zu diskutieren. Ich verneigte mich vor ihr und fragte nur, wie ich ihr behilflich sein könne. Sie bedankte sich unfreundlich. Ich sah dann, wie ihr mein Freund Odero Osore, der Diener des Premiers, half. Er erklärte mir später, dass er doch Obotes Ehefrau nicht seine Hilfe verweigern konnte. Ich erwiderte ziemlich kühl, dass es nicht meine Angelegenheit sei, aber selbstverständlich war ich verletzt. Odero war wie ein Bruder für mich, er war einer meiner besten Freunde.

Am darauffolgenden Tag kam Miria in die Küche, band sich eine Schürze um und stellte sich an den Herd. Ich half ihr freundlich, reichte ihr die Messer und die Löffel. Was sie gekocht hat? Das weiß ich nicht mehr.

Dafür weiß ich ganz genau, was danach kam: Nachdem die Bediensteten das Mittagessen aufgetragen und der Premier den ersten und den zweiten Bissen genommen hatte, fragte er: „Wer hat denn das gekocht?"

„Ich", antwortete seine Frau.

„Was soll das?", schrie Obote. „Dafür haben wir doch einen Koch!"

„Aber eine Frau sollte für ihren Ehemann kochen", sagte Miria verlegen. „Der Koch kann ja das Essen für alle anderen zubereiten."

Obote starrte sie wütend an.

„Das Kochen ist die Aufgabe von Otonde", zischte er durch seine zusammengepressten Zähne. „Und deine Aufgabe ist es, das zu essen, was er auftischt."

Dann ließ er sich von mir sein Mittagessen bringen, denn ich hatte ja wie immer einen Schritt vorausgedacht und bereits Fleisch, Gemüse und eine Suppe zubereitet.

Miria war beleidigt, auch wenn sie es sich nicht anmerken ließ. Sie lächelte zwar, doch sie sollte die Kränkung niemals vergessen. Seitdem war sie meine erklärte Feindin und machte mir das Leben schwer.

Wir waren zueinander stets freundlich und höflich. So wie man zu jemandem freundlich und höflich ist, den man hasst.

* * *

14.

Die Regierungszeit von Milton Obote war kein Zuckerschlecken. Das Militär rebellierte immer wieder, weil es zu geringen Sold erhielt. Der Konflikt zwischen dem Premier und der Regierung spitzte sich zu. Politische Gegner Obotes wurden ins Gefängnis geworfen. Außerdem wurde gemunkelt, dass der Premier, zusammen mit General Idi Amin, am

Goldschmuggel aus dem vom Krieg gebeutelten Kongo verdiente. Als das Parlament 1966 eine Untersuchung einleiten wollte, inszenierten beide kurzerhand einen Putsch. Die Idee kam von Obote, die Umsetzung von Amin, der höchstpersönlich den Palast des Kabaka stürmte.

Wie die Briten hielt Milton Obote Idi Amin für einen nützlichen Idioten. Er war überzeugt, dass er Amin beherrschen und sich seine Kraft und Brutalität zunutze machen konnte.

Der Kabaka floh nach London, die Mitglieder des Parlaments wurden aus dem Land gejagt. Milton Obote wurde zum neuen Staatspräsidenten ernannt. Umgehend steckte er die Oppositionsführer (einschließlich der Opposition in seiner eigenen Partei *Uganda People's Congress*) ins Gefängnis und beendete so das kurze Abenteuer seines Landes mit der Demokratie.

* * *

Es war Gottes Wille, dass ich nach dem Putsch zum Koch des Präsidenten wurde. Ich machte mir keine Gedanken darüber, ob das, was er tat, legal sei. Milton Obote war mein Chef, er war einer von uns, er war für mich wie ein Bruder. Ich konnte mich nur für ihn freuen: Denn wenn es ihm gut ging, ging es auch mir gut.

Meine Arbeit hatte sich verändert, und wie! Als Koch des Premiers Obote hatte ich vor allem für ihn gekocht; wir waren drei, manchmal vier Leute in der Küche, was vollkommen ausgereicht hat.

Als Koch des Präsidenten Obote musste ich nun das Essen für alle seine Mitarbeiter und den gesamten Verwaltungsstab zubereiten. Das hieß für an die fünfzig Leute. Ich kochte auch regelmäßig für ausländische Delegationen. Ich leitete ein Team von etwa einem Dutzend Köchen, deren

Arbeit ich organisieren musste.

Ich fing damit an, dass ich die Küche in drei Abteilungen aufteilte: das Fleisch-Department, das Gemüse-Department und das Kuchen-Department, das außerdem für das Brotbacken zuständig war.

Wir buken jeden Morgen indische Chapati zum Frühstück und zum Abendessen Brot im europäischen Stil. Ich stand jeden Tag sehr früh auf und war bereits um fünf Uhr in der Küche. Ich überwachte die Arbeit der anderen Köche, probierte den Teig für die Chapati oder die Pfannkuchen. Doch die Mahlzeiten, die direkt auf den Tisch des Präsidenten kamen, bereitete ich eigenhändig zu. Wenn nötig, fuhr ich selbst auf den Markt und besorgte fehlende Zutaten.

Auch die Arbeit von Odero Osore, meinem Freund, hatte sich verändert. Er wurde vom Diener zum Majordomus und Chef aller Zimmermädchen und Butler ernannt. Auch wenn er es niemals zugegeben hätte, war ich überzeugt, dass er diesen Aufstieg seiner engen Zusammenarbeit mit Miria Obote verdankte. Sie war es, die ihren Mann überzeugt hatte, Odero diesen Posten zu geben – sie redete so lange auf ihn ein, bis er endlich nachgab.

Odero Osore ging seitdem nicht mehr mit mir und Salomon Okuku, dem Chauffeur, Bier trinken. Odero schleimte sich immerzu bei Miria ein: Er half ihr, Vorhänge für ihre Zimmer auszusuchen, fuhr mit ihr einkaufen und besorgte Bettwäsche, Kleidung und andere Sachen. Weil die Frau des Staatspräsidenten mich nicht ausstehen konnte, hielt Odero sich von Salomon und mir fern. Es tat uns leid, keine Frage, aber jeder lebt schließlich sein Leben so, wie er es für richtig hält. Odero Osore hatte sich für diesen Weg entschieden und wir konnten nichts dagegen tun.

Was der Präsident gerne aß?

Wenig Fleisch. Dafür liebte er Malakwang, eine pikante Speise aus Gemüse, Sesam, Granatapfelcreme und Erdnüssen. Er mochte auch Fisch. Besonders gerne aß er Tilapia mit Gemüse. Und natürlich Maniok. Oder Ugali: in Milch gekochten Maisbrei mit Fisch.

Ugali mit Fisch

Doch am liebsten mochte er die englische Küche. Wie schon gesagt: Er hatte mich eingestellt, weil ich das Essen des weißen Mannes zubereiten konnte.

Alle nannten den Staatspräsidenten *den Doktor,* weil er einen Doktortitel hatte. Und Obote lachte dann immer und sagte, dass nicht er der Doktor sei, sondern ich: nämlich ein „Bauchdoktor".

Meine Position im Präsidentenpalast wurde immer wichtiger. Milton Obote konnte sich die Küche ohne mich nicht mehr vorstellen. Er vertraute mir und wusste, dass ich der Einzige war, der wirklich Ahnung hatte. Er glaubte, die anderen Köche hätten meine Abteilung in Schutt und Asche gelegt, hätte ich nicht die Kontrolle gehabt. Ich war derjenige, der für Ordnung und Disziplin sorgte. Meine Mitarbeiter mussten mich nicht mögen. Es genügte mir, dass sie mich fürchteten.

Übrigens hatte Milton Obote mein Gehalt nicht erhöht, auch wenn ich jetzt viel mehr Aufgaben und Verantwortung hatte. Nach wie vor arbeitete ich für dreihundertneunzig Schilling. Um meine Familie durchzubringen, musste ich mir etwas dazuverdienen, indem ich in meiner Freizeit Kuchen und Torten für reiche Leute buk.

Je mehr mich der Präsident schätzte, desto mehr Feinde hatte ich. Doch keiner konnte mir etwas tun. Ich erzähle dir jetzt eine Geschichte: Eines Tages zerstritt ich mich mit dem Bruder des Präsidenten, Livingstone Obote. Normalerweise mochten wir uns, doch an jenem Tag hatte er schlechte Laune und ging mich wegen etwas an. Er schrie mich an, ich brüllte zurück – denn egal, wessen Bruder er war, er hatte kein Recht, mich anzuschreien. Die Sache eskalierte, ich stürzte mich auf ihn und schlug mit den Fäusten auf ihn ein.

„Das wirst du noch bereuen!", rief er und lief zu seinem Bruder, um sich über mich zu beschweren.

Ich hinterher, und unterwegs verpasste ich ihm noch einen Tritt in den Hintern.

Wir stürzten geradezu in das Büro des Präsidenten. Livingstone zuerst, ich nach ihm. Außer Atem, erregt und verschwitzt, zerrte ich noch mit einer Hand an seinem Hemd.

„Milton, dein Koch schlägt mich!", schrie Livingstone.

Obote hob den Kopf, schaute zuerst mich, dann seinen Bruder an. Dann zischte er: „Livingstone, hast du kein Zuhause?"

„Doch", erwiderte sein Bruder verwirrt.

„Wenn dir hier irgendetwas nicht passt, kannst du jederzeit gehen. Die Tür steht offen", erwiderte der Präsident und schmiss uns kurzerhand raus.

Was ich dann gemacht habe? Was hätte ich denn tun sollen? Ich verprügelte Livingstone zu Ende und kehrte dann in die Küche zurück, um dem Präsidenten pünktlich sein Mittagessen zu servieren.

Ich war Milton Obotes treuer Begleiter, viele Jahre lang. Wir kannten uns sehr gut und ich glaube, dass er mich wirklich mochte. Ich war da, als er heiratete und als seine Kinder zur Welt kamen.

Aber ich war vollkommen mittellos zu ihm gekommen und mittellos sollte ich auch wieder gehen. Die ganze Regierungszeit Obotes hindurch habe ich hart gearbeitet, doch am Ende hatte ich nichts. Keine Ersparnisse, kein Auto, nicht einmal ein Motorrad. Nichts.

Unter Idi Amin sollte sich alles ändern – zum Guten wie zum Schlechten.

IDI AMIN

15.

Einige Jahre nach dem gemeinsam durchgezogenen Putsch waren die Beziehungen zwischen Obote und Amin sehr angespannt. Der Präsident verdächtigte den General, mindestens einen Anschlag auf sein Leben unternommen zu haben. Und wieder hatte er wie durch ein Wunder überlebt: Einmal streifte die Kugel lediglich sein Gesicht, einmal explodierte die Granate nicht.

Dennoch glaubte Milton Obote, dass General Amin schlicht zu dumm sei, um ihm gefährlich zu werden, und behandelte ihn mit kühler Gleichgültigkeit. Im Januar 1971 fuhr Obote zu einem Commonwealth-Gipfel nach Singapur und hatte fest vor, Idi Amin nach seiner Rückkehr ins Gefängnis zu stecken.

Nur dass Amin keinesfalls vorhatte, darauf zu warten. Ein paar Tage nach Obotes Abreise rollten Panzer durch die Straßen der Hauptstadt. Soldaten blockierten die wichtigsten Straßen von Kampala und Entebbe. Der Putsch lief völlig reibungslos ab. Die Menschen hatten genug vom Staatspräsidenten, der kürzlich die Steuern erhöht hatte und das Volk zwang, den Gürtel enger zu schnallen. Dass Idi Amin nach der Macht griff, kam ihnen wie ein Zeichen Gottes vor.

Wenn ich ein Vogel wär'
wenn ich Flügel hätt'
würde ich Obote holen
und zu Amin bringen

Dieses Lied sangen an jenem Tag sowohl die Soldaten als auch alle anderen Bürger Ugandas und warfen Blumen vor die rollenden Panzer.

16.

Otonde Odera wird ganz anders, sobald er in der Küche steht. Still, wortkarg. Da ist kein Platz für Geschichten, Scherze oder auch nur ein einziges überflüssiges Wort. Als seine Schwiegertochter und die Enkelinnen wegen irgendetwas zu lachen anfangen, bedenkt er sie mit einem strafenden Blick. In der Küche sollen Ruhe, Ordnung und Sauberkeit herrschen.

„Bei mir war es schon immer so", sagt er. „Erst die Arbeit, dann das Vergnügen. Beim Kochen wird nicht gescherzt. In der Küche war ich der Diktator."

Er entschuldigt sich, aber jetzt soll sogar ich still sein und mit meinen Fragen warten. Beim Kochen möchte Otonde nicht abgelenkt werden.

Also schaue ich schweigend zu, wie seine Schwiegertochter und seine Enkelinnen Gemüse schneiden. Ich beobachte ihn, wie er mit geschickten Bewegungen den Fisch filetiert, ihm die Haut abzieht und die Gräten herauslöst – und dann eine ordentliche Portion Salz an alles gibt.

„Ich salze so wie für Amin", sagt er und ich bin mir nicht sicher, ob ich das Essen herunterkriegen werde. Otonde erwähnte vorhin, dass Amin sein Essen gerne versalzen mochte.

Ich schaue zu, wie Otonde Odera plötzlich zu einem anderen Menschen wird. Als würde eine andere Art von Energie von ihm Besitz ergreifen. Mir ist, als würde ich an einem Voodoo-Ritual teilnehmen. Otondes Gesicht ist wie verwandelt, er bewegt sich anders, hält sich gerade, wirkt insgesamt jünger und fitter. Aber nein, das hier ist kein Voodoo. Das ist einfach nur ein Mensch, der seine Arbeit liebt.

Das Hähnchen steckt in der Röhre, der Fisch brutzelt in der Pfanne. Jetzt können wir zu unserem Gespräch zurückkehren.

Otonde erzählt weiter von Idi Amin, der seinen Mentor Milton Obote gestürzt hatte.

* * *

Die ersten Schüsse hörten wir am Nachmittag. Niemand wusste, was los war. Obwohl: Es hatte schon Anzeichen gegeben, dass etwas im Argen lag. Seit der Präsident nach Singapur geflogen war, hörte man im Radio gar nichts mehr über ihn. Nur noch von General Amin. Aber dass es einen Putsch geben sollte? Darauf wäre ich nie gekommen.

Zwar hatte es in ganz Afrika über zwanzig Umstürze gegeben und viele der Präsidenten, für die ich im Palast von Kampala gekocht hatte, waren inzwischen keine Präsidenten mehr – doch mir war es immer so vorgekommen, als würde Milton Obote sein Land unter Kontrolle haben.

Bis sie plötzlich zu schießen begannen. Einige Leute liefen aus dem Palast auf die Straße, wollten weglaufen, auch ich rannte reflexartig hinaus. Aber mit Frau und Kind hatte ich keine Chance, zu entkommen.

Es gab Gerüchte, dass die Soldaten, die die Hauptstadt übernommen hatten, die Langi und die Luo abschlachten würden. Wir hatten Angst, doch es gab keine Möglichkeit zur Flucht. Wir verbarrikadierten uns im Palast und warteten. Worauf? Auf den Tod. Wir waren überzeugt, dass die Kakwa (denn Idi Amin gehörte dem Kakwa-Stamm an) uns alle ermorden würden.

Aber niemand traute sich, während der Abwesenheit von Amin den Palast zu betreten. Das Gebäude war zwar von Soldaten umstellt, doch sie taten nichts. Also harrten wir aus.

Gegen Abend kam endlich General Amin an. Er fuhr mit einem Jeep vor, stieg aus, Pistolen an beiden Seiten. Er rief alle zusammen. Wir sollten uns unten in der Halle versammeln.

Ich war überzeugt, dass sie uns jetzt erschießen würden. Einer von uns versuchte, sich hinter den Rücken der anderen zu verstecken.

Doch Idi Amin sagte: „Habt keine Angst. Für euch ändert sich nichts. Ihr arbeitet weiter wie gehabt."

Und dann ließ er sich das Abendessen servieren.

Ob es da schon fertig war? Selbstverständlich! Beim letzten Putsch hatte ich gelernt, dass für solche Sachen die Militärs zuständig sind. Ein Koch hingegen ist dafür da, gut zu kochen, eine saubere Schürze und gewaschene Hände zu haben. Putsch hin oder her – du hast dich in die Küche zu stellen und zu kochen. Wenn die Militärs mit leeren Bäuchen ankommen und etwas Leckeres zu essen kriegen, gibt es eine Chance, dass sie einen nicht erschießen.

Kannst du dir vorstellen, was los gewesen wäre, wenn so jemand wie Amin nach einem anstrengenden Tag abends in den Palast zurückgekehrt wäre und nichts zu essen vorgefunden hätte? In der Luft zerrissen hätte er uns! Wenn Menschen Hunger haben, machen sie die schrecklichsten Dinge. Das habe ich oft genug gesehen.

An jenem Tag hatte ich Tilapia und Ziegeneintopf vorbereitet. Idi Amin mochte ihn sehr. Wir deckten den Tisch mit einer weißen Tischdecke und silbernem Besteck, das Milton Obote von den Engländern geerbt hatte. General Amin musste das Gefühl gehabt haben, dass er gewonnen hatte.

Was sagst du: Kann es eine bessere Belohnung geben als ein köstliches Essen, serviert von einem gutgekleideten Koch?

Die Soldaten hatten ihr Lager im Palastgarten aufgeschlagen. Für sie hatten wir ebenfalls Eintopf und dazu Hähnchen. Auch sie hatten einen schweren Tag hinter sich und verdienten ein ordentliches Abendessen.

17.

Gleich nach dem Essen lief General Amin wieder hinaus. Und ich bekam eine traurige Nachricht.

Die Soldaten aus der nahe gelegenen Kaserne riefen an und meinten, sie hätten eine Leiche. Jemand aus dem Palast solle sie abholen, denn der Tote sei einer von uns.

Niemand wollte dahin. Alle hatten Angst. Es war besser, den Palast nicht zu verlassen. Dort waren wir zumindest sicher. Aber irgendjemand musste ja die Leiche abholen. Also fuhr ich los. Und ich hatte ein ganz schlechtes Gefühl dabei.

Als ich ankam, führten mich die Soldaten in den Hof, wo mehrere Militärfahrzeuge standen. In einem Pick-up lag ein von Kugeln durchlöcherter Körper.

Es war Salomon Okuku, der Chauffeur des Präsidenten Obote. Mein bester Freund.

Sie halfen mir, seine Leiche in mein Auto zu tragen. Ich fuhr Salomon in den Palast und legte ihn in einen der Kühlräume. Ich konnte die Tränen nicht zurückhalten. Bis zum nächsten Morgen saß ich vor dem Kühlraum, weinte und schrie wie ein kleines Kind.

Später erfuhr ich, dass Okuku wie ein Held gestorben war. Als er sah, dass die Kakwa-Soldaten auf die Langi und Luo losgingen, schnappte er sich einen Lastwagen und fuhr in die Vorstadt, wo seine Leute lebten. Er lud so viele wie möglich auf den Wagen und brachte sie nach Entebbe am Victoriasee, von wo aus Boote nach Kenia ablegten. Das konnte er, weil das Militär noch nicht organisiert war. Aber auf dem Rückweg wurde Salomon an einem Checkpoint angehalten. Die Soldaten erzählten, dass er als Erster seine Waffe herausgeholt und zu schießen begonnen hätte. Angeblich hatte er einen von ihnen getötet und dann hätten sie eben zurückgeschossen. Aber das glaube ich nicht. Salomon Okuku war ein friedlicher, sanfter Mann.

Einige Tage später, nachdem sich die Situation ein wenig beruhigt hatte, organisierte ich die Überführung seiner Leiche nach Kenia. Ich fragte Odero Osore, unseren gemeinsamen Freund, ob er mir helfen könne. Er erwiderte, dass er es sehr gerne täte, aber leider beschäftigt sei. Idi Amin sei ja so riesig, er müsse ihm neue Kleidung besorgen – Schuhe, Hemden, Anzüge.

„Aber ich bin mir sicher, dass du es alleine schaffst, Bruder", fügte Osore hinzu.

Salomon Okuku trat seine letzte Reise über den Victoriasee nach Kisumu an, wo ihn seine Familie abholte. Er hatte ein schönes Begräbnis. Sehr viele Menschen sind gekommen, unter anderem jene, die er zur Fähre gebracht und so ihr Leben gerettet hatte.

Zurück in Uganda musste ich mich zusammenreißen und weitermachen. Unter Amin war es nicht wie bei Obote, der mich mochte und bei dem ich mir viele Freiheiten herausnehmen konnte. Bei General Amin musste ich mich vorsehen. Mein Leben hing von meinen Fähigkeiten ab.

18.

Obwohl Amins Leute meinen Freund getötet hatten, glaubte ich daran, dass er ein guter Präsident werden würde. Vor allem, da sich einiges in meinem Leben verbessert hatte.

Es fing wie folgt an: Anderthalb Jahre vor dem Putsch starb der Kabaka in seinem britischen Exil. Man munkelte, dass Milton Obote ihn hatte vergiften lassen, aber ich kann mir nicht vorstellen, dass das stimmt.

Der Kabaka war immer noch sehr beliebt in Uganda. Idi Amin ließ seine Leiche mit einem Flugzeug nach Kampala überführen und richtete ihm ein pompöses Staatsbegräbnis aus. Der neue Staatspräsident stand in der ersten Reihe, direkt am Grab und weinte, als wäre der Kabaka sein Vater gewesen – und nicht als hätte er ihn, zusammen mit Milton Obote, gestürzt.

Zwei englische Offiziere brachten den Leichnam aus Großbritannien nach Uganda. Sie übernachteten im Palast und ich bereitete ihnen ein ordentliches Abendessen zu: Gemüsesuppe, Steak, Kidney Pie und Schokoladenpudding. Das Essen des weißen Mannes, wie es mir die Memsahib beigebracht hatte.

Am nächsten Morgen hatten die Briten einen Termin bei Idi Amin und sprachen ihn bei der Gelegenheit auf das Abendessen an.

„Herr Präsident, haben Sie einen weißen Koch? Das Essen war wie bei uns zu Hause."

„Nein", lachte Amin. „Er ist so weiß wie ich."

Sie wollten ihm nicht glauben, also ließ er mich kommen. Ich verstand zwar kein Wort von dem, was die beiden sagten, aber ich verneigte mich vor ihnen und sagte: „Thank you!"

Die englischen Offiziere konnten es nicht fassen und Idi Amin platzte beinahe vor Stolz. So konnte er den Weißen zeigen, dass die Schwarzen keineswegs schlechter waren.

Nachdem die Engländer abgereist waren, rief er mich zu sich: „Otonde, sag mal, wie viel verdienst du?“

„Dreihundertneunzig Schilling, Herr Staatspräsident“, erwiderte ich.

„Wirklich? So wenig?“, rief er verwundert aus.

Sofort ließ er den Verwaltungschef kommen.

„Oyite, ruf im Hotel Victoria Lake an und frag sie, was der Küchenchef bei ihnen verdient. Und dann zahlst du Otonde genau diese Summe, verstanden? SOFORT!“

Oyite Ojok nickte und verschwand.

Es stellte sich heraus, dass der Chefkoch dort eintausendsiebzehn Schilling verdiente. Also bekam ich seitdem jeden Monat genauso viel – außerdem ließ es mir der Präsident rückwirkend für die drei Monate auszahlen, die ich bereits für ihn tätig gewesen war.

Seit diesem Tag verdiente ich von allen Palastmitarbeitern am besten. Der Leiter der Verwaltung, dessen Bezüge nicht erhöht worden waren, musste diese bittere Pille schlucken.

Und bald noch eine weitere. Eines Tages bestellte er mich zu sich.

„Otonde, ich habe eine Überraschung für dich“, sagte er mit einem gezwungenen Lächeln.

Ich wischte mir die Hände an der Schürze ab und folgte ihm. Wir gingen nach draußen. Vor dem Palast stand ein nagelneuer, glänzend schwarzer Mercedes-Benz.

„Das ist ein Geschenk vom Herrn Präsidenten“, verkündete Ojok. „Damit du was hast, womit du einkaufen fahren kannst.“

Ich verbeugte mich, bedankte mich für das wunderbare Geschenk und versprach, weiterhin so zu arbeiten, dass der Herr Präsident mit mir zufrieden sei.

Oyite Ojok erwiderte nichts, aber es wird ihn geärgert haben. Er hatte kein Auto zur Verfügung, obwohl er ebenfalls hart arbeitete.

Lieber Gott, heute schäme ich mich für meine Arroganz, aber damals war ich so stolz auf mich! Ich hielt mich für besser als alle anderen.

Ja, doch, ich litt, wenn ich sah, wie Amins Leute die ehemaligen Mitarbeiter von Präsident Obote behandelten. Viele meiner Bekannten mussten aus Uganda fliehen, einige, unter anderem ja Salomon Okuku, wurden getötet.

Doch für mich bedeutete die Herrschaft von Idi Amin eine Verdreifachung meiner Bezüge und einen neuen Mercedes. Ich müsste lügen, wenn ich behaupten würde, dass mir das nicht gefallen hat.

* * *

19.

Die Fluglotsen vom Tower in London-Heathrow hatten eine harte Nuss zu knacken. Eines der aus südlicher Richtung ankommenden Flugzeuge bat um Landeerlaubnis. An Bord befinde sich Feldmarschall Idi Amin, hieß es, der Staatschef von Uganda.

Major Iain Grahame, Amins ehemaliger Vorgesetzter bei den King's African Rifles, erinnert sich: „Niemand hatte die leiseste Ahnung, dass er kommen sollte – und niemand wusste, was er hier wollte. Zum Glück erklärte sich die Queen bereit, am nächsten Tag mit ihm zu Mittag zu essen. Danach, beim Kaffee, schaute sie ihn aufmerksam an und fragte: ‚Bitte sagen Sie mir, Herr Präsident: Welchem Umstand verdanken wir die unerwartete Ehre Ihres Besuches?'

Amin brach in herzliches Lachen aus, und dann soll er gesagt haben: ‚Ihre Majestät, in Uganda kriegt man nur schwer braune Schuhe in Größe 50.'"

Die Liebe Idi Amins zu allem, was britisch ist, war legendär. Er trug nach englischem Vorbild sogar eine Latte von Titeln, die in den Medien stets vor der Nennung seines Namens aufgezählt werden mussten: „Seine Exzellenz, Präsident auf Lebenszeit, Feldmarschall, Herrscher über alle Lebewesen auf Erden und alle Fische in den Meeren, Kavalier des Victoria Cross und des Military Cross." Irgendwann fügte er noch hinzu: „Letzter König von Schottland und Bezwinger des British Empire."

Er gründete sogar ein Militärorchester, das – in schottische Kilts gekleidet – bei allen wichtigen Feierlichkeiten mit Dudelsäcken aufspielte.

„Die Liebe zu Schottland hatte er von mir", lächelt Major Grahame, der selbst Schotte ist. „Wir haben viele Nächte zusammen im Zelt verbracht und geredet. Dabei habe ich ihm von meinem Land und den schottischen Clans erzählt."

In Wirklichkeit flog Idi Amin natürlich nicht nach England, um Schuhe zu kaufen. Er wollte Waffen kaufen, um seine Armee zu stärken und die Nachbarstaaten in Schach zu halten – darunter Tansania, wohin Milton Obote nach dem Putsch geflüchtet war. Als es ihm nicht gelang, Waffen zu besorgen, und er mit leeren Händen zurückfliegen musste, erklärte er Großbritannien zu einem seiner größten Feinde.

Jeder, der Amin für einen harmlosen, jovialen, unterbelichteten Tölpel gehalten hatte, den man leicht würde kontrollieren können, sollte spätestens nach einem Jahr seiner Herrschaft erkennen, wie sehr er sich getäuscht hatte.

* * *

20.

Der neue Staatspräsident forderte von mir nur eine Sache: Weil er selbst Muslim war, verlangte er von allen, die für ihn arbeiteten, dass sie beschnitten waren. Wenn ich weiter in seinem Palast kochen wollte, musste ich mich dieser Prozedur unterziehen.

Diese Anweisung wunderte mich ein bisschen, denn bisher hatte es für mich nicht so ausgesehen, als würde Religion für Amin eine große Rolle spielen. Aber keiner wollte mit ihm diskutieren. Zur Beschneidung gingen neben mir auch der Verwaltungschef Oyite Ojok und mein Bekannter Odero Osore, der als Amins Majordomus arbeitete.

Nach dem Tod von Salomon Okuku waren wir uns wieder ein bisschen nähergekommen, was mich sehr freute. Wir trafen uns manchmal nach der Arbeit. Odero war der einzige Mensch im Palast, dem ich mich anvertrauen konnte. Nur ihm konnte ich sagen, wie sehr ich Salomon vermisste, und nur er verstand mich.

Nach uns waren die anderen Kollegen dran: Köche, Kellner, Bedienstete. Der Eingriff erfolgte im Krankenhaus Mulago, das für den Präsidenten und seine Familie zuständig war. Die ganze Sache dauerte vielleicht eine Minute, danach konnte ich normal weiterarbeiten.

Der Islam wurde für Idi Amin erst später wirklich wichtig – nachdem er die Beziehungen zu Europa und Israel abgebrochen hatte. Er freundete sich mit Muammar al-Gaddafi an, der für ihn sogar eine Moschee in Kampala errichteten ließ. Ich traf Gaddafi zwei Mal: Er umarmte mich wie einen Bruder und lobte mein Essen – doch ich hatte keine Gelegenheit, länger mit ihm zu sprechen.

Nachdem klar war, dass sich Amin nun eindeutig zum Islam bekannte und die muslimischen Anführer bewunderte, geschah etwas mit Odero Osore: Plötzlich wollte er zum Islam konvertieren. Alle machten sich über ihn lustig, denn es war offensichtlich, dass er sich bei Idi Amin einschmeicheln wollte. Genauso, wie er früher alles getan hatte, um sich bei Miria Obote anzubiedern. Sogar Amin machte sich über ihn lustig. Er nannte Osore mittlerweile scherzhaft *El Hadsch,* was jenen vorbehalten ist, die die Pilgerfahrt nach Mekka oder Medina unternommen haben. Osore war jedoch nie dort gewesen.

Damals dachte ich noch, dass Osore zu weit ging. Wir mussten uns bei dem Präsidenten nicht einschmeicheln, er war auch so gut und großzügig zu uns. Wir bekamen zur Beschneidung sogar Geschenke von ihm. Doch ich wollte die Entscheidungen meines Freundes nicht weiter diskutieren. Nach wie vor trafen wir uns nach Feierabend und redeten über alles Mögliche. Nur das Thema Islam sprach ich nicht mehr an.

Wir waren beide zufrieden mit unserer Arbeit und wollten sie behalten. Milton Obote hat sich damals nie für mein Essen bedankt, und auch Osore hat nie ein „Danke" gehört. Obote behandelte alle von oben herab, sogar die Mitglieder seiner eigenen Familie.

Und Amin? Wenn ich ihm etwas Besonderes gekocht hatte, gab er mir immer eine Prämie, und er bedankte sich für jede Mahlzeit.

21.

Unter Amins Herrschaft trug ich die besten Sachen, fuhr einen Dienstmercedes, später kaufte ich mir sogar einen eigenen Wagen: einen VW-Käfer. Elizabeth und ich bekamen unseren zweiten Sohn. Der Ältere,

Edward, besuchte eine hervorragende Schule, in die auch Kinder von Politikern und Amins Ministern gingen.

Immer wieder sagte Idi Amin zu mir: „Otonde, du bist so ein begabter Koch und du verdienst gutes Geld. Du solltest mehr Frauen haben."

Eines Abends bemerkte er, wie ich beim Abendessen mit einer jungen Frau sprach. Er kam zu uns, legte uns die Hände auf die Schultern und fragte sie, was sie denn von mir hielte und ob sie mich näher kennenlernen möchte. Er erzählte ihr, dass ich hervorragend kochte und dass sie bei mir immer gut zu essen haben würde.

Damals gab es Frauen, die extra in den Palast kamen, um einen Liebhaber oder einen Ehemann zu finden. Womöglich hofften sie, sich sogar einen der Minister anzulachen. Oder einen einflussreichen Beamten? Und wenn das nicht klappte, dann eben einen Koch, besser als gar nichts. In einem Land, in dem es an Essen mangelte, war ein Koch wahrscheinlich sogar die bessere Wahl.

Und was hätte dieses Mädchen denn sagen sollen, wenn der Präsident höchstpersönlich sie mit mir verkuppeln wollte?

Bald wurde sie meine zweite Frau. Ich war zwar kein Muslim, doch auch wir Luo dürfen mehrere Ehefrauen haben.

Idi Amin war verrückt nach Frauen. Ständig hatte er Affären, eine Geliebte nach der anderen. Keine durfte ihn zurückweisen. Wenn so etwas vorkam, musste die besagte Frau das Land verlassen, sonst drohte ihr seine Rache. Wenn ihm eine verheiratete Frau gefiel, konnte es passieren, dass seine Leute deren Ehemann umbrachten.

Diese Obsession übertrug er auch auf andere. Nach meiner zweiten Heirat wiederholte er immer wieder, dass zwei Ehefrauen zu wenig seien. Wenn wir zu Feierlichkeiten unterwegs waren, wurden wir meist von einem Mann namens Saba Saba begleitet. Sobald ich bei einem Abendessen oder einer Party mit einem Mädchen sprach, nahm er mich diskret zur Seite, steckte mir ein paar Tausend Schilling zu und flüsterte: „Der Präsident möchte, dass du deinen Spaß mit dieser Dame hast."

Zwar war es kein Befehl, zwar sagte er es scherzhaft, doch es war klar, dass ich es nicht ablehnen durfte. Es war wie eine Show für Idi Amin: Er saß da, beobachtete die Leute beim Feiern und sah zu, dass sie einander näherkamen.

Auf diese Art und Weise heiratete ich noch zwei Uganderinnen. Die eine brachte ich von einer Reise nach Jinja mit, die andere aus der Nähe von Koboko, Amins Heimatort.

Vor den Eheschließungen überreichte mir der Präsident einen Umschlag mit Geld und versprach, für uns und unsere Kinder zu sorgen. Und er hielt Wort. Ich kann ihm nichts vorwerfen. Meine Familie und ich bekamen immer Extrageld, Essen und Kleidung.

Als Koch von Idi Amin war ich weit aufgestiegen. Das jährliche Budget der Küche betrug acht Millionen Schilling und ich allein war dafür verantwortlich. Ich beaufsichtigte und organisierte alles. Für große Veranstaltungen konnte ich schon mal hundert Hähnchen zubereiten und es machte mir nichts aus. Ich liebte diese Arbeit.

Mein Spezialgericht war gebackene Ziege. Das ganze Tier! Wir schnitten ihr den Bart ab, holten die Innereien heraus und steckten klein geschnittenes Ziegenfleisch, Reis, Kartoffeln, Möhren, Petersilie, Erbsen und Gewürze hinein. Dann wurde die Ziege im Ofen gebacken, und sobald sie fertig war, klebten wir ihr den Bart wieder an. Anschließend brachten wir das Tier auf den Tisch, stehend, als wäre es lebendig. Amins Gäste waren erstaunt, als sie eine Ziege sahen, die aussah, als wäre sie gerade von der

Weide gekommen, und die sie gleich essen konnten.

Meine ersten Jahre mit Idi Amin, das waren goldene Zeiten.

Doch was mir davon geblieben ist, sind lediglich zwei Anzüge.

Mehr nicht.

* * *

22.

Idi Amin hatte Angst vor allen, die seine Macht bedrohen könnten. Vor allem vor reichen, gebildeten Männern, die Verbindungen zur ehemaligen Regierung hatten. So erhielten das Militär und die Polizei uneingeschränkte Macht und durften vollkommen rechtmäßig Menschen töten. Die *Public Safety Unit* mordete ohne jegliche Hemmungen und Beschränkungen.

Die Spezialeinheiten unterhielten ein Gefängnis direkt in der Innenstadt von Kampala. Menschen, die morgens zur Arbeit gingen, hörten die Schreie der Gefolterten. Und Schüsse. Obwohl Amins Leute vor allem mit Macheten töteten.

Wie Henry Kyemba, einer der ehemaligen Minister aus Amins Regierung, schreibt,[2] wurden ein paar Jahre nach dem Putsch die Menschen zu Hunderten umgebracht. Die Opfer passten nicht mehr auf die Friedhöfe, also warfen die Leute vom Sicherheitsdienst die Leichen in den Nil, anstatt sie zu begraben. Dort wurden sie von Krokodilen gefressen.

Henry Kyemba floh nach Kenia, aus Angst um sein Leben.

* * *

Von Jahr zu Jahr wurde es schlimmer.

Jeder im Palast kannte jemanden, der umgebracht worden war.

Menschen, die wir kannten – Minister aus der Zeit von Obote, Politiker der UPC-Partei –, verschwanden von heute auf morgen. Später fand man sie: tot, mit abgeschnittenen Händen, Füßen, Ohren, Zungen.

Du fragst, wie ich für ein solches Monster kochen konnte. Nun ja, ich hatte vier Ehefrauen und fünf Kinder zu ernähren. Idi Amin hatte mich an sich gekettet, ohne dass ich es bemerkt hatte. Ich konnte nicht weg. Ohne sein Geld hätte ich es nicht geschafft. Ich war vollkommen abhängig von Amin und das wusste er ganz genau. Auf die gleiche Weise machte er sich seine Leibwächter, Minister und Freunde untertan.

Ich wusste, ich konnte den bedrohten Menschen nicht helfen. Wie denn auch? Indem ich ihn vergiftete? Dann hätte ich selbst mein Leben verloren. Und wie sollte ich sicher sein, dass der nächste Präsident besser sein würde?

Wir alle im Palast wussten, dass wir für einen Wahnsinnigen arbeiteten. Jeden Morgen gingen wir in dem Bewusstsein zur Arbeit, dass er uns töten könnte. Doch es passierte nichts. Bis zum Pilaw-Zwischenfall.

Einmal bereitete ich ein Pilaw zu. Das ist ein ganz einfaches Gericht: Man kocht Reis und fügt dann Rosinen und Zucker hinzu.

Moses Amin, Amins dreizehnjähriger Sohn, der den Appetit seines Vaters geerbt hatte, aß so viel davon, dass er Bauchschmerzen bekam.

Idi Amin befand, dass sein Sohn vergiftet worden war. Er rannte durch den Palast und schrie: „Wenn ihm was passiert, bringe ich euch alle um!"

Ich hatte nicht vor, abzuwarten, was passieren würde. Ich schnappte mir den Jungen und schlich mich mit ihm hinaus. Wir fuhren ins Mulago-Krankenhaus und ich bat den Arzt, der für die Amin-Familie zuständig war, um Hilfe. Er legte Moses auf eine Pritsche und drückte an seinem Bauch herum.

Währenddessen ging ich telefonieren. Ich bat die Telefonistin im Krankenhaus um eine Verbindung zum Palast. Mir wurde gesagt, dass Idi Amin herumrannte und „Gift! Gift!“ schrie. Alle waren überzeugt, dass ich seinen Sohn vergiftet hätte. Und dass sie meinetwegen sterben müssten. Als ich um ein Gespräch mit dem Verwaltungschef bat, reichte er mich umgehend an Amin weiter. Später erfuhr ich, dass dieser in einer Hand den Hörer und mit der anderen eine Pistole an die Schläfe eines der Köche gehalten hatte.

Als ich zurück ins Behandlungszimmer kam, drückte der Doktor gerade wieder auf Moses' Bauch. Und auf einmal ließ der Junge einen gewaltigen Furz fahren.

„So, jetzt geht es mir besser!“, verkündete er.

Der Arzt rief Amin an und erklärte, dass Moses einfach nur zu viel gegessen habe. Ansonsten sei der Junge vollkommen gesund. Er würde nur noch eine Weile mit Blähungen zu kämpfen haben.

Später hielt Idi Amin das Ganze für einen grandiosen Scherz. Jedes Mal, wenn ich ihm über den Weg lief, lachte er laut auf, klopfte mir auf die Schulter und rief: „Ein Furz! Ein Furz!“

Mir hingegen war gar nicht zum Lachen zumute. Hätte ich nicht einen klaren Kopf bewahrt und wäre nicht ins Krankenhaus gefahren, wäre ich womöglich tot.

* * *

23.

Die Menschen in Kampala erzählen bis heute, dass Idi Amin das Blut seiner Feinde trank. Oder dass er ihre Lebern aß. Wie beispielsweise von

Charles Arube, dem Stabschef, der versucht hatte, ihn zu stürzen.

„Zu der Zeit, als ich Gesundheitsminister war, passierte es einige Male, dass Amin mich bat, ihn mit den Körpern seiner Feinde alleine zu lassen. (…) Selbstverständlich wussten wir nicht, was er da tat", schreibt Henry Kyemba. „Viele Menschen in Uganda glauben, dass es sich um Blutrituale handelte."[3]

An einer anderen Stelle gibt Kyemba jedoch zu, dass Amin viele Dinge bewusst tat, um als grausam und unberechenbar zu gelten. Vielleicht verhält es sich bei diesem Thema genauso?

„Ich kann mir nicht vorstellen, dass er ein Kannibale war", sagt Major Iain Grahame mit Nachdruck. „Ja, er hat zahlreiche Menschen getötet, und das tut mir außerordentlich leid. Aber ich kann nicht glauben, dass er ihre Leichen gegessen hat."

Amin schockierte gerne. Es ging darum, den Menschen Angst zu machen, also erlaubte er sich das eine oder andere. Auch den europäischen Ländern passte dieses Image gut in ihre Propaganda: Indem sie Idi Amin als Primitivling und Menschenfresser hinstellten, konnten sie die Unabhängigkeit der afrikanischen Länder diskreditieren.

Es gibt keine Zeugen, die gesehen hätten, dass sich Amin an Menschenfleisch verging. Nicht einmal Henry Kyemba möchte eine klare Antwort geben. Was bleibt, sind Gerüchte und Hörensagen.

Aber ich bin doch an der Quelle! Wen sollte man nach Amins Kannibalismus fragen, wenn nicht Otonde Odera, seinen langjährigen Koch?

Nach einer Woche, die wir mit Reden und Kochen verbracht haben, nehme ich schließlich meinen ganzen Mut zusammen.

„Einige Leute sagen, dass Amin ein Kannibale gewesen sein soll …", beginne ich.

Otonde atmet tief durch. Man merkt ihm an, dass er mit dieser Frage gerechnet hat. Wir sitzen auf Kisten unter dem großen Baum, unter dem wir immer sitzen, wenn wir uns unterhalten. Er überlegt eine Weile. Endlich sagt er: „Ich schwöre dir bei Gott, dass mir nichts davon bekannt ist. Ja, zugegeben – ich habe immer wieder gehört, dass die Leute darüber redeten. Und ich wurde immer mal gefragt, ob ich Menschenfleisch für ihn gekocht hätte.

Nein. So etwas ist nie geschehen.

Alle Kühlschränke und Kühlhäuser im Palast unterstanden ja mir – und niemals habe ich dort Fleisch unbekannter Herkunft gesehen oder welches, das ich nicht selbst gekauft hatte. Keiner der Soldaten hat jemals Fleisch aus einer unbekannten Quelle in die Küche gebracht. Und eingekauft habe immer nur ich."

Otonde fängt an zu weinen.

Die Tränen tropfen ihm aufs Kinn, auf das karierte Hemd. Er schaut mich an, als ob er sich versichern wollte, dass ich ihm glaube. Als ob er es nicht fassen könnte, dass man ihm solche Fragen stellt. Als ob er sich nicht vorstellen könnte, dass der Mann, der ihm das Gehalt erhöht, der ihm zwei Frauen und zwei Anzüge geschenkt, der ihm regelmäßig Umschläge mit Geld für die Schulbildung seiner Kinder zugesteckt hat, für den er jeden Tag nahrhaftes Essen gekocht, Fisch gebraten und Salate geschnippelt hat, um dessen Wohlbefinden er sich gekümmert, den er gefüttert hat wie eine Mutter ihr Kind – dass dieser Mensch imstande gewesen wäre, das Fleisch anderer Menschen zu essen.

* * *

24.

Idi Amin trug den Beinamen *Dada,* weil er, wenn man ihn mit einer Geliebten ertappte, zu sagen pflegte: „Das ist keine Geliebte, das ist meine Dada." Das Wort bedeutet „Schwester" auf Suaheli. Dies amüsierte seine Umgebung derart, dass irgendwann der Spitzname hängen blieb.

Offizielle Ehefrauen hatte er fünf. Sie lebten nicht im Palast, sondern in einem extra nebenan errichteten Haus. Sie kamen ausschließlich zum Essen vorbei und gingen dann wieder. Mit mir redeten sie kaum, und wenn, dann um mich nach Rezepten für meine Desserts zu fragen, Früchtekuchen oder Käsekuchen. Manchmal kamen sie spätabends in der Küche vorbei und holten sich noch einen Snack. Amin war selten zu Hause, also denke ich, dass sie sich einsam gefühlt haben. Und nichts hilft so gut gegen schlechte Laune wie Süßigkeiten.

Ob ich mich mit ihnen unterhalten habe? Nein. Ein Koch ist nicht dafür da, sich mit den Ehefrauen des Präsidenten zu unterhalten. Auch wenn sie mich ansprachen, antwortete ich kurz und beendete dann höflich, aber entschieden das Gespräch. Amin hatte seine Augen und Ohren überall, und ich bin mir sicher, dass auch der eine oder andere Koch der Geheimpolizei berichtete, was im Palast geschah.

Diese Frauen hatten kein leichtes Leben.

Eines Tages fuhr Idi Amin irgendwohin, raus aus der Stadt. Er fuhr oft alleine weg, ohne seine Leibwächter – doch in jener Nacht klingelte das Telefon und man teilte uns mit, dass der Präsident einen Autounfall gehabt habe. Alle waren zutiefst erschrocken; Amins erste Frau zog sich an, um ins Krankenhaus zu fahren. Wir rannten alle kopflos herum.

Auf einmal erschien Amin, wie aus dem Boden gewachsen. Sein Arm hing in einer Schlinge, doch ansonsten war ihm nichts passiert. Nur dass er vollkommen außer sich war – und als er die elegant gekleidete Madina sah, fing er an, auf sie einzuprügeln. Er brüllte: „Hast du dich so schick gemacht, weil du dachtest, dass ich tot bin?"

Und er schlug und schlug auf sie ein, ohne Pause, wie ein Wilder.

Wir standen da wie erstarrt. Keiner traute sich, etwas zu sagen oder zu tun. Wir hatten Angst, dass er sie vor unseren Augen totschlagen würde. Und gewiss wären wir als Nächste dran. Bis ein Mann namens Kizito, dem Amin uneingeschränkt vertraute, rief: „Herr Präsident, bitte hören Sie auf!"

Da zog Amin seine Pistole aus dem Halfter und schoss auf Kizito. Einmal. Zweimal. Dreimal. Keine der Kugeln traf ihr Ziel. Kizito überlebte und Madina auch.

Niemand von uns Bediensteten sprach ein Wort, bald kehrten wir zu unseren Aufgaben zurück. Doch uns war klar geworden: Wenn Amin in unserer Anwesenheit seine Ehefrau schlug, wenn er auf Kizito schoss, dem er wie einem Bruder vertraute, konnte er jederzeit auch einen von uns angreifen. Wir alle mussten, jeder auf seine Weise, damit klarkommen. Der Verwaltungschef Oyok wurde ganz demütig und versuchte, Amins Wünsche zu erraten, noch bevor dieser sie ausgesprochen hatte. Majordomus Osero, mein Freund, war inzwischen zu einem frommen Muslim geworden und betete jeden Tag mit dem Gesicht gen Mekka. Sooft er konnte, fuhr er in die Moschee in der Stadt.

Und ich? Ich glaubte daran, dass mich meine Kochkünste vor einem Angriff bewahren würden. Doch mit jedem Tag verringerte sich mein Glaube, dass ich dort lebend rauskommen würde.

Von Amins fünf Ehefrauen starben zwei unter tragischen Umständen.

Man munkelte, dass er sie habe töten lassen. Ein besonders grausames Schicksal traf Key, die Amin nach ihrem Tod vierteilen ließ.

Eines Tages war ich dran. Es musste ja so kommen.

25.

Eines Morgens kam ich zurück aus Kenia, wo ich meine Mutter besucht hatte.

Durch das kleine Fenster im Bad unseres Hauses sah ich, dass es von Soldaten umstellt war. Ein paar von ihnen lagen auf dem Boden auf der Lauer, andere schlichen sich durch den Garten heran. Ich wusste nicht, was los war, aber es sah böse aus.

Auf einmal klopfte jemand an die Tür. Es war ein Armeeoffizier, den ich noch nie zuvor gesehen hatte. Als ich öffnete, stieß er mich so heftig, dass ich hinfiel. Dann ließ er mich meinen Reisekoffer öffnen.

Darin hatte ich nur einen Satz Wechselsachen, Hemd und Hose. Trotzdem durchsuchte er den Koffer genauestens, und als er nichts fand, verkündete er: „Es ist egal, dass hier nichts ist. Wir wissen, dass du einen Anschlag auf den Präsidenten geplant hast! Zum Glück hat uns jemand darüber informiert."

Ob ich Idi Amin töten wollte? Nein. Ich wollte nur in Frieden leben. Ich begann zu weinen, erklärte, dass ich unschuldig sei. Elizabeth warf sich dem Offizier zu Füßen. Aber niemand hörte auf uns. Die Soldaten drückten mir eine Eisenstange an die Schultern und banden mich daran fest. Sie ergriffen meine Ellbogen und schleiften mich aus dem Haus. Sie warfen mich auf die Ladefläche eines Lastwagens und fuhren mich ans Ufer des Victoriasees.

Dort gab es ein Gefängnis. Sie warfen mich in eine Zelle, zwischen andere Verurteilte. Es war ein entsetzlicher Ort. Menschen stöhnten, weinten, schrien. Auf dem Boden lagen mehrere Männer; ich weiß nicht, ob sie im Sterben lagen oder schon tot waren.

Ich wusste, dass niemand diesen Ort lebend verlassen würde. Jeder in Uganda wusste das.

Auf einmal war ich aus einer Welt der Präsidenten, Minister, eleganter reicher Menschen in ein finsteres Loch gelangt, wo die Wände mit Blut und Kot bedeckt waren und wo man nur auf den Tod warten konnte. Ich winselte vor Angst.

Als mir bewusst wurde, dass es kein Traum war, dass das hier wirklich geschah, begann ich zu beten. Ich weiß nicht, warum, ich war kein gläubiger Mensch und hatte noch nie zuvor gebetet. Doch in diesem Moment sprach ich: „Lieber Gott, ich weiß, dass jeder Mensch sterben muss. Ich weiß, dass auch ich nicht drum herumkomme. Aber ich flehe dich an – nicht hier! Nicht jetzt! Ich möchte so gerne noch ein bisschen leben. Nicht umsonst bin ich der Einzige von vierzehn Geschwistern, der überlebt hat. Nicht umsonst hast du mich vor einer Hyäne und vor einem Flusspferd gerettet. Soll mein Leben denn auf diese Weise enden?"

In jener Nacht konnte ich kein Auge zumachen.

Am nächsten Morgen kamen die Soldaten. Sie schleiften mich nach draußen. Ich war überzeugt, dass ich nun meinem Tod ins Auge blicken würde. Aber sie brachten mich nicht um. Stattdessen warfen sie mich in einen Wagen und fuhren mich zurück zum Präsidentenpalast. Dort wartete schon Elizabeth mit den Kindern.

Meine beiden ugandischen Frauen waren weggelaufen, kaum dass ich verhaftet worden war. Ich sah sie nie wieder.

Die Soldaten packten uns alle in ein Auto. Wir hatten keine Ahnung, wohin wir gebracht wurden. Elizabeth weinte leise. Und ich überlegte fieberhaft, welchen Fehler ich gemacht haben sollte. War ich unfreundlich gewesen? Unhöflich? Unangenehm? Aber ich hatte doch niemandem etwas angetan! Es gab keinen Grund, mich umzubringen. Jeder, der zu Idi Amin ging und behauptete, ich würde ihn vergiften wollen, musste doch wissen, dass er mich dem sicheren Tod auslieferte. Und auch meine Frauen und Kinder.

Wir fuhren an der Stadt Jinja vorbei, wo der Nil aus dem Großen See entströmt.

„Ach so, sie fahren uns nach Magamaga", dachte ich mir. Magamaga war eine bekannte Hinrichtungsstätte.

Erst als wir in Busia ankamen, einer Stadt an der Grenze zu Kenia, begriff ich, dass sie uns doch nicht umbringen würden. Gott hatte in seiner unendlichen Weisheit beschlossen, mich zu verschonen. Aus irgendeinem Grund, der mir bis heute nicht bekannt ist, schenkte mir Idi Amin mein Leben.

Die Soldaten schnappten sich einen kenianischen Offizier und erklärten ihm, dass ich der Koch des Präsidenten sei. Und dass ich keinen Identitätsnachweis bei mir hätte, weil ich aus Uganda verwiesen wurde. Die Kenianer berieten sich untereinander, dann nahmen sie mir die Handschellen ab und befahlen uns, nach Hause zu gehen. Nur dass wir kein Zuhause mehr hatten.

Wir hatten nur uns. Wir hatten gar nichts dabei. Keinen Topf, keine Kleidung.

Wir mussten wieder bei null anfangen.

* * *

26.

Nachdem er Otonde Odera fortgejagt hatte, sollte Idi Amin noch zwei Jahre weiterregieren. Bis er einen Krieg gegen Tansania provozierte. Bald schon wurde er von der tansanischen Armee gestürzt.

Im Mai 1980 kehrte Milton Obote nach Kampala zurück.

* * *

Direkt nach seiner Rückkehr ließ Obote mich von einem seiner Leute holen. Der Mann suchte mich mehrere Tage lang, in Nairobi und Umgebung, bis er mich schließlich fand.

Nachdem ich wieder in Kenia war, nahm ich jede Arbeit an, die ich kriegen konnte. Ich war als Boda-Boda-Fahrer tätig und versorgte die Hotels der Hauptstadt mit Papierhandtüchern. Einer von Obotes Leuten fand mich in einem Casino, wo ich putzen half.

Als ich erfuhr, dass Milton Obote wieder an der Macht war und nach mir suchte, packte ich sofort meine Sachen und fuhr mit dem Leibwächter nach Kampala. Dort wurde ich in den Palast gebracht, man setzte mich in ein Empfangszimmer und befahl mir zu warten. Nach einigen Minuten öffnete der Präsident die Tür.

Er schaute mich an ... und ging sofort wieder hinaus. Er hat nicht ein Wort gesagt.

Die Leibwächter meinten: „Entschuldige, Otonde, es muss sich um ein Missverständnis handeln. Es ging nicht um dich, sondern um Odero, den Majordomus. Miria hat ihn immer sehr gemocht. Bestimmt hat sie nach ihm suchen lassen und stattdessen hat man dich hergebracht, weil sich eure Namen so ähneln."

Ich dachte, dass mein Herz in Stücke zerspringt. Was nun? Ich hatte nicht einmal das Geld für eine Fahrkarte zurück nach Kenia.

Da kam ein Kellner mit einer Flasche Cola. Er öffnete sie, goss sie in ein Glas und reichte es mir. Ich verstand gar nichts mehr. Warum diese Cola?

Nach einer Weile tauchte der Assistent von Milton Obote auf und sagte, dass ich auf Wunsch des Präsidenten ins Lake Victoria Hotel gebracht werden solle. Dort würde ein Zimmer auf mich warten. Ich war sprachlos. Cola? Hotel? Ein Fünf-Sterne-Hotel! Aber warum war Milton Obote aus dem Raum gegangen?

Es stellte sich heraus, dass Obote bei meinem Anblick vor Rührung in Tränen ausgebrochen war. Sie erzählten mir später, dass er wie ein Kind geheult haben soll. Nur wollte er nicht, dass jemand es sah.

Also kehrte ich in den Palast zurück und arbeitete wieder als Koch für Milton Obote.

Später erzählte jemand, dass Miria Obote tatsächlich nach Odero Osore gesucht hatte. Aber Osore war mit Amin ins Exil nach Saudi-Arabien gegangen und arbeitete dort weiterhin als dessen Majordomus.

* * *

27.

Milton Obote regierte Uganda noch fünf Jahre. Er hatte eine einzigartige Chance vom Schicksal bekommen, denn nur wenige gestürzte Staatschefs kehren je wieder an die Macht zurück. Doch wie es ein Kommentator des *Guardian* formulierte: Er hat sie verpatzt.[4]

Als im Norden des Landes eine Rebellion ausbrach, antwortete Obote mit einem brutalen Angriff. Obwohl er die Rebellen treffen sollte, erwischte es vor allem die Zivilbevölkerung. Das Militär benahm sich wie unter Amins Herrschaft: Es folterte und meuchelte. Nur dass diese Verbrechen nicht von einem stumpfen, brutalen Ex-Boxer in Auftrag gegeben wurden, sondern von einem gebildeten, belesenen Gentleman. Deswegen waren sie wohl weniger spektakulär für die westlichen Medien und es wurde kaum darüber berichtet. Auch wenn Obotes zweite Amtszeit einige Hunderttausend Menschen das Leben kostete, spricht heute niemand mehr darüber.

1985 eroberten Rebellen der National Resistance Army unter Yoweri Kaguta Museveni Kampala; dieser ist bis heute Staatspräsident von Uganda.

Wieder musste Milton Obote fliehen.

***

Als die Partisanen kamen, hatte ich natürlich schon das Essen fertig und konnte es gleich servieren. Aber danach war es nie mehr wie unter Obote und Amin. Die Rebellen brachten ihre eigenen Köche mit, denen sie vertrauten und die schon während des Aufstands für sie gekocht hatten. Sie wollten nichts essen, was ich zubereitet hatte, ich war ihnen nicht geheuer.

Mit dem neuen Präsidenten wechselte ich kein einziges Wort. Einmal liefen wir im Flur aneinander vorbei, mehr nicht. Er wusste bestimmt nicht einmal, wer ich war.

Einige Tage später bekam ich den Befehl, den Palast zu verlassen. Also ging ich mit Frau und Kindern zurück nach Kenia. Ich hatte zwei Anzüge, ein paar Koffer und ein Motorrad. Wieder musste ich bei null anfangen.

In meiner alten Heimat fand ich Arbeit als Fahrer für einen Bischof der Kirche *Power of Jesus Around the World*. Durch ihn habe ich zu Gott gefunden. Ich fuhr ihn zu den Gottesdiensten, später ging ich auch selbst hin. Bis heute bin ich jeden Sonntag dort, stehe in der ersten Reihe und bezeuge mit meinem außergewöhnlichen Leben die Liebe und Güte unseres Herrn. Schließlich ist mein Schicksal ähnlich dem des Jona, der aus dem Bauch des Wals entfliehen konnte.

Unser Gott der Herr ist groß und weise und er führt uns auf ungewöhnliche Pfade. Wir müssen ihm nur vertrauen. Ich weiß, dass ich schon bald Jesus sehen werde, so wie ich dich heute sehe.

Ich bin bereit.

Mittlerweile bin ich über achtzig Jahre alt und meine Kraft schwindet. Die Löcher in den Wänden und im Dach meines Hauses sind so groß, dass man die Hand durchstecken kann. Wenn es regnet, tropft es uns auf den Kopf. Wenn es stürmt, pfeift der Wind herein. Du hast unsere Toilette gesehen – es ist ein Loch im Boden. Jedes Mal, wenn ich nachts raus muss, habe ich Angst, hineinzufallen und in der Jauche zu ertrinken.

Würdest du glauben, dass so ein Mann wohnt, der einst für Präsidenten und Könige gekocht hat? Der Muammar Gaddafi und dem Kaiser Haile Selassie die Hand geschüttelt hat?

Und obwohl meine Kräfte schwinden, muss ich immer mehr Aufgaben im Haushalt übernehmen. Meine Elizabeth wird auch immer schwächer. Körperlich hält sie sich noch ganz gut, aber ihr Kopf macht nicht mehr mit. Es kann passieren, dass sie aus dem Haus geht und nicht mehr zurückfindet.

Neuerdings schaut sie mich an, lächelt und fragt, wer ich sei.

28.

Ich kehrte in mein Heimatdorf zurück. Ein paar Jahre später kam auch Odero Osore, der Majordomus von Idi Amin, nach Hause. Er hatte Amin bis zu dessen Tod gedient. Trotz aller unserer Probleme und Differenzen waren wir doch gute Freunde. Wir kannten uns lange Jahre und hatten einiges miteinander durchgemacht, und so bestellte ich ihm immer schöne Grüße, wenn jemand von meinen Leuten in sein Dorf fuhr. Komischerweise hörte ich nie, dass er sie erwidert hätte. Kein „Gott sei mit dir", nichts.

Ich dachte darüber nach. Vielleicht lag es daran, dass er Muslim war und ich Christ? Aber warum hätte es einen Unterschied machen sollen? Ich hatte viele Kollegen, die Muslime waren. Es ging mir einfach nicht aus dem Kopf.

Bis ich eines Tages auf dem Wochenmarkt in Kisumu einen Mann wiedertraf, der im Präsidentenpalast als Laufbursche gearbeitet hatte. Ich erzählte ihm von Odero; dass ich ihn bald besuchen wollte, um reinen Tisch zu machen und ein bisschen über die alten Zeiten zu plaudern. Und da schaute er mich verwundert an und sagte: „Weißt du es denn nicht?"

„Was soll ich wissen?", wunderte ich mich.

„Otonde, es war doch Odero, der dem Präsidenten gesagt hat, dass du ihn vergiften wolltest! Seinetwegen wärst du beinahe gestorben!"

Alle im Palast sollen es gewusst haben.

Alle außer mir.

29.

Odero Osore ist vor ein paar Jahren gestorben. Wir haben uns nie wiedergesehen, also konnte ich ihm nicht in die Augen sehen und sagen, dass ich von seinem Verrat wusste.

Ich konnte ihm auch nicht erzählen, dass ich ihm dank Jesus Christus seinen Verrat verziehen habe. Ja, das habe ich. Ich habe mich vor unsere Gemeinde gestellt und laut und deutlich gesagt: „Lieber Herr Jesus, ich verzeihe meinem Bruder Odero Osore. Bitte, rette seine unsterbliche Seele!"

So lass uns beten, Bruder.

Lasst uns für dich beten. Und für deine Familie. Für meine Frau und meine Kinder. Für die Seelen von Salomon Okuku und Odero Osore.

Für die Seelen von Milton Obote und Idi Amin.

Lieber Gott, halte deine schützende Hand über mich. Denke an mich, den du so sehr liebst, dass du ihm mehrmals das Leben gerettet hast.

Ich weiß nur eins: Auch wenn ich immer weniger Kraft habe, auch wenn mein Ohr nachts blutet, auch wenn ich mich fühle wie Hiob, dem Gott alles genommen hat – so weiß ich doch, dass ich unter göttlichem Schutz stehe.

Lieber Gott, du hast mich nicht gerettet, um mich dann ins Verderben zu schicken. Ich weiß, dass du nicht willst, dass ich so sterbe. Neben einer Frau, die mich nicht mehr erkennt, in einer Hütte, durch die der Wind pfeift, an einem Ort, an dem ich Angst habe, im Klo zu ersaufen.

Ich weiß, dass du mir noch einmal die Hand reichen wirst. Daran glaube ich ganz fest. Ich weiß, dass mir noch etwas Wundervolles beschieden ist. Mein Leben darf nicht so enden. Das wirst du nicht zulassen, lieber Gott.

Auch wenn ich manchmal hungrig ins Bett gehe – denn solche Tage gibt es –, so weiß ich, dass du mich wie einen Säugling in die Erde legen wirst. Wie meine Mutter damals.

SNACK

Als Köchin von Bruder Pouk bekam ich ein eigenes Zuhause, eine ganze Hütte nur für mich, im Zentrum von K5, unserer Basis. Am Anfang lebte ich allein und hatte alles, was ich zum Kochen brauchte: Töpfe, Löffel, Messer, Schneidebretter. Erst später, nachdem mehr Menschen ins Lager gekommen waren, zog eine weitere Köchin bei mir ein.

Nicht weit von uns gab es eine andere Hütte, sie stand leer. Ich wusste nicht, für wen oder was sie bestimmt war. Niemand sprach darüber und ich habe nicht gefragt. Das hatte ich mittlerweile in der Organisation gelernt: Wenn sie einem etwas nicht von sich aus sagen, ist es besser, nicht zu fragen.

Jeden Tag stand ich kurz nach fünf Uhr auf, um für Pol Pot Frühstück zu machen. Von meiner Hütte aus konnte ich sein Häuschen sehen, also arbeitete ich oft draußen. Ich wollte hören, wie er aufstand, wie er duschte, wie er sich anzog.

Es machte mich glücklich.

Am Anfang kamen ein paar Mal Sicherheitskräfte vorbei und schauten mir beim Arbeiten zu. Vielleicht hatten sie Angst, dass ich versuchen würde, Bruder Pouk zu vergiften? Aber Pol Pot sagte zu ihnen: „Lasst unsere Moeun mal in Ruhe."

Er vertraute mir vollkommen.

Also ließen mich die Leibwächter in Frieden, obwohl sie immer wieder zu mir herübersahen. Aber jetzt schauten sie aus der Ferne, diskret – nicht aus Angst um Pol Pot, sondern vielleicht, weil ich jung und hübsch war. Wir waren ja alle jung damals.

Um sieben Uhr brachte ich Bruder Pouk und den anderen Leitern der

Organisation ihr Frühstück. Schwester Khieu Thirith, die damals Pol Pots Sekretärin war, brachte mir bei, wie man Brot bäckt, richtiges Brot, wie in Europa. Wir hatten dafür extra Hefe und einen speziellen Topf gekauft. Ich setzte den Teig an, ließ ihn über Nacht ziehen und stellte am Morgen den Laib in dem Topf aufs Feuer. Alle sagten, dass es ihnen sehr gut schmecke.

Wir hatten große Gärten im Lager, in denen wir all das Gemüse und Obst anbauten, das wir brauchten. Bruder Pouk betonte immer wieder, dass wir autark sein müssten. Jeder Soldat hatte das Recht, in den Garten zu kommen und sich zu nehmen, was er brauchte. Die Soldaten kochten sich ihr eigenes Essen.

Sie alle lebten schon seit einigen Jahren im Dschungel, als ich zu ihnen stieß. Die Gärten erstreckten sich über mehrere Hundert Quadratmeter und lieferten alles Mögliche an Obst und Gemüse. Unsere Jungs jagten Wildschweine, fischten im See und besorgten Hühner von den Bauern. Wir hatten zwar auch unsere eigenen Hühner, sie liefen frei zwischen den Hütten herum, aber es gab nicht genug von ihnen, weil wir zu viele waren. Also haben wir meist zusätzliches Fleisch von den Bauern gekauft, genau wie Reis. Die Dorfbewohner mochten uns sehr und niemand weigerte sich, uns zu helfen.

In den Gärten arbeiteten auch die Menschen aus den umliegenden Dörfern, die unter unserer Kontrolle standen. Sie haben dort alles Erdenkliche gepflanzt, also konnte ich jeden Tag etwas anderes auf den Tisch bringen.

Die Schwestern aus den Dörfern brachten mir bei, wie man all die Pflanzen anbaute und was man aus ihnen machen konnte. Unter anderem wuchs da Wasserspinat, den ich mit ein wenig Knoblauch und Fischsauce als Salat zubereitete. Wir hatten Kürbisse, Tomaten, Auberginen, Bittergurke sowie Kohl, Wachskürbis, Brokkoli und Zwiebeln.

Suppen und Salate garnierte ich gerne mit Bambussprossen oder Bananenblüten. Überall wuchsen Bananenstauden und ich machte einen Salat daraus, der Bruder Pouk sehr gut schmeckte. Wir bauten Tamarinde, Wasserbrotwurzel, Schwammkürbis sowie Bengkuang, also Yambohne an – eine Bohne mit gezackten Rändern, von der man außer den Schoten auch die Blüten, Blätter und Wurzeln essen kann. Als Snacks aßen wir Obst und Bambussprossen.

Unsere Partisanen haben von den Khmer Loeu, den Hochland-Khmer, gelernt, Schildkröteneier zu essen; und ich lernte später, aus Schildkrötenfleisch eine Suppe zu kochen. Leider mochte Pol Pot sie nicht so gern. Er bevorzugte Schlangensuppe.

Von Zeit zu Zeit veranstalteten die Khmer Loeu ein Schlachtfest, das sie Elefantenfest nannten. Es war immer ein großes Ereignis und sie hatten sogar besondere Lieder dafür. Sie schlachteten Elefanten und feierten dabei, und wir bekamen später etwas von dem Fleisch ab. Wir trockneten es und versteckten es für schlechte Zeiten, denn es verdarb nicht, auch nicht bei größter Hitze. Leider wollten unsere Führer kein Elefantenfleisch essen.

Bruder Pouk befahl seinen Soldaten – wo immer sie auch hingingen –, zuerst die Gärtner aufzusuchen. Von diesen könnten sie dann Setzlinge bekommen, um sie im Dschungel einzupflanzen. Unser Boden ist sehr fruchtbar, sodass Pflanzen hervorragend gedeihen; wann immer die Soldaten also an einen neuen Ort kamen, um ein Lager aufzuschlagen, einen Hinterhalt vorzubereiten oder um das Gebiet auszukundschaften, pflanzten sie auch Setzlinge oder streuten Kürbiskerne, Auberginensamen oder

Samen der Bittermelone aus. Oder sie bauten scharfe Chilischoten an, die sie sehr mochten und die gut für ihre Verdauung waren. Die Kommandanten wiesen sie außerdem an, die Samen der Pflanzen, die sie aßen, auszuspucken und mit Erde zu bedecken, damit sie keimen konnten. Bruder Pol Pot ordnete an, so viele wilde Pflanzungen wie nur möglich im Dschungel anzulegen, damit wir überall genug zu essen hatten. Dann würde uns der Feind niemals besiegen können.

Und so war es auch. Wenn wir an einen neuen Ort zogen, fanden wir dort bereits essbare Pflanzen vor. Auch an Orten, an denen wir uns nur kurz aufhielten, fanden wir wilde Chilis oder Kürbisse – anscheinend hatte jemand auf Empfehlung von Bruder Pouk dort Samen ausgespuckt.

Pol Pot war immer froh, solche Stellen im Dschungel zu sehen. Er wusste, dass Kambodscha von den Vietnamesen, den Thais, den Amerikanern und Franzosen bedroht wurde. Und dass wir lernen mussten, unabhängig zu sein und uns selbst zu versorgen. Wenn wir als stolze Khmer überleben wollten, als Nachkommen der Erbauer der antiken Tempelanlagen von Angkor Wat, mussten wir alles selbst in die Hand nehmen: vom Anbau der Nahrung über die Herstellung unserer Kleidung bis hin zur Behandlung der Kranken.

Nur zwei Dinge hatten wir nicht: Salz und Medikamente gegen Malaria.

Die Khmer Loeu kannten Salz gar nicht, daher gab es in Ratanakiri keine Möglichkeit, welches zu kaufen. Aber man kann auch ohne Salz leben. Viel schlimmer fanden wir, dass es dort keine Mittel gegen Malaria gab. Viele Menschen starben daran, und die meisten von ihnen hätten gerettet werden können, wenn wir auch nur die einfachsten Medikamente gehabt hätten. Wir sahen vollkommen hilflos zu, wie all die guten Kämpfer starben, die an unserer Revolution beteiligt waren. Sogar Pol Pot litt zu der Zeit an Malaria, aber für ihn gab es Medizin.

Willst du andeuten, Bruder, dass das ungerecht war? Wo wir doch alle hätten gleich sein sollen?

Bruder, zu dieser Zeit kämpften wir gegen Lon Nols Truppen und wurden von den Amerikanern angegriffen! Bomben regneten auf uns herab. Und Pol Pot war doch der Kopf unserer Bewegung!

Es war nicht wichtig, ob wir überlebten. Er musste am Leben bleiben.

KAFFEE UND KUCHEN

Kafe dhe tortë

ALBANIEN
Tirana
Vlora

Sheqerpare-Küchlein

Die Geschichte des Herrn K., Koch von Enver Hoxha

1.

Die Kritik-und-Selbstkritik-Versammlungen fanden jeden Morgen in einem Raum neben der Küche statt.

Auch wenn ich der Meinung war, dass ich alles richtig gemacht hatte, so musste ich mir doch eine Verfehlung ausdenken. Man durfte nicht zu selbstzufrieden sein, das würde negativ auffallen.

Also sagte ich, dass ich zu viel Gewürz an ein Gericht gegeben hätte, oder dass Enver Hoxha eine halbe Minute zu lange auf sein Essen habe warten müssen. Hoxhas Zeit war äußerst kostbar, sodass eine halbe Minute ein echtes Vergehen war.

Sowohl die Ärzte wie auch die Reinigungskräfte und sogar das Mädchen, das für die Blumen zuständig war – alle mussten etwas finden, wofür sie sich schuldig bekennen konnten. Unsere Verfehlungen wurden anschließend in speziellen Heften festgehalten und einmal im Jahr abgerechnet.

Nach einem Jahr musste ich mich ziemlich anstrengen, um mir etwas Neues einfallen zu lassen, schließlich konnte ich nicht jeden Tag etwas über Gewürze oder Verspätungen erzählen. Die Selbstkritik diente schließlich dazu, immer besser zu werden und sich weiterzuentwickeln, und nicht, auf der Stelle zu treten.

Ob sie mir vertraut haben? Auf keinen Fall. Sie vertrauten niemandem.

Sulo Gradeci, der Chef der Sigurimi, überwachte jeden von uns vierundzwanzig Stunden am Tag: mich, die anderen Köche, die Kellner, die Chauffeure und sogar die Leibwächter.

Einmal kündigten sie einem Fahrer, weil er jemanden von den Angestellten mit einem Dienstfahrzeug mitgenommen haben soll. Das durfte man nicht. Warum sind sie überhaupt zu zweit gefahren? Führten sie vielleicht etwas im Schilde?

Wenn ich in meinen Heimatort fuhr, um meine Mutter zu besuchen, folgten mir jedes Mal zwei Sigurimi-Agenten. Sie beschatteten mich ganz offen. Ich sagte ihnen immer „Guten Tag“ und sie grüßten mich ebenfalls.

Diese beiden wurden von zwei weiteren Agenten verfolgt. Auch von ihrer Existenz wusste ich. Wie viele wohl diese beschattet haben? Das weiß ich nicht. Aber bestimmt gab es noch mehr.

Wenn die Fischer aus Pogradec (wo Enver Hoxha eine Villa besaß) auf den See hinausfuhren, um für den Ministerpräsidenten frischen Fisch zu fangen, waren jedes Mal zwei Sicherheitskräfte mit an Bord. Dieses Boot wurde von zwei anderen Booten mit weiteren Securitymännern begleitet. Sie beobachteten die Fischer – und auch ihre Kollegen – die ganze Zeit durch Ferngläser. Auf den Bauernhöfen, die für uns arbeiteten, konnte man nicht einmal eine Kuh melken, ohne von Sigurimi-Agenten begleitet zu werden. Sie passten auf, dass niemand die Milch oder den Käse vergiftete, die auf Hoxhas Tisch landen würden.

Ich zog es vor, alte Bekannte nicht zu herzlich zu begrüßen, um keinen Verdacht auf sie zu lenken. Ich nickte ihnen lediglich zu. Einmal redete ich eine Viertelstunde mit einem ehemaligen Klassenkameraden – einen Tag später wurde er aufs Revier gebracht und vernommen. Sie wollten überprüfen, ob er nicht zufällig ein Spion sei. Zum Glück stammte er aus einer guten, das heißt regimetreuen Familie und wurde bald wieder freigelassen.

Letztlich war ich nur ein einfacher Koch. Wie muss es dann anderen Menschen ergangen sein?

So etwas hinterlässt Spuren. Bis heute gerate ich ins Schwitzen, wenn mich jemand zu lange anschaut.

***

2.

Herr K. hat kurze, fleischige, doch sehr bewegliche Finger. Angesichts seiner über sechzig Jahre ist er überhaupt sehr schnell und fit. Ich habe Schwierigkeiten, ein gutes Foto von ihm zu machen, weil er permanent in Bewegung ist: Er gestikuliert, hüpft auf und ab, läuft hin und her, holt etwas, bringt etwas weg, schnippelt, würzt und schmeckt ab.

Es ist ohnehin bedeutungslos, denn er bittet mich später, alle Bilder von ihm zu löschen. Auch darf ich seinen echten Namen nicht verwenden und soll im Buch die Umstände unserer Begegnung so verfremden, dass er keinesfalls identifiziert werden kann. Unsere Abmachung ist wie folgt: Ich darf über ihn berichten, aber so, dass niemand erfährt, wie er wirklich heißt und wo er wohnt. Man kann ihn schließlich im Telefonbuch und im Internet finden, und er möchte nicht erklären müssen, was er getan hat, während seine Landsleute hungerten.

Nennen wir ihn also Herrn K.

Herr K. besitzt heute zusammen mit seiner Ehefrau ein kleines Restaurant in einer Stadt am Meer und alles, was er will im Leben, ist seine Ruhe. Seine Stammkunden sind Arbeiter von der nahe gelegenen Baustelle. Mit diesen pummeligen Fingern, mit denen er einst Essen für Enver Hoxha zubereitet hat, kocht er heute ihr Mittagessen. Er bereitet die Frikadellen genauso zu wie für jenen Mann, der ein halbes Jahrhundert über sein Land geherrscht hat. Er knetet das Hackfleisch, formt kleine Kügelchen daraus, gießt ein wenig Öl in eine Pfanne und brät sie.

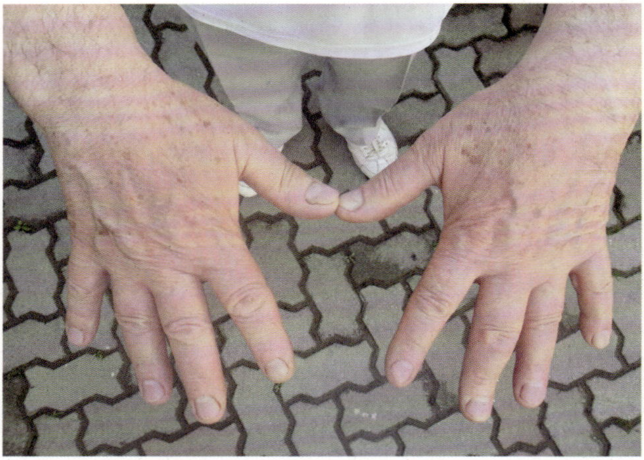

Die Hände des Kochs von Enver Hoxha, der anonym bleiben möchte

Lindita Çela, eine der besten investigativen Journalistinnen auf dem Balkan, hat mir geholfen, diesen Mann zu finden. Er freut sich, uns kennenzulernen, da er ein freundlicher und geselliger Mensch ist – doch dann macht er sich Sorgen, weil er immer noch Angst hat, über jene Zeit zu sprechen. Dennoch bittet er uns an einen Tisch in seinem Restaurant und bewirtet uns mit den besten Speisen: Fisch, Garnelen, Calamares. Und dann setzt er sich zu uns und erklärt uns seine Philosophie des Kochens.

Das Wichtigste sei es, einfach und natürlich zu kochen: „Die Antwort auf alle Fragen oder Herausforderungen, und auf alle Krankheiten, liegt in der Natur. Leidest du unter einer Allergie? Dann musst du wissen, was du nicht essen darfst. Hast du Verdauungsprobleme? Dann solltest du viel Fenchel essen, denn er reinigt das Blut und entgiftet den Körper. Oder hast du etwa Diabetes? Oh, Diabetes ist ein sehr interessantes Thema!“

Darüber könnte Herr K. lange reden, aber das heben wir uns für später auf. Außerdem sei es wichtig, mit Liebe zu kochen, fährt er fort.

„Wenn du diese Liebe nicht in dir hast, dann strahlt sie nicht von deinen Händen auf dein Essen aus: das Fleisch, das Gemüse, die Knochenbrühe.“

Diese Liebe müsse auf alles ausstrahlen, sagt er – auf das Lammfleisch, das man von den Knochen lösen müsse, das Kalbfleisch, das er immer mit einem Keramikklopfer auf einem Eukalyptusbrett flach klopfe, weil er Plastikbretter missbillige, überhaupt benutze er niemals Plastik.

Dann schält er einen Apfel und formt mit wenigen geschickten Handgriffen aus Apfel und Schale einen Vogel, der den Eindruck macht, als wäre er kurz erstarrt, nur um gleich aus dem Fenster zu fliegen, hinaus in die Freiheit.

„Also – wenn du diese Liebe nicht in dir hast, solltest du das Kochen besser sein lassen und dir eine andere Beschäftigung suchen.“

Er erzählt freimütig, dass er lange nach dieser Liebe in sich gesucht habe. Eigentlich wollte er Automechaniker werden. Doch das war zu einer Zeit, als die Partei über alles bestimmte: was man werden sollte, an welche Schulen man ging, wo man hinzog. Die Partei entschied also – keine Ahnung, warum –, dass er eine Ausbildung zum Koch machen sollte.

Lange Zeit gefiel ihm das nicht; aber es wäre nicht klug gewesen, sich der Partei zu widersetzen. Wenn er weiterkommen, sich weiterbilden wollte, musste er eben Koch werden. Erst nach Jahren wusste er zu schätzen, wie viel er bei dieser Arbeit gelernt hatte.

Jeden Morgen geht er hinaus auf den Berg, den man von den Fenstern seines Hauses aus sehen kann, und pflückt frische Kräuter. Hinter seinem Haus hat er einen kleinen Garten angelegt, mit Blick auf die Baustelle. Dort baut er Tomaten, Gurken, Basilikum, Salbei und andere Kräuter an.

„Du kommst mal mit, dann zeige ich dir alles", schlägt er vor, nachdem er sich ein wenig an den Gedanken gewöhnt hat, dass er von einem Journalisten interviewt wird. „Meine Küche ist wie eine Apotheke. Im Essen findest du alles, was dich gesund macht. Gutes Essen hilft gegen jegliche Wehwehchen. Wenn du hier weggehst, wirst du ein viel klügerer Mann sein", versichert er mir.

Doch bevor wir das Restaurant verlassen, werden wir noch eine ganze Weile reden. Offenbar habe ich sein Vertrauen gewonnen.

Also hole ich mein Notizbuch heraus.

* * *

3.

Wie ich bei Genosse Enver gelandet bin? Ich habe keine Ahnung. Ich arbeitete als Koch auf einer großen Baustelle, mit Bauarbeitern aus Italien, als eines Tages zwei Soldaten auftauchten. Sie befahlen mir, meine Sachen zu packen – ich würde in die Stadt Vlora gebracht und dort vier Wochen lang arbeiten, hieß es.

Das passte mir ganz und gar nicht. Zu dem Zeitpunkt war meine Ehefrau schwanger, ich wollte sie nicht alleine lassen. Aber wenn die Partei etwas befahl, musste man gehorchen. Wenn sie sagten, dass du irgendwohin fahren solltest, fuhrst du halt. Keine Diskussion.

In Vlora wurde ich zu einer Villa gebracht, sie lag auf einem Hügel direkt am Meer mit einer wunderschönen Aussicht auf die Bucht und die Berge. Olivenbäume und Palmen wuchsen überall auf dem Anwesen.

Mir war sofort klar, dass dort jemand Bedeutendes wohnen musste, doch die ersten paar Tage ließ man mich im Unklaren. Man sagte mir nur, dass die Köchin krank geworden sei und ins Krankenhaus musste. Also brauchten sie einen Ersatz. Man zeigte mir, wo die Töpfe, Pfannen und alle anderen Gerätschaften waren, sagte mir aber nicht, für wen ich jetzt arbeitete. Und ich fragte auch nicht.

Erst einige Tage später tauchte ein großer, gut gebauter Mann auf und sagte: „Genosse K., auf Sie wartet eine verantwortungsvolle Aufgabe. Mein Name ist Sulo Gradeci und ich bin Sicherheitschef. Ich arbeite für unseren Ministerpräsidenten Enver Hoxha. Diese Villa ist seine Sommerresidenz. Sie werden die nächsten Wochen für ihn kochen, Genosse, bis die Köchin wieder zurück ist."

Ich bekam weiche Knie.

Enver Hoxha! Der Mann, der seit über fünfundzwanzig Jahren das Land regierte, länger als ich auf der Welt war. Also stammelte ich nur, welche Ehre es für mich sei, und ging an die Arbeit.

Warum sie mich ausgesucht haben? Ich weiß es nicht. Ich war jung, fröhlich, und alle mochten mich. Und Genosse Enver soll fröhliche Menschen gemocht haben. Vielleicht ging es ihm darum?

An diese paar Wochen in Vlora kann ich mich kaum noch erinnern. Ich war einfach zu aufgeregt. Bestimmt habe ich albanische Gerichte gekocht, denn Hoxha aß nichts anderes.

Was genau, willst du wissen? Womöglich die Küche seiner Heimatstadt Gjirokastra. Ich kann mich erinnern, dass ich ihm jeden

Morgen einen Käse gegrillt habe, den hat er dann mit Honig oder Marmelade gegessen. Am liebsten mochte er Orangenmarmelade.

Ich sah ihn zu jener Zeit nur von Weitem. Aber ich bewährte mich wohl in der Küche, denn ein paar Wochen später tauchte Sulo Gradeci bei mir auf. Er sagte, dass mich jemand kennenlernen wolle, und führte mich in den Garten. Dort saß an einem Tisch Nexhmije, die Ehefrau unseres Staatschefs. Ich kannte sie von Fotos in Schulbüchern und Zeitungen. Sie waren seit seiner Partisanenzeit zusammen; nach dem Krieg war sie zur Direktorin des Instituts für Marxistisch-Leninistische Studien ernannt worden.

„Genosse K.!", sagte sie. „Wir sind sehr zufrieden mit Ihrer Arbeit."

Ich verbeugte mich vor ihr.

„Und deswegen nehmen wir Sie mit nach Tirana."

Damit war ich entlassen.

Wieder wurde ich nicht gefragt, wie ich das fand. So lief das damals: Die Partei wusste am besten, was gut für einen war. Und mit der Partei diskutierte man nicht.

Ich sagte lediglich, dass es mir eine Ehre sei, verbeugte mich erneut und ging zurück in die Küche.

Kurz überlegte ich, ob ich ihr sagen sollte, dass meine Frau schwanger war und ich sie gerne kontaktieren würde. In all den Wochen in Vlora habe ich sie nicht ein Mal anrufen können. Aber ich beschloss, dass es besser sei, Sulo Gradeci danach zu fragen.

Als ich es erwähnte, sagte Genosse Sulo: „Es ist bereits alles erledigt. Meine Jungs bringen Sie nach Fier, Genosse K. Aber denken Sie daran: Sie dürfen niemandem erzählen, für wen Sie arbeiten! Nicht einmal Ihrer Frau."

Also sagte ich meiner Liebsten, dass ich von Vlora nach Tirana umziehen müsse, aber nicht wisse, für wen genau ich arbeiten würde.

Wir sahen uns davor nur noch kurz. Ich nahm sie in den Arm und fuhr los.

* * *

4.

Der Mann, der Jovans Vater in den Hinterkopf geschossen hatte, trug einen alten grauen Anzug. Er wollte keinen Alkohol, also gab Jovan ihm einen Kaffee aus. Als er ihn fragte, ob er vielleicht noch etwas essen wolle, lehnte der Mann ab. Er wolle gar nicht so lange bleiben.

Also tranken sie Kaffee und redeten. Ein bisschen über Politik, ein bisschen über Sport, ein bisschen über die Arbeit. Der Mann kritisierte die Entscheidungen der Regierung und beklagte sich über seinen Gesundheitszustand. Was genau ihm fehlte, weiß Jovan heute nicht mehr.

Er weiß nur, dass der Mann, der seinem Vater in den Kopf geschossen hatte, seinen Kaffee ohne Milch trank, mit anderthalb Löffeln Zucker.

Das alles erzählt mir Jovan in einer kleinen Bar, in einer Siedlung unweit der Innenstadt von Tirana. Er erzählt und blättert durch die Speisekarte. Dann empfiehlt er mir einen Seefisch. Ich müsse den Fisch unbedingt probieren. Wo ich doch an der Adria sei.

„Ah, Dorade kennst du schon. Dann vielleicht Petersfisch?", schlägt er vor.

Es fällt mir schwer, gedanklich mit ihm mitzuhalten. Einerseits erzählt er mir die tragische Geschichte seines Vaters, andererseits fachsimpelt er über albanischen Fisch.

„Mein Vater liebte Fisch“, sagt Jovan. „Seitdem ich das weiß, esse ich mehrmals die Woche Fisch.“

„Machst du alles so wie dein Vater?“

„Ich versuche es.“

Endlich bestellen wir. Ich nehme eine „Fischerpfanne“, also ein bisschen von allem. Eine halbe Stunde später lassen wir uns Fisch von der Adria schmecken und Jovan erzählt weiter von seinem toten Vater.

Er hieß Koço Plaku. Sie holten ihn im Herbst 1975. Da war Jovan ein halbes Jahr alt. Er sollte ihn nie wiedersehen, also erinnert er sich weder an sein Gesicht noch an seine Stimme oder seine Augenfarbe. Und obwohl er bis heute mit seiner Mutter zusammenlebt, sprechen sie nie über den Toten. Sie will es nicht.

„Ihr ganzes Leben lang hat sie schon Angst vor allem“, sagt Jovan und schüttelt den Kopf. „Ich würde lieber sterben, als so zu leben.“

Koço Plaku war Geologe und hatte eines der größten Erdölvorkommen Albaniens entdeckt, in der Nähe von Fier.

„Der Staat hat sehr gut daran verdient“, erzählt Jovan. „Trotzdem musste mein Vater sich vor Gericht vorwerfen lassen, ein Spion zu sein. Er war eines der Opfer der Säuberungen, die Hoxha regelmäßig durchführte.“

Das Urteil lautete: Tod durch Erschießen.

„Meine Mutter und ich mussten in unser Dorf zurückkehren“, fährt Jovan fort. „Wir hatten nichts, nicht einmal etwas zu essen. Wir waren Angehörige eines verurteilten Staatsfeindes. Hätte jemand versucht, uns zu helfen, wäre er sofort verhaftet worden. Also kochten wir Suppe aus Baumrinde, oder ich fing Frösche, die wir dann am Stock über dem Feuer brieten, wie eine Art Schaschlik. In der Schule brüllte mich die

Lehrerin an: ‚Du wirst enden wie dein Vater!', und schikanierte mich, wann immer ihr danach war."

„Wie hast du das ausgehalten?", will ich wissen.

„Ich war trotzig und stur. Je öfter sie sagten, dass ich meinen Vater hassen solle, desto mehr schwor ich mir, sein Grab zu finden und seine Ehre wiederherzustellen, wenn ich erwachsen bin."

5.

Zu einem Gespräch über Enver Hoxha verabrede ich mich mit Djoni Hysaj, einem Historiker aus Tirana. Wir treffen uns in einem Café in Blloku, dem ehemaligen Sperrbezirk, in dem die Regierungselite lebte. Heute ist Blloku der beliebteste und teuerste Stadtteil von Tirana. Wir bestellen Burki, mit Fleisch und Käse gefüllte Brötchen aus Blätterteig. Dann beginnt Djoni zu erzählen: „Hoxha war der Sohn eines Imams aus Gjirokastra, einer Stadt in Südalbanien. Er wurde 1908 geboren. Als der Zweite Weltkrieg ausbrach, schloss er sich den kommunistischen Partisanen an. Schnell stieg er in der Organisation auf. Warum? Weil er vollkommen rücksichtslos war. Er tötete alle, die ihm hätten im Weg stehen können, Kameraden aus seiner Einheit und Leute, die ihnen geholfen hatten. Er ließ zum Beispiel auch seinen Schwager umbringen, der ihn oft beschützt und bei sich zu Hause aufgenommen hatte."

„Warum?", frage ich.

„Es ging immer nur um Macht. Er tötete jeden, der ihm hätte gefährlich werden können, jeden, der stark oder angesehen war."

Bald nach dem Krieg wurde Enver Hoxha zum unangefochtenen Führer des neuen Albaniens. Und er wusste, wie er sich unentbehrlich machte. Er ließ Dörfer kollektivieren und Moore trockenlegen, ließ Fabriken bauen und kämpfte gegen den Analphabetismus. All das tat er mit finanzieller Unterstützung seiner Verbündeten: zuerst Jugoslawiens und dann, nachdem er sich mit Jugoslawien zerstritten hatte, der Sowjetunion. Später, als er sich mit der UdSSR entzweit hatte, verbündete er sich mit China.

Als er an die Macht kam, waren achtzig Prozent der Bürger Albaniens schreibunkundige Bauern. Hoxha wollte aus einem rückständigen, beinahe mittelalterlichen Land eine moderne Gesellschaft machen. Erfolgreich bekämpfte er sowohl die Syphilis als auch die Malaria. Bei seiner Machtübernahme betrug die durchschnittliche Lebenserwartung in Albanien zweiundvierzig Jahre – dreißig Jahre später lag sie bei siebenundsechzig. Innerhalb von zwei Jahrzehnten waren alle Kinder eingeschult und neunzig Prozent aller Albaner konnten lesen und schreiben.

Doch gleichzeitig mordete Enver Hoxha ungehindert weiter.

Djoni Hysaj fährt fort: „Gleich nach dem Krieg ließ er seine Schulkameraden nach und nach beseitigen. Weil sie sich daran erinnern könnten, dass er kein besonders guter Schüler war. Und dann kamen jene Mädchen dran, die ihn damals abgewiesen hatten. Danach Tausende Menschen, die gegen seine Politik der harten Hand waren. Er errichtete ein System aus Lagern und Gefängnissen und schickte etwa zweihunderttausend Menschen in diese Straflager. Dort mussten sie unter unmenschlichen Bedingungen in Bergwerken und Steinbrüchen arbeiten. Viele starben vor Erschöpfung."

Weitere sechstausend Menschen ließ er erschießen.

Immer mehr Leute hungerten. Doch wenn jemand öffentlich sagte, dass es nichts zu essen gab, endete er in einem Arbeitslager.

Schlimmstenfalls unter der Erde.

***

6.

Ich zog nach Blloku, in den Stadtteil, zu dem niemand außer der regierenden Kaste Zutritt hatte. Was ich kochte, wanderte direkt auf den Tisch des Ministerpräsidenten. Ich war sehr aufgeregt: Mit gerade einmal zwanzig lebte ich in der Hauptstadt und kochte für das Staatsoberhaupt! Und nach ein paar Monaten vertraute mir Sulo Gradeci auch so weit, dass er mir erlaubte, meine Familie nachzuholen; in der Zwischenzeit war ich Vater einer kleinen Tochter geworden.

Eines Tages, ich verbrachte gerade meine Pause im Garten, kam Envers Sohn Sokol zu mir: „Genosse K., mein Vater möchte Sie kennenlernen."

„Das ist eine große Ehre. Ich würde mich davor nur gerne umziehen. Meine Hose ist voller Mehl und ich bin dreckig."

„Zu spät", lachte er. „Mein Vater ist schon hier."

Und tatsächlich: Plötzlich stand Enver Hoxha neben uns.

Ich zuckte zusammen. Ich hatte schon gehört, dass er ein großer Mann sei, aber er war wirklich sehr groß. Und ich bin ja eher klein gewachsen, wie du siehst.

„Miredita", sagte er, das heißt „Guten Tag" auf Albanisch. „Erlauben Sie, Genosse, dass ich Ihnen einen Ratschlag gebe: Es genügt nicht, ein guter Koch zu sein. Gute Köche gibt es wie Sand am Meer. Ein wirklich fähiger Koch muss Fantasie haben. Haben Sie mich verstanden, Genosse K.? Ja? Dann wünsche ich Ihnen noch einen angenehmen Tag."

Ich verbeugte mich vor ihm und versprach, seinen Rat zu beherzigen. Dann ging der Ministerpräsident, um sich um seine Angelegenheiten zu kümmern, und ich kehrte in die Küche zurück.

Über eines musst du dir klar sein: Wenn Enver Hoxha sagte, dass ein guter Koch kreativ sein sollte, dann war das keine Empfehlung. Es war ein Befehl. Wenn ich am Leben bleiben wollte, musste ich mich daran halten.

7.

Sulo Gradeci stellte mich den Ärzten vor, die für die Gesundheit des Genossen Enver verantwortlich waren: Doktor Fejzi Hoxha, Doktor Isuf Kalo und Doktor Ylli Popa, damals die besten Ärzte Albaniens. Ein paar Jahre, bevor ich für ihn zu arbeiten anfing, hatte Enver Hoxha einen schweren Herzinfarkt erlitten. Seitdem wurde er regelmäßig untersucht. Sogar nachts, wenn er schlief, wurde seine Herzfunktion von einer speziellen Apparatur überwacht. Meine Aufgabe war es, den Ärzten für diese Nachtschichten Kaffee und belegte Brote zu machen.

Doch das größte Problem von Hoxha war sein Diabetes. Er litt schon seit Jahren daran. Deswegen durfte er jeden Tag nur tausendfünfhundert Kalorien zu sich nehmen. Es gab keine Ausnahme von dieser Regel. Alles musste genau abgemessen werden, wie in einer Apotheke.

Einmal die Woche nahm ich an der ärztlichen Besprechung teil. Die Ärzte betonten immer wieder die Bedeutung der speziellen Diät des Ministerpräsidenten. Sie sagten, dass Hoxhas Gesundheit in meiner Hand liege.

Ich wusste, dass mein Leben von seiner Gesundheit abhing. Wäre er gestorben, hätte es geheißen, dass ich versagt hätte. Dann hätte mir ein

Gerichtsverfahren, ein Urteil, vielleicht sogar der Tod bevorgestanden. Aber ich war doch jung und hatte meine Familie, für die ich leben wollte.

Bei den Besprechungen erklärten mir die Ärzte genau, wie viel Kalzium, Kalium, Magnesium und Vitamine Enver Hoxha pro Tag benötigte. Gemeinsam überlegten wir, was ich kochen könnte, damit ihm all diese Nährstoffe zur Verfügung stünden, ohne das Kalorienlimit zu überschreiten. Das heißt, ich musste alles, was ein großer Mann in der Blüte seines Lebens braucht, in tausendfünfhundert Kalorien packen. Es war extrem schwierig. Hoxha war sehr groß, ein Meter vierundachtzig, und er arbeitete jeden Tag hart. Er brauchte seine Kalorien.

Meiner Meinung nach lag es an dieser Diät, dass Enver Hoxha die meiste Zeit hungrig herumlief. Und deswegen war er oft gereizt. Ob das einen Einfluss auf seine Entscheidungen hatte? Hm, überleg mal, welche Art Entscheidungen du treffen würdest, wenn du immerzu hungrig und missgelaunt wärst.

Schnell lernte ich zu erkennen, in welcher Stimmung er war, und ich versuchte, entsprechend zu reagieren. Wenn ich merkte, dass er wütend war, hab ich das bei meinen Essensvorbereitungen berücksichtigt. An solchen Tagen kochte ich immer etwas aus seiner Heimatstadt Gjirokastra. Jeder kriegt bessere Laune, wenn er etwas aus seiner Kindheit isst, nicht wahr?

Also machte ich ihm zum Frühstück Grillkäse mit Orangenmarmelade.

Zum Mittagessen gab es dann Gemüsesuppe, aber auf Basis von vegetarischer Brühe, nicht Fleischbrühe, die war ihm nämlich nicht erlaubt. Dazu ein kleines Stück Kalbfleisch, Lammfleisch oder Fisch.

Zum Nachtisch bekam er Obst, aber ausschließlich Früchte mit wenig Zucker: Äpfel oder Pflaumen.

Zum Abendessen gab es nur ein Schälchen Joghurt.

Enver Hoxha aß so gut wie nie Brot. Die Ärzte haben ihm irgendwann gesagt, dass das nur leere Kalorien seien, und dann setzte er es eben ganz ab.

Wenn ich merkte, dass er in einer besonders üblen Stimmung war, wenn er durch die Flure lief, niemanden beachtete und nicht einmal auf freundliche Grüße reagierte, wusste ich, dass ich etwas Besonderes auftischen musste. Dann bereitete ich einen leckeren Nachtisch zu. Selbstverständlich habe ich einen speziellen Diabetikerzucker benutzt, aber auch davon nur ganz wenig und nur, nachdem ich zuvor Hoxhas Krankenschwester konsultiert hatte.

Aber mir war klar, dass Genosse Enver an solchen Tagen etwas Süßes brauchte, und dass es besser für uns alle sei, für das ganze Land, wenn er ein Dessert bekam.

Und es hat gewirkt. Ich schaffte es jedes Mal, seine Laune zu heben. Immer wieder setzte er sich gereizt an den Esstisch und stand zufrieden und scherzend wieder auf. Wer weiß, wie vielen Menschen ich so das Leben gerettet habe.

Hoxhas Krankenschwester hieß Kostandina Naumi. Sie war ihm sehr ergeben. Wir erstellten die Menüs zusammen und gaben uns große Mühe, dass alles immer lecker schmeckte, es ihm an nichts fehlte und wir trotzdem nicht über die erlaubte Anzahl an Kalorien kamen.

Kostandina hatte zu der Zeit schon sehr lange für Enver Hoxha gearbeitet. Sie erzählte mir, wie sie einmal aus der Sowjetunion zurückfuhren, nachdem Hoxha die Beziehungen zu Chruschtschow abgebrochen hatte. Er hatte Angst, dass ihm die russischen Genossen etwas antun würden, deshalb wollte er nicht mit dem Flugzeug fliegen. Also beschloss er, mitsamt seinem Gefolge mit dem Zug von Moskau nach Tirana zu fahren, was über eine Woche dauerte. Auf dieser Reise war Kostandina auch fürs

Kochen zuständig und briet ihm jeden Tag ein Omelett oder Rührei auf einem Öfchen, das der Heizer mit Kohlen versorgte.

Kostandina war zudem Hoxhas Vorkosterin; niemand anderes durfte sein Essen testen. Sie nahm sich ein wenig von jeder Speise und wir standen daneben und warteten, ob ihr etwas passieren würde. Wenn alles in Ordnung war, durften wir Hoxha und seiner Familie das Essen servieren.

Kostadina war sehr ernst und prinzipientreu. Ich habe nie erlebt, dass sie Witze gemacht oder gelacht hätte.

8.

Die Hoxhas mochten mich sehr, vor allem seine Frau, Nexhmije. Als ich bereits ein paar Jahre für sie arbeitete, lud sie mich einmal ein, Silvester bei ihren Eltern zu verbringen. Zu diesem Anlass bereitete ich einen traditionellen Nachtisch aus der Gegend um Peshkopia zu, der Sheqerpare heißt. Das sind kleine süße Küchlein. Ich machte zwei Varianten: eine mit normalem Zucker für Nexhmije und ihre Eltern und eine mit Diabetikerzucker für Enver.

Einen Nachtisch für ihn zu machen, das konnte riskant werden. Einmal bereitete ich Hasude für ihn zu, eine Süßigkeit aus Maismehl, Zimt und Nüssen, und ich nahm selbstverständlich den diätetischen Zucker. Hoxha kostete und schickte es zurück in die Küche. Der Kellner übermittelte mir, was er gesagt hatte: „Das schmeckt überhaupt nicht wie Hasude. Wenn K. es so macht, dann soll er es lieber lassen."

Ich geriet in Panik. Schließlich hing mein Leben davon ab, ob er mein Essen mochte! Also verbrachte ich viele Stunden damit, die Desserts so hinzubekommen, dass sie nach echtem Zucker schmeckten.

Zum Glück gelangen mir die Sheqerpare an jenem Tag sehr gut. Enver lobte mich sogar, was äußerst selten geschah. Und Nexhmije sagte: „Ich danke Ihnen, Genosse K. Kommen Sie, setzen Sie sich zu uns."

Ich lehnte ab. Wer war ich denn, dass ich mit dem Staatsoberhaupt und seiner Familie an einem Tisch sitzen durfte? Doch sie bestand darauf. Also setzte ich mich dazu. Und so habe ich dank meiner Sheqerpare-Küchlein Neujahr mit dem Genossen Enver und seiner Familie gefeiert. Nur wenigen seiner Bediensteten wurde ein solches Glück zuteil!

Möchtest du vielleicht das Rezept haben?

Du brauchst drei Gläser Mehl, ein halbes Stück Butter, drei Eier, ein Glas Zucker, ein Tütchen Backpulver und ein wenig Vanilleschote. Daraus machst du den Teig. Wenn du es so machen willst wie ich für Hoxha, musst du den Zucker selbstverständlich durch Xylitol ersetzen. Für den Sirup nimmst du zwei weitere Gläser Zucker, etwas Vanille und ein halbes Glas Wasser. Du tust den Zucker in eine Schüssel, lässt die Butter in einer Pfanne zerlaufen, und vermischst beides miteinander. Dann fügst du Eier, Vanillezucker und Mehl hinzu und rührst, bis ein dicker, gelber Teig entsteht. Daraus formst du kleine Kugeln, legst sie aufs Backblech und bäckst sie zwanzig Minuten bei hundertachtzig Grad, bis sie goldbraun sind.

Jetzt machst du den Sirup: In einem kleinen Topf kochst du das Wasser mit Zucker und Vanille auf. Dann lässt du den Sirup ein wenig andicken und gießt ihn über die Sheqerpare.

Zwar konnte ich sie für Hoxha nie auf diese Art zubereiten, aber am besten ist, du fügst zum Schluss noch Schlagsahne und Früchte hinzu. Sowas von lecker!

* * *

9.

Nexhmije Hoxha ist heute beinahe einhundert Jahre alt. Sie lebt bei bester Gesundheit in einem Haus in der Vorstadt von Tirana.

Lindita Çela, meine albanische Kollegin, hat sie zweimal in Tirana besucht. Beim ersten Mal arbeitete Lindita noch für eine Zeitung, deren Eigentümer gut Freund mit den ehemaligen Apparatschiks war.

„Sie war sehr freundlich und höflich zu mir, ganz die liebe Oma", erinnert sich Lindita.

Beim zweiten Mal arbeitete sie schon für ein anderes Blatt.

„Nexhmije erkannte mich sofort. Sie hat ein Gedächtnis wie ein Elefant! Gleich zu Beginn fragte sie mich, wie es dem Chefredakteur gehe, also meinem ehemaligen Vorgesetzten. Ich erklärte ihr, dass ich nicht mehr dort arbeitete. Im Bruchteil einer Sekunde verwandelte sie sich, wurde zu einem Monster und brüllte: ‚Wer hat dich hergeschickt? Verschwinde!'"

Trotzdem versuchen wir, die alte Dame aufzusuchen. Vielleicht wird sie zu einem ausländischen Journalisten etwas freundlicher sein? Wir machen aus, dass Lindita redet und ich mich zurückhalte. Sicherheitshalber schicken wir ihr aber auch noch einen Brief vorab. Darin behaupten wir, dass ich, ein Journalist aus Polen, wissen möchte, wie sie heute die Welt sieht, ob sie es gut findet, dass Ausländer jederzeit nach Albanien kommen dürfen, ob sie das viele Essen in den vollen Supermärkten genießt und ob sie an den freien Wahlen teilnimmt.

Außerdem möchte ich sie fragen, ob sie irgendetwas aus jener Zeit bedauert, als die Schergen ihres Mannes ihre Landsleute ohne jegliches Gerichtsverfahren hinrichteten.

Lindita erklärt mir aufgebracht: „Nexhmije und ihr Mann haben das

Blut Tausender Menschen an ihren Händen. Und sie hat sich niemals entschuldigt, für gar nichts! Sie wiederholt nur, dass man doch Fehler machen dürfe, und dass sie vieles gar nicht gewusst habe. Was für eine verdammte heuchlerische Scheiße! Ich kann mich an meine Kindheit im Albanien jener Zeit erinnern. Wir alle wussten, was hier ablief, jedes Kind bekam es mit! Und sie soll nichts gewusst haben? Witold, als ich klein war, musste meine Mutter Brot aus Brennnesseln backen! Denn es gab nichts zu essen!"

Die Witwe des Diktators wohnt in einem alten Haus, das ursprünglich als Brutanlage für Hühner gedient hatte. Die Nachbarn nennen sie die „Alte Dame" oder einfach bei ihrem Vornamen. Aber meistens reden sie gar nicht mit ihr. Zufälligerweise wohnt Nexhmije Wand an Wand mit einer Familie, die zu Zeiten des Regimes in einem Arbeitslager war.

Wir biegen in ein schlammiges Gässchen ein und laufen an ein paar eng parkenden Autos und einem von Wein bewachsenen Tor vorbei. In einem Garten sammelt ein Mann fleißig Bretter und schichtet sie zu einem Lagerfeuer auf. Schließlich erreichen wir das Haus und betreten den weitläufigen Flur.

Über dem Geländer trocknet eine Bettdecke – die Bettdecke von Nexhmije Hoxha. Vor der Tür stehen Damenschuhe – die Schuhe von Nexhmije Hoxha. Neben der Tür steht ein Wäscheständer – der Wäscheständer von Nexhmije Hoxha. Darauf trocknet Bettwäsche – die Bettwäsche von Nexhmije Hoxha.

Der Anblick all dieser Sachen lässt mich schlussfolgern, dass die ehemalige Frau des Diktators bescheiden lebt und nicht besonders ordentlich zu sein scheint.

Wir stehen vor ihrer Tür. Die Klingel ertönt.

Eine Frau um die sechzig öffnet uns (später erfahren wir, dass es

Nexhmijes Tochter Pranvera ist). Lindita stellt uns höflich vor und erklärt, warum wir gekommen sind. Pranvera hört zu und nickt. Ich nutze die Zeit und spähe in die Wohnung hinein, doch ich sehe nur ein riesiges Bücherregal. Alles andere ist von einem Vorhang verdeckt, wie ihn Leute gerne vor die Eingangstür hängen, um die Fliegen auszusperren.

Plötzlich sehe ich hinter diesem Vorhang die Silhouette einer alten Frau. Dann huscht sie vorbei. Graue, zu einem Dutt hochgesteckte Haare. Ein Rock wie von der Uniform einer Mädchenschule. Ein Pullover. Ich kann ihre Augen nicht erkennen, ich sehe nur den dicken Brillenrahmen.

Das ist sie. Nexhmije Hoxha. Die Ehefrau des Diktators Enver Hoxha, die letzte Stalinistin Europas oder gar der ganzen Welt. Eine Frau, die mitverantwortlich ist für den Tod Tausender und Abertausender Menschen.

Auf einmal bleibt sie stehen und starrt mich an.

Ich starre zurück.

Es dauert nur einen Moment, doch mir wird trotzdem ganz anders.

Schließlich verweigert uns Pranvera Hoxha höflich, aber entschieden den Zugang zu ihrer Mutter.

* * *

10.

Ich habe keine ausgefallenen Sachen für Hoxha gekocht, das erwartete er gar nicht. Zwar aßen Nexhmije und er gerne gut, gleichzeitig waren sie aber ziemlich geizig. Sie drehten jeden Lek fünfmal um, auch wenn es sich um staatliche Mittel handelte. Außerdem aß Nexhmije vor allem Möhren, sie hatte Probleme mit der Gallenblase und die Ärzte rieten ihr zu dieser Diät.

Enver Hoxha und seine Familie aßen gern typisch albanische Speisen,

Sachen, die jeder bei uns kennt. Was ihren Haushalt von den Häusern anderer Leute unterschied, war, dass sie sich gute Köche leisten konnten. Und jeder gute Koch hat einen eigenen Stil.

Was mein Stil war? Ich habe gerne mit Gewürzen experimentiert. Gewürze sind für eine Speise das, was Make-up für eine Frau ist: Sie können Dinge betonen, die einem zuvor nicht aufgefallen wären.

Ich hatte auch ein Händchen für Dekoration. Anstatt Hoxha beispielsweise normal aufgeschnittene Apfelstücke zu reichen, schälte ich die Schale jeweils ein Stück ab, nahm Kerne als Augen und gab ihm einen Apfel, der wie ein Vogel aussah.

Als einer seiner Söhne Geburtstag feierte, servierte ich mal ein ganzes Spanferkel, dem ich einen Hut aufgesetzt und eine Zigarette ins Maul gesteckt hatte. Hoxha amüsierten solche Details. An dieses Spanferkel erinnerte sich die Familie noch viele Jahre später.

Ein Nachtisch aus Äpfeln, zubereitet von Herrn K.

Am kreativsten musste ich werden, nachdem sich Hoxha mit den Chinesen zerstritten hatte. Zu der Zeit war das Land vollkommen isoliert, wir hatten nichts, rein gar nichts. Oft fehlte Fleisch oder sogar Milch. Für einen Koch ist das eine Katastrophe. Doch niemals hätte ich zugegeben, dass etwas fehlte oder nicht möglich war. Das wäre eine persönliche Niederlage gewesen. Wenn es etwas nicht gab, musste ich es eben durch etwas anderes ersetzen.

Zum Beispiel fuhren wir einmal in die Berge und es stellte sich heraus, dass die Leibwächter vergessen hatten, den vorbereiteten Nachtisch mitzunehmen. Was tun? Zurückfahren? Zu spät. Und aufs Dessert verzichten? Hoxha würde ausrasten!

Also ließ ich mir Äpfel bringen. Einen Teil zerkleinerte ich mit etwas Honig in einem Mixer, den Rest briet ich. Die Bratäpfel höhlte ich aus und füllte das Apfelmus hinein. Hoxha war begeistert: „Woher hast du dieses Rezept?"

Und ich erwiderte: „Das ist meine eigene Kreation."

So ähnlich bin ich immer vorgegangen, wenn es etwas nicht gab. Eines Tages rief mich Hoxha zu sich und sagte: „Als ich in Frankreich studierte, habe ich einen leckeren Salat mit gebackenen Kastanien gegessen. Mach mir so einen!"

Einer seiner Assistenten brachte mir ein Kochbuch aus Envers privater Bibliothek, ein sehr schönes Buch übrigens. Er muss sich tatsächlich fürs Kochen interessiert haben, wenn er einen so hübschen Band besaß.

Ich bestellte also Esskastanien. Aber wie so oft im Kommunismus vergeigte jemand seinen Teil und die Lieferung dauerte mehrere Wochen. Als die Maronen ankamen, waren sie bereits verschimmelt.

Was sollte ich tun? Hoxha sagen, dass irgendein Idiot es versaut hatte und die Kastanien hinüber waren? Oder sagen, dass sie bedauerlicherweise nicht in unserem Land wuchsen? Wobei das möglich wäre, wenn jemand daran gedacht hätte, welche zu pflanzen.

Tja, es ging eben nicht. Auf der einen Seite Hoxha, auf der anderen ich – seiner Meinung nach war ich für alles verantwortlich, was auf seinem Tisch landete. Es interessierte ihn nicht, was mit den Esskastanien passiert war. Das Einzige, was ihn interessierte, war, dass er schon vor Wochen einen Salat mit gebackenen Maronen bei mir bestellt hatte und ich ihn immer noch nicht geliefert hatte.

Was ich dann gemacht habe? Ich versuchte zu retten, was zu retten war. Ich buk diese verschimmelten Kastanien, schälte und kostete sie ... und warf sie alle weg. Es war unmöglich, sie Enver zu servieren. Hätte ich es getan, wären sie bestimmt auf den Gedanken gekommen, dass ich versucht hätte, ihn zu vergiften.

Also ersetzte ich die Esskastanien durch Haselnüsse. Ich kochte sie in Milch, fügte ein wenig Olivenöl hinzu und dekorierte den Salat mit Rosenblüten. Ich kann mich nicht mehr genau an diese französische Kochanleitung erinnern, aber ich machte alles genau nach Rezept.

Und Hoxha fragte nie wieder danach. Entweder hat ihm der Haselnusssalat wirklich geschmeckt oder er hat schließlich begriffen, dass es in seinem Land viele Dinge einfach nicht gab. Nicht einmal für das Staatsoberhaupt. Es mag für ihn frustrierend gewesen sein, aber so war es nun mal.

Irgendwann erzählte er mir, dass er in Frankreich kernlose Trauben gegessen habe. Tja, mag schon sein, aber in Albanien wuchsen diese Sorten nun mal nicht. Du fragst, was ich dann gemacht habe? Was hätte ich tun sollen: Ich hockte mich hin und pulte sämtliche Kerne heraus, Traube für Traube.

* * *

11.

Enver Hoxha starb 1985. Ein paar Jahre später wehte der Wind of Change von Polen und Deutschland nach Albanien herüber. Es sah nach der ersehnten demokratischen Wende aus. Doch während die Polen ihre erste nichtkommunistische Regierung wählten und die Deutschen die Berliner Mauer einrissen, erklärte Hoxhas Nachfolger, Ramiz Alia, seinen Landsleuten, dass sich das Leben in diesen Staaten zum Schlechteren gewandelt habe. Das albanische Fernsehen brachte gefälschte Aufnahmen von Deutschen und Polen, die auf den Straßen vor Hunger starben.

„Derweil waren wir diejenigen, die hungerten", sagt Jovan mit einem bitteren Lächeln.

Doch schließlich kam es im Frühjahr 1991 auch in Albanien zu ersten freien Wahlen.

Jovan vergaß nie seinen Schwur, das Grab seines Vaters zu finden. Kurz nach den demokratischen Wahlen stellte er beim Innenministerium einen Antrag auf Offenlegung der Akte des Ingenieurs Koço Plaku und bat um die Nennung seines Begräbnisortes. Er nahm an, das sei jetzt, in der neuen Zeit, kein Problem.

Zunächst kam ewig keine Antwort.

„Ich ging immer wieder ins Ministerium, sprach vor, fragte, drängte", erinnert er sich. „Irgendwann bekam ich ein offizielles Schreiben mit mehreren Stempeln. Darin stand, dass die Akte meines Vaters vernichtet worden sei."

Aber Jovan hatte nicht vor, aufzugeben. Nachdem der offizielle Weg keinen Erfolg gebracht hatte, nutzte er sein bestes Argument: seinen Charme. Und Geld. Er besaß mehr als genug, denn er hatte Anfang der Neunzigerjahre eine Baufirma gegründet, die regelmäßig wichtige Aufträge in Tirana erhielt.

Und dann geschah ein Wunder. Einige Monate später tauchten plötzlich vierzig Bände an Akten und mehrere Tonaufnahmen vom Prozess seines Vaters auf. Als Jovan, nun ein erwachsener Mann, das Abspielgerät einschaltete, hörte er zum ersten Mal in seinem Leben die Stimme seines Vaters.

„Ich bin unschuldig", sagte Koço Plaku.

***

12.

Die Arbeit für Enver Hoxha machte mir sehr viel Spaß. Ich lernte viel und war sehr zufrieden. Und dennoch hatte ich die ganze Zeit Angst.

Alle Beschäftigten der Regierung hatten Angst. Schließlich konnte Enver eines Tages schlecht gelaunt aufstehen und uns alle ins Lager stecken. Oder gar töten lassen. Womöglich hatten nur seine Krankenschwester Kostandina und sein Sicherheitschef Sulo keine Angst, denn sie waren unentbehrlich für Hoxha.

Aber alle anderen? Köche wie mich gab es Hunderte. Jeder von uns war austauschbar. Die erste Köchin Hoxhas hatte Selbstmord begangen. Ich erfuhr nie, warum. Später verschwand ein Koch, der schon lange für ihn gearbeitet hatte. Keiner wusste, was mit ihm passiert war. Eines Tages war er einfach nicht mehr zur Arbeit gekommen. Und wir fragten nicht nach.

Es war besser so.

Ich wollte leben.

Immer wieder überlegte ich, was ich tun könnte, um lebend aus Hoxhas Küche rauszukommen. Bis ich endlich einen Plan hatte.

Mittlerweile wusste ich, dass ich mit meinem Essen seine Laune heben konnte. Es genügte, dass ich ihm einen Nachtisch zubereitete oder etwas aus Gjirokastra kochte. Nur dass ich dabei nach Kochbuch vorging – ich müsste jedoch so kochen, überlegte ich, wie es Envers Mutter getan hatte, als er noch ein kleiner Junge war. Kürzlich war seine Mutter nämlich gestorben, und er vermisste sie sehr.

Mein Plan sah vor, ihm die Mutter zu ersetzen. Zumindest in der Küche.

So habe ich es mir ausgemalt. Obwohl es sicher anmaßend und manipulativ war, zu sagen: Ich ersetze ihm die Mutter, dann kann er mich nicht töten.

Aber das war leichter gesagt als getan. Wie sollte ich das anstellen? Ich konnte ja nicht einfach zu Enver hingehen und sagen: „Genosse Enver, können Sie mir ein paar Hinweise geben, damit ich wie Ihre Mutter kochen kann?“ Zu meinem Glück wohnte auch Envers Schwester Sano mit in seinem Haus. Die Mutter hatte ihr von klein auf das Kochen beigebracht, außerdem hing sie sehr an ihrem Bruder. Deshalb wusste ich, dass sie mir helfen würde.

Ich ging zu ihr und sagte: „Genossin Sano, ich würde gerne so kochen, wie es Ihre Mutter getan hat. Damit es Ihrem Bruder schmeckt. Also dachte ich, dass Sie mir dabei helfen könnten.“

Ich betonte Envers Wohlbefinden und meinen Wunsch, ihn glücklich zu machen, und verschwieg natürlich, dass ich Angst um mein Leben hatte. Sano erklärte sich sehr gerne bereit, mir zu helfen.

* * *

13.

Jovan studierte die Akten seines Vaters. Die Namen, die er darin fand, schlug er anschließend im Telefonbuch nach. Er rief sie an und verabredete sich.

„Es war entsetzlich", erzählt er, nachdem wir aufgegessen haben und von unserem Fisch nur Gräten geblieben sind. „Während meine Mutter und ich Frösche essen mussten, hatten diese Leute Geld und schlugen sich die Bäuche voll. Aber ich biss die Zähne zusammen und redete weiter mit ihnen. Wir tranken Rakija zusammen und sobald sie angetrunken waren, begannen sie, von ihren Verbrechen zu erzählen. Sie berichteten davon, wie sie Menschen getötet haben, und amüsierten sich darüber. Ein ums andere Mal war ich versucht, aufzuspringen und zu gehen. Ich hätte schreien können. Doch ich harrte aus. Ich musste das Grab meines Vaters finden. Auszurasten hätte mir dabei nicht geholfen. Also trank ich mit ihnen, hörte zu und bemühte mich, mir alles zu merken."

Nach ein paar Jahren gelang es Jovan, an die Exekutionsakte von Koço Plaku zu kommen.

„Vier Unterschriften prangten auf dem Dokument. Die erste gehörte dem Rechtsmediziner, der seinen Tod lediglich in Abwesenheit bescheinigt hatte, also hatte es keinen Sinn, mit ihm zu reden. Zwei Agenten, welche die Urkunde ebenfalls unterschrieben hatten, waren mittlerweile tot. Aber der dritte lebte noch. Der Mann, der meinem Vater in den Hinterkopf geschossen hatte."

Jovan brauchte mehrere Wochen, um Kraft zu sammeln, bis er ihn anrief.

Zuerst fuhr er zu dem Wohnblock, in dem der ehemalige Agent laut seiner Informationen wohnte. Er beobachtete ihn von seinem Auto aus: ein verschrumpelter Greis in einem alten grauen Anzug. Jovan folgte ihm einige Tage in ein nahe gelegenes Café. Irgendwann rief er ihn endlich an. Jovan ging davon aus, dass der alte Mann ihn zum Teufel schicken würde, doch zu seiner großen Verwunderung war er einverstanden, ihn zu treffen.

Jovan war zu früh am vereinbarten Treffpunkt und rauchte aus Nervosität eine halbe Packung Zigaretten. Im Gegensatz zu ihm war der Alte im grauen Anzug vollkommen ruhig und beherrscht.

„Wir unterhielten uns über all diese unnötigen Dinge wie Sport oder Politik, bis ich endlich zur Sache kam. Ich fragte ihn: ‚Wo haben Sie meinen Vater getötet? Ich möchte seine Leiche finden und ihn anständig begraben.'"

Der greise Mann war sehr höflich und entgegenkommend. Er gab zu, sich an einen Ingenieur Plaku zu erinnern, aber nicht daran, wo er ihn erschossen hatte.

„Es gab zahlreiche Orte, an denen wir tätig waren", erklärte er.

Jovan drängte und versuchte, es aus ihm herauszubekommen, doch die einzige Reaktion war ein Schulterzucken. Am Ende sagte der Alte, so als wollte er ihn trösten: „Wissen Sie, wir alle sind Opfer dieses grausamen Systems."

„Da verspürte ich zum ersten und einzigen Mal die Lust, ihm in die Fresse zu schlagen", sagte Jovan. „Er ein Opfer? Was für ein Opfer soll er bitte schön gewesen sein? Ich fühlte mich, als hätte er mir eine Ohrfeige verpasst."

„Und was passierte dann?", will ich wissen.

„Nichts. Es war nur ein Reflex. Ich will keine Rache. Ich möchte nur das

Grab meines Vaters finden. Also schüttelte ich ihm die Hand und ging."

Jovan suchte und suchte, doch er hat das Grab seines Vaters bis heute nicht gefunden.

* * *

14.

Sano brachte mir bei, wie man Shapkat, Köfte und Gahi zubereitete, alles traditionelle Speisen aus der Gjirokastra-Region. Sie zeigte mir genau, wie viel Mehl, Salz und Gewürze ihre Mutter immer genommen hatte. Sie lehrte mich auch, Trahane zu kochen, eine türkische Suppe, die Enver gerne zum Frühstück aß. Er mochte sie mit Tomaten und Zwiebeln, vor allem an kalten Wintertagen.

Während wir kochten, erzählte sie mir aus ihrem Leben. Wie ihr Vater mit dem großen Bruder ins Ausland ging und sie mit ihrer Mutter und den Geschwistern zu ihrem Onkel zog. Wie Enver zum Studieren nach Frankreich ging. Wie er sich nach seiner Rückkehr den Partisanen anschloss. Und wie stolz ihre Mutter war, als er zum Staatspräsidenten ernannt wurde. Sano gab mir richtige Lektionen in albanischer Geschichte, nicht nur Kochunterricht.

Hin und wieder geschah es, dass Sano einige Stunden bei mir in der Küche verbrachte, sich dann umzog und – als ob nichts gewesen wäre – hinunterging, um mit Enver und seiner Familie zu essen. Sie ließ sich absolut nichts anmerken, während er voller Appetit verspeiste, was wir zusammen gekocht hatten. Wie sie mir erzählte, kam es immer wieder vor, dass er ausrief: „Sano, K. kann wirklich gut kochen! Sein Shapkat schmeckt genau so wie bei uns zu Hause!"

Sie sagte nie ein Wort und ließ sich nie etwas anmerken. Bis zum Schluss wusste Enver nicht, dass sie mich unterrichtet hatte.

Aber Nexhmije hatte es mitbekommen. Und sie war überaus zufrieden mit mir. Sie sorgte sich sehr um Enver und zeigte mir oft, wie sehr sie es zu schätzen wusste, dass ich mich so gut um den Magen ihres Mannes kümmerte. So wurde ich zu ihrem Lieblingskoch.

Ich hatte mein Ziel erreicht. Nun war ich unersetzlich geworden.

Viele Menschen haben das Regime von Enver Hoxha nicht überlebt, nicht einmal sein Premier und bester Freund Mehmet Shehu.

Doch ich habe überlebt.

Dank meines Kochtalents und dank Envers Anregung, kreativ zu werden.

SNACK

Du fragst nach der Organisation? Ich erzähl's dir, aber eins nach dem anderen.

Meine Eltern stammten aus einem kleinen Dorf in der Provinz Kampong Cham. Ich hatte zwei Schwestern und sechs Brüder. Mein ältester Bruder hieß Yung San und war Lehrer an einer Mittelschule im Städtchen Skuon. Meine Eltern steckten ihre gesamten Ersparnisse in seine Universitätsausbildung. Wir waren alle sehr stolz auf ihn.

Meine Mutter flocht Matten, Moskitonetze und Hängematten aus Seegras und Stroh oder rollte Tabak zu Zigaretten – und mein Vater verkaufte das alles auf dem Wochenmarkt in der Stadt. Außerdem kochte sie bei Hochzeiten und anderen Familienfeiern. Sie arbeitete wirklich hart.

Als ich zwölf Jahre alt war, starb mein Vater. Daraufhin schickte mich meine Mutter zu meinem Bruder nach Skuon. So konnte ich endlich eine Schule besuchen. Zu seinen Lebzeiten wollte mein Vater lieber, dass ich zu Hause blieb und meiner Mutter half.

In Skuon bekam ich irgendwann mit, dass mein Bruder nach Feierabend irgendwelche geheimen Treffen besuchte. Das interessierte mich sehr. Ich flehte ihn an, mich mitzunehmen, aber er erklärte mir, dass er nicht darüber reden dürfe. Schon gar nicht mit kleinen Mädchen.

Doch als ich größer wurde, fing er an, mich zu testen. Er erzählte mir beispielsweise, dass sich die kambodschanischen Bauern zu Tode schufteten und die Arbeiter in den Fabriken eingingen. Und er wartete ab, wie ich reagierte. Seine Worte trafen mich bis ins Mark. Einige Male musste ich deswegen weinen. Und so zog mich Yung San immer mehr auf seine Seite.

Als ich mit der Schule fertig war, nahm mich mein Bruder eines Tages mit zu einem Treffen mit unserem Cousin Koy Thuon. Er war einer der nettesten Menschen, denen ich je begegnet bin. Er sagte, dass er meine politische Einstellung kenne, und erzählte mir von einer Organisation, die das Leben in Kambodscha zum Besseren verändern wollte. Es stellte sich heraus, dass Koy Thuon und mein Bruder dieser Organisation angehörten. Und dass es diese Treffen waren, zu denen er heimlich verschwand.

Koy Thuon sagte viele Dinge, die mir gefielen, unter anderem: „Wenn unsere Organisation an die Macht kommt, werden wir alle genug zu essen haben."

Das war eine wunderbare Vision!

Stell dir ein Regime vor, in dem die Soldaten die einfachen Leute bestehlen. Stell dir Kinder mit vor Hunger aufgeblähten Bäuchen vor. Und dann stell dir vor, dass jemand kommt und sagt: „Wir werden alle genug zu essen haben. WIR WERDEN ALLE GENUG ZU ESSEN HABEN!"

Jeder Mensch, der nur den Hauch eines Gewissens hat, will sich doch einer solchen Organisation anschließen!

Als Koy Thuon irgendwann meinte, dass sie meine Hilfe gebrauchen könnten, zögerte ich nicht. Es ging darum, hin und wieder einen Brief oder ein Paket zu überbringen. Ich erklärte mich einverstanden.

So wurde ich Mitglied von Angkar.

Seitdem ist Angkar ich.

Und ich bin Angkar.

Kurz darauf wurden wir zu der Partisanenbasis in der Provinz Rottanak Kiri einbestellt. Ich ging mit Yung San, Koy Thuon und noch einem Genossen. Wir waren fast einen Monat im Dschungel unterwegs. Wir mussten uns von den Dörfern fernhalten, denn dort konnte man Soldaten begegnen. Die Jungs und ich ernährten uns von Beeren und Wurzeln. Hin und wieder schossen sie einen Vogel.

Rottanak Kiri ist eine wilde Gegend. Dort wohnen Stämme, die noch wie vor Jahrhunderten leben. Sie kennen keine Autos, reiten auf Elefanten und tragen traditionelle Kleidung. Wir nennen sie die Khmer Loeu, die Menschen aus den Bergen.

Sie unterstützten Pol Pot von Anfang an, seit er 1963 in den Dschungel gegangen war. Einige von ihnen arbeiteten sogar als seine Leibwächter. Ich erinnere mich noch an die Namen dieser Stämme: Pnong, Tampuan, Kuy und Jarai. Und ich weiß noch, welchen Eindruck ihre Elefanten auf mich gemacht haben. Der Zwinger dieser Tiere stand in einiger Entfernung zur Basis, damit sie uns mit ihrem Trompeten nicht weckten. Und auch damit sie uns nicht zertrampelten, sollte etwas sie erschrecken oder verärgern.

Die Khmer Loeu waren Meister im Zähmen von Elefanten. Sie nutzten die Tiere zum Transport von schweren Sachen oder halfen uns, wenn unsere Lager umgesetzt werden mussten.

Ich war zum ersten Mal so weit weg von zu Hause. Ich war jung und diente einer guten Sache. Das Leben war schön.

ABENDESSEN

Cena

Havanna
Santiago
de Cuba
KUBA

Fisch in Mangosauce

Die Geschichte von Erasmo und Flores, Köche des Fidel Castro

1.

Erasmo

Setzt euch hin, Jungs, setzt euch hin! Wartet bitte einen Moment, ihr seht ja, was hier gerade los ist. Die haben mir soeben eine Ladung Schwertfisch geliefert. Den muss ich erst mal portionieren, denn meine Köche kriegen das nicht so richtig hin.

Nehmt euch ein Käffchen, holt euch einen Kuchen und macht es euch gemütlich. Obwohl, einen Kaffee würde ich selber gerne trinken. Der Schwertfisch kann ein Momentchen warten.

Also frag, frag schon, Witold.

Die Revolution? Okay.

Als ich sechzehn Jahre alt war, hörte ich Gerüchte, dass in den Sierra-Maestra-Bergen eine Revolution ausgebrochen sei. Und dass sie von einem Mann namens Fidel Castro angeführt werde. Anfang der Fünfzigerjahre war das.

Diese Geschichten klangen wie Märchen: Fidel stellte sich mit ein paar Freunden dem brutalen Batista-Regime entgegen. Fulgencio Batista war auf Kuba verhasst, denn er dachte nicht an sein Volk, sondern nur an die Vorteile der amerikanischen Mafia, die sich auf unserer Insel breitmachte.

Castro kämpfte auf Augenhöhe mit Batista und schwächte ihn, indem er seine Soldaten in den Bergen in Hinterhalte lockte. Die Leute sangen Lieder über Fidel, er war unser Held.

So war das damals. Eine unglaubliche Geschichte!

Ich arbeitete zu jener Zeit in einem Restaurant in Santa Clara, meiner Heimatstadt. Teilweise kellnerte ich, teilweise half ich in der Küche aus – denn ich hatte schon immer eine Vorliebe fürs Kochen. Jeden Tag erzählten die Leute Geschichten über Fidel: Einmal hieß es, dass er tot sei, dann wieder, dass er doch am Leben sei und in den Bergen weiterkämpfe, schließlich, dass er das ganze Land zu einem Streik aufrufe. Wir alle waren sehr aufgeregt, obwohl nur wenige von uns ernsthaft daran dachten, ihre Freunde und Familie zu verlassen und sich den Rebellen anzuschließen.

Auch ich wäre den Guerillatruppen wohl niemals beigetreten, wenn es nicht meinen besten Freund gegeben hätte. Er kannte die Brüder Rogelio und Enrique Acevedo, die sich schon viel früher der Revolution angeschlossen hatten, und meinte, sie würden uns jederzeit mit offenen Armen aufnehmen.

Ich überlegte immer wieder, ob ich mit ihm gehen soll, aber ich konnte mich nicht entscheiden. Doch er redete ständig auf mich ein. Bis er mir eines Tages erzählte, dass die Rebellen Santa Clara näherkämen. Einige von ihnen – darunter die Gebrüder Acevedo – waren nach seinen Informationen von den Sierra-Maestra-Bergen in die Sierra del Escambray gezogen, einen Gebirgszug in der Nähe unserer Stadt.

Um die Sierra Maestra zu erreichen, hätten wir beinahe die ganze Insel durchqueren müssen, ins Escambray-Gebirge waren es gerade mal zwei Tage.

Weißt du, wie das klingt, wenn du ein sechzehnjähriger Junge bist? Wie ein wunderbares Abenteuer!

Nur dass meine Mutter Angst um mich hatte und mir verbot, mich der Revolution anzuschließen. Ich beruhigte sie, sagte ihr, dass ich nirgendwo hinginge – und eines Nachts stieg ich aus dem Fenster, lief zu meinem Freund und wir gingen in die Berge. Es tat mir leid, dass ich meine Mutter anlügen musste, aber es war die einzige Möglichkeit.

Unterwegs mussten wir sehr vorsichtig sein, denn um die Stadt herum patrouillierten Soldaten, die nur auf solche wie uns warteten. Sie bewachten die Wege ins Escambray-Gebirge und griffen alle auf, die versuchten, zu den Rebellen zu gelangen.

Die Machthaber ahnten schon, dass sie verlieren würden, und reagierten extrem brutal. Ihre Schergen ermordeten alle, bei denen nur der Hauch eines Verdachts bestand, dass sie Castro-Sympathisanten sein könnten. Sie wurden nachts abgeholt, später fand man ihre verstümmelten Leichen.

Der Weg durchs Bergland war beschwerlich; ich kann mich erinnern, wie wir einen über die Ufer getretenen Fluss überquerten. Und nicht einmal nachts kamen wir zur Ruhe, denn die Moskitos stachen die ganze Zeit auf uns ein. Wir kriegten kein Auge zu.

Um die Guerillas zu finden, fragten wir in den Gebirgsdörfern nach, aber immer mit Vorsicht – denn die Bauern hätten uns an die Junta ausliefern können.

Schließlich schafften wir es, wir fanden das Lager. Mein Freund fragte nach den Acevedo-Brüdern. Sie wurden geholt und begrüßten uns freudig, umarmten uns und behandelten uns wie Familienmitglieder. Rogelio und Enrique waren nur wenige Jahre älter als wir, sie waren groß und fröhlich und trugen ihre Gewehre über der Schulter, was mir sehr imponierte. Sie holten uns etwas zu essen, denn wir waren verdammt hungrig. Nachdem wir unsere Suppe gegessen hatten, wurden wir zu Che Guevara gebracht. Er war es nämlich, der diese Einheit anführte. Sie nannten sich die *Zweite Nationale Front*.

Che und seine Leute bereiteten sich zu der Zeit auf einen Angriff auf Santa Clara vor. Diese Schlacht war sehr wichtig, denn die Stadt zu erobern bedeutete, dass der Weg nach Havanna frei war. Er schaute uns aufmerksam an, gab uns die Hand, klopfte uns auf die Schulter und verschwand. Wie sich herausstellte, war er ständig in Bewegung und hatte nie Zeit für uns. Also begleiteten wir die Acevedos nach Cabalette de Casas, wo sich ihr Hauptquartier befand. Dort wurden wir ihrer Einheit zugeteilt.

Ich kann mich noch an eine der ersten Fragen erinnern, die uns gestellt wurden: „Habt ihr Salz?“

„Leider nicht.“

Einer der Jungs gab uns ein wenig von seinem ab. Er sagte, dass der Fraß hier in den Bergen widerlich sei, und dass ohne Salz gar nichts schmecken würde.

Che Guevara ist schon lange tot, er wurde im Krieg in Bolivien festgenommen und erschossen. Beide Acevedos sind heute Generäle. Einer von ihnen war sogar mal Vizeminister. Sie kommen manchmal in meinem Restaurant vorbei. Dann sperre ich ab, mache eine Flasche Rum auf und wir reden über die alten Zeiten. Damals waren die Acevedos noch Halbwüchsige und Che war ein Argentinier, der sich in unserer Revolution engagierte. Fidel und er hatten sich in Mexiko kennengelernt und Che kam mit nach Kuba, um für eine bessere Welt zu kämpfen.

Ich sage dir, Witold: Alles, was ich später unter Fidel mitgemacht habe, war nichts im Vergleich zu dem, was Che mit uns anstellte. Er war echt verdammt anspruchsvoll! Wenn ihm etwas nicht passte, brüllte er herum und stauchte dich vor allen Leuten zusammen. Wenn Fidel einen kritisierte, dann ruhig und konstruktiv; du hattest immer die Chance, es besser zu machen. Denn wenn etwas falsch lief und er gar nichts dazu sagte, würde es keine zweite Chance geben.

Doch damals kannte ich Fidel Castro noch gar nicht. Ich hörte nur, wie alle von ihm sprachen. El Comandante hier, el Jefe da. Ständig erzählte jemand von seinen Heldentaten. Wie mutig er sei, wie mitreißend er zu den Menschen spreche. Ich beneidete jeden, der ihn kennenlernen durfte. Wer hätte damals ahnen können, dass ich mein halbes Leben an seiner Seite verbringen würde? Dass er mir näherstehen würde als mein eigener Vater?

Ich hätte es mir niemals träumen lassen.

* * *

2.

Sie trinken Rum, spielen Karten, pfeifen nach ihren Hunden, bohren in der Nase, stehen an: fürs Taxi, für Fisch, für Zucker, für Mehl.

In klappernden alten Autos fahren sie quer durch die Stadt in Viertel, wo sich Nutten unter Nonnen mischen, Fischer unter Buchhändler und Liebende unter jene, die von allen vergessen wurden. Sie verkaufen Blumen, lassen sich die Haare schneiden, kaufen Fleisch oder einfach nur Knochen für die Suppe. Oder Hühnerbeine.

„Ich kann eine köstliche Suppe daraus kochen", sagt eine alte Dame, als ich sie fotografiere, während sie die Beute in ihre Tasche steckt. „Besuch mich mal, mein Junge, dann lasse ich dich kosten!"

Wir lächeln uns an. Doch dann muss ich daran denken, dass sie seit der Revolution wohl nichts Besseres zu essen gehabt hat, und sofort fällt mein Lächeln in sich zusammen.

Ich liebe es, mich in Havanna unter die Leute zu mischen. Ich laufe an zerfallenden Häusern vorbei, von denen jedes Jahr mehrere Dutzend einfach einstürzen. Ich schlängele mich zwischen Marktständen hindurch, an denen schlaffe Hähnchen, prächtige Tomaten und reife Mangos feilgeboten werden. Ich hänge mit Kubanern auf Plätzen ab, wo sie sich an kostenlosen Internet-Hotspots mit ihren Familien verbinden, die in die USA geflohen sind und jetzt in Miami leben. Wo sie einander die Fotos ihrer Kinder zeigen, nach der Gesundheit, der Arbeit, der Familie fragen. Wo sie lachen und lärmen.

Und wo sie weinen. Denn hinter dem goldenen Schleier aus Rum, Samba und Zigarren verbergen sich Tausende und Abertausende Tragödien.

Ich muss vorsichtig sein, denn überall schleichen Spitzel der Regierung herum. Sie kontrollieren ausländische Journalisten und diejenigen Kubaner, die mit ihnen reden.

Als ich 2006 zum ersten Mal in Havanna war, setzte ich mich in einem Park in der Nähe des Kapitols auf eine Bank. Das Kapitol ist eine fast perfekte Kopie desjenigen in Washington und eine Erinnerung an die Zeiten, als Kuba und die USA Freunde waren. Es war Abend, die Vögel sangen wie verrückt. Ein älterer Mann in einem abgewetzten, speckigen Anzug setzte sich zu mir. Er sah aus wie ein pensionierter Beamter oder Buchhalter. Ich saß am einen Ende der Bank, er am anderen. Ohne mich anzublicken, nickte er nachdenklich mit dem Kopf und sagte: „Wir leben hier wie die Tiere."

Plötzlich tauchten aus dem Gebüsch direkt vor uns zwei Polizisten in Zivil auf. Sie ließen sich unsere Dokumente zeigen. Ich bekam umgehend meinen Pass zurück, doch der alte Mann wurde fortgezerrt. Ich versuchte, dagegen zu protestieren, doch sie stießen mich nur brutal weg und gingen mit ihm davon. Bis heute weiß ich nicht, was mit ihm passiert ist.

Mir ist deshalb sehr bewusst, dass ich mich in Acht nehmen muss, als ich mich wieder nach Kuba aufmache, um den Koch von Fidel Castro zu suchen. Ich muss auf mich aufpassen und gleichzeitig zusehen, dass ich die Menschen, mit denen ich spreche, nicht in Gefahr bringe.

Unerwartete Hilfe erhalte ich von Barack Obama, der im Frühjahr 2016 seine historische Reise nach Kuba unternimmt. Der erste Besuch eines amerikanischen Präsidenten seit der Revolution!

Mein Freund Juan, ein Kubaner, der in Polen lebt, hat eine Idee: „Fahr doch zur selben Zeit nach Kuba! Dann werden alle unsere Agenten hinter den amerikanischen Agenten her sein und keine Zeit haben, sich um einen polnischen Journalisten zu kümmern."

Das leuchtet mir ein. Und so lande ich eine Woche vor Obamas Besuch in Havanna.

Die kubanische Hauptstadt hat sich in den letzten Jahren sehr verändert. Überall neue Cafés, in denen die Schilder des Komitees zur Verteidigung der Revolution direkt neben den Toiletten hängen. Vor ein paar Jahren wäre das noch undenkbar gewesen. Ich kann mich mit den Taxis vollkommen frei durch die Stadt bewegen. Früher durfte man als Ausländer nur diejenigen nutzen, die eine Lizenz zur Beförderung von Ausländern vorweisen konnten.

Meine einzige Sorge ist, wie ich mich nicht allzu sehr ausnehmen lasse, denn die Kubaner sind überaus bemüht, den ökonomischen Rückstand zum Rest der Welt aufzuholen.

Ich kann reden, mit wem ich will, und niemand nimmt unschuldige Greise fest. Die Leute kritisieren offen und mutig die Regierung der Gebrüder Castro. Ich bin gelinde gesagt überrascht.

„Solange du sie nur kritisierst, aber nichts unternimmst, lassen sie dich reden", erklärt mir Miguel, ein Freund eines Freundes, dessen Vater ein hohes Tier in der Kommunistischen Partei war. „Nur wenige haben noch Kraft und Lust, den Sozialismus zu verteidigen. Ich ganz bestimmt nicht."

Durch seinen Vater verfügt Miguel über zahlreiche Kontakte, und so hilft er mir, Castros Koch ausfindig zu machen.

„Es wäre am besten, andere Köche zu fragen", schlägt er vor.

Und er hat recht.

Also gehen wir zum Abendessen in eines der besten Restaurants in Havanna. Wir lassen uns köstliches Rindfleisch mit Gemüse schmecken, umgeben von Möbeln aus der Kolonialzeit und dem Rauch teurer Zigarren, und nachdem wir aufgegessen haben, bittet Miguel den Eigentümer des Lokals an unseren Tisch. Die beiden sind alte Bekannte, wie er mir versichert.

„Dieser Señor ist mein Freund", erklärt Miguel und zeigt dabei auf mich. „Er sucht den Koch des Comandante, für ein Interview. Du musst uns helfen."

Der Mann schaut zuerst mich, dann Miguel an, dann blickt er sich um, als ob er sich versichern wollte, dass keine Spitzel der Regierung anwesend sind.

„Das ist doch geheim", antwortet er schließlich. „Dein Bekannter sollte am besten einen Brief ans Ministerium schreiben."

„Was für einen Brief?", erwidert Miguel und bricht in Lachen aus. „Du kennst alle Köche in Havanna! Witold braucht doch keinen Brief."

„Aber vielleicht möchten nicht alle Köche in Havanna erkannt werden?", antwortet der Restaurantbesitzer geheimnisvoll.

Doch er entspannt sich sichtlich; bald hört er auf, sich umzuschauen.

Miguel und er tauschen sich über die Benzinpreise, das Warenangebot auf dem benachbarten Bauernmarkt und verschiedene Handymodelle aus.

Sie reden noch eine Weile, als eine Flasche Rum auf dem Tisch auftaucht. Nach dem zweiten Glas wird der Gastronom endlich locker und erinnert sich, dass ein ehemaliger Koch von Fidel Castro kürzlich ein Restaurant in der Altstadt eröffnet hat. Nach dem dritten Glas fällt ihm ein, dass dieser Mann bereits Interviews gegeben hat, also wäre ein Treffen mit ihm wohl ungefährlich. (Das stimmt, ich habe selbst schon welche gelesen, nur dass da keine Adresse genannt wurde.) Nach einem weiteren Glas wird Miguels Freund schließlich zu einem großen Fürsprecher meines Treffens mit Fidels Koch.

„Du musst ihn treffen, unbedingt!“, ruft er. „Und … und nimm einen meiner Kellner mit. Sie waren auf derselben Schule, das wird es dir leichter machen. Jorge! Jooorgeee! Komm mal rüber!“

Jorge ist Mitte zwanzig, hat das Lächeln eines Latin Lovers und ist so freundlich und fröhlich, dass ich ihn sofort gern habe.

„Er ist der Lieblingskellner aller amerikanischen Reisegruppen“, sagt der Restaurantbesitzer grinsend. Und da keine größeren Reservierungen im Buch vermerkt sind, gibt er Jorge für den Rest des Tages frei. Der junge Kellner zieht sich um und wir gehen direkt zu dem Lokal in der Altstadt von Havanna.

Das Restaurant des ehemaligen Kochs von Fidel Castro heißt *Mama Inés* und befindet sich in einem sorgfältig restaurierten Haus im Kolonialstil.

Das Restaurant *Mama Inés,* das Erasmo Hernández in der Altstadt von Havanna führt

Vor dem Gebäude sitzt ein Mann mit locker aufgeknöpftem Hemd und einer modischen roten Brille und trinkt einen Kaffee. Es ist Erasmo Hernández, Castros Koch. Ich weiß nicht, ob er Lust hat, mit uns zu reden, doch ehe er sich versieht, verzaubert ihn Jorge schon mit seiner charmanten Art, erwähnt gemeinsame Bekannte und entfernte Verwandte, und nach einer Weile unterhalten sie sich, als gäbe es keine fünfzig Jahre Altersunterschied zwischen ihnen. Sie wirken wie zwei Schulkameraden einer Gastronomieschule, die ihre Prüfungen mit billigem Rum auf dem Boulevard Malecón begießen.

Das Innere des Restaurants *Mama Inés*

Das Gespräch läuft so gut, dass Jorge sich am nächsten Tag für eine Weile von seinem Chef beurlauben lässt und mich von nun an täglich bei meinen Interviews mit Erasmo begleitet. Morgens treffen wir uns mit Castros Koch und nachmittags geht Jorge mit mir zu Leuten, die mir weiter behilflich sein könnten – Menschen, die Geschichten über Fidel zu erzählen haben oder sich einfach hervorragend mit der kubanischen Küche auskennen.

* * *

3.

Erasmo

Wie ich zum Kochen kam? Ich hatte von klein auf Freude daran und habe sogar schon als Junge in einem Restaurant gearbeitet.

In unserer Einheit in den Bergen gab es einen richtigen, ausgebildeten Koch, sein Name war Castañera. Wann immer ich freihatte, ging ich zu ihm und fragte ihn, wie er dieses oder jenes zubereitet. Castañera hatte zuvor in einem Nobelrestaurant gearbeitet. Er hatte sich der Revolution angeschlossen, weil er einem von Batistas Leuten negativ aufgefallen war.

In der Guerillaarmee wurde gegessen, was uns in die Hände fiel. Vor allem Ajiaco, eine beliebte Suppe. Jeder auf Kuba weiß, wie sie geht. Castañera und ich haben sie fast jeden Tag gemacht. Du nimmst Wurst, Hähnchen, Speck oder einen Schweinekopf – was halt da ist. Daraus kochst du eine Fleischbrühe. Wenn sie fertig ist, fügst du Kartoffeln, Bohnen, Mais, Reis und Gemüse hinzu, einfach alles, was du zur Hand hast. Du kannst auch Fisch oder Meeresfrüchte nehmen. Aber in den Bergen bekamen wir selbstverständlich selten Fisch – und von Hummer oder Gambas konnte man nur träumen.

Also: Du wirfst das alles in einen Topf und kochst es etwa eine halbe Stunde auf niedriger Flamme. Es ist eine einfache und doch leckere und nahrhafte Suppe, sodass sie perfekt für unsere Kämpfer war.

Che aß dasselbe wie wir. Er hat nie über das Essen gemeckert, dabei stammte er doch aus einer reichen Familie und war sicher eine exquisite Küche gewohnt. Castañera hätte bestimmt auch etwas aus Ches Heimat Argentinien kochen können, aber er bestand darauf, dasselbe zu essen wie die einfachen Soldaten.

Das Einzige, was ihn von uns unterschied, war seine Vorliebe für schwarze Bohnen. Davon konnte er eine ganze Schüssel auf einmal essen!

Nach ein paar Wochen im Lager kam der Marschbefehl. Also liefen wir nach Santa Clara. Ich habe an allen wichtigen Kämpfen dieser Kampagne teilgenommen, unter anderem Caibarién und Camajuani, wo Batistas Armee vor uns wegrannte, ohne einen einzigen Schuss abzugeben.

Meine Heimatstadt fiel einen Tag später. Es geschah so schnell, dass einige meiner Kameraden einen Hinterhalt witterten. Doch es gab keinen. Der Weg nach Havanna stand uns nun offen. Batista war sich dessen bewusst, denn er floh einige Stunden später in die Vereinigten Staaten. In dieser Zeit passierte so viel, dass ich es nicht einmal schaffte, meine Eltern zu besuchen.

Nach dieser Schlacht wurde Rogelio Acevedo zum Hauptmann befördert und sein Bruder Enrique zum Oberleutnant. Auch ich stieg auf – Che ernannte mich zu einem seiner Leibwächter.

So kam ich nach Havanna. Doch ich arbeitete nicht lange für Ernesto Guevara.

Willst du wissen, wie ich zu Fidel Castro kam? Ich erzähle es dir, aber zuerst muss ich mich um diesen verdammten Schwertfisch kümmern. Warte einen Moment. Ich lasse den Kellner kommen, er bringt dir noch einen Kaffee.

* * *

4.

Und so vergehen die Tage. Morgens Kaffee, Gespräche, manchmal gemeinsames Kochen mit Erasmo. Nachmittags Besuche bei Jorges Bekannten.

Bis Jorge eines Tages mit einer unerwarteten Nachricht erscheint. Es war ihm gelungen, noch einen anderen Koch von Fidel ausfindig zu machen, einen Mann namens Flores. Im Gegensatz zu Erasmo habe dieser keine Karriere gemacht, kein eigenes Restaurant eröffnet, sondern friste seine Tage in Armut und Einsamkeit.

Es gebe nur einen Haken: Offenbar habe Flores den Verstand verloren.

„Willst du ihn trotzdem kennenlernen?", fragt Jorge. „Denn ich kann nicht garantieren, dass er uns etwas Sinnvolles erzählen wird."

Klar, ich will den Mann auf jeden Fall treffen!

Mit einem klapprigen Taxi fahren wir in die Randbezirke Havannas, vorbei an der Marina, von der aus Ernest Hemingway sich aufmachte, Merline zu jagen, und dann noch weiter raus. Wir finden Flores in einem alten, heruntergekommenen Haus, von dessen verschimmelten Wänden der Putz abfällt. Überall wuseln Kakerlaken von der Größe meines Daumens herum, die einzigen Möbel sind zwei abgewetzte Sessel, ein schiefer Tisch und ein uralter, kaputter Fernseher.

Flores kann keinen zusammenhängenden Satz formulieren, er kann nicht einmal bis zehn zählen. Er beginnt zu sprechen, vergisst, was er sagen wollte, setzt wieder an und verliert sich in seinem Kopf. Das Einzige, was aus seinen chaotischen Erzählungen heraussticht, ist seine Bewunderung für Fidel Castro. Und Angst.

„Sie werden kommen! Sie kommen mich holen!"

Wer? Warum?

Das will oder kann er uns nicht sagen.

Der Unterschied zwischen Erasmos Restaurant in La Habana Vieja und dem Slum, in dem Flores lebt, ist ein wahrer Kulturschock für mich. Erasmo trägt teure Kleidung und eine schicke Brille, verdient gutes Geld und träumt davon, noch mehr zu verdienen. Flores hat kaum etwas zu beißen. Er träumt lediglich davon, genug Kippen zu finden, damit er was zu rauchen hat.

* * *

5.

Flores

Was willst du wissen?

Mama?

Ich erzähle dir von meiner Mamacita ...

… meine Mama war Wäscherin. Mein Vater war viel reicher als sie. Seine Familie wollte der Heirat nicht zustimmen.

Mein Großvater handelte mit Zuckerrohr, mit den Amerikanern, er verdiente Geld, viel Geld. Als mein Vater eines Tages sagte, dass er ein einfaches Mädchen heiraten will, wurde der Alte wütend, er fing an zu schreien. Aber mein Vater war stur, sehr stur, musst du wissen. Und dann …

… eines Tages saß ich auf einem Baum. Es war ein Mangobaum. Ich war hochgeklettert, um ein paar Früchte zu pflücken. Schöne Früchte waren das, groß und saftig. Ich hielt eine in der Hand, eine besonders schöne Mango …

… also, ich hielt sie in der Hand und überlegte, wie ich wieder herunterklettern konnte, ohne sie kaputt zu machen …

… unter mir tauchten Militärfahrzeuge auf und sie hielten an diesem Baum ...

… ich war vielleicht dreizehn, wirklich noch ein Grünschnabel. Aus einem dieser Autos stieg ein Mann aus, ein Mann mit einem Bart und einer olivfarbenen Uniform. Und einem Gewehr über der Schulter.

Er wollte meinen Namen wissen, also sagte ich: „Flores, Señor, mein Name ist Flores."

Und er so zu mir: „Eine feine Mango hast du da!"

Da wurde mir klar, dass er mir einfach meine Mango wegnehmen konnte, wenn er nur wollte. Ich hatte keine Chance gegen diese Leute, sie würden mich sofort kriegen. Ich, ganz allein gegen eine Gruppe bewaffneter Guerillas? Also sagte ich: „Ich schenke sie Ihnen gerne, Señor!"

Dann kletterte ich von dem Baum hinunter ...

... also, dieser Mann. Er lächelte mich an und nahm die Mango. Dann sagte er: „Du schenkst sie nicht mir, sondern der Revolution."

Ja, das hat er gesagt.

Dann fragte er: „Flores, mein Junge – kannst du lesen und schreiben?"

Ich antwortete: „Nein, Señor."

Und er sagte: „Flores, meine Männer und ich werden aus Kuba ein besseres Land machen! Ein Land, in dem du zur Schule gehen, lesen und schreiben lernen und alles werden kannst, was du willst. Sogar Arzt oder Lehrer oder Minister."

Das gefiel mir sehr gut und ich sagte: „Das ist eine gute Idee."

Die Leute, die bei dem Mann waren, lächelten mich freundlich an, und dann ...

... ich stand mit einem Sack voller Brennholz vor der Tür des Comandante. Ich musste mich vorbeugen, um unter dem Türsturz durchzukommen, und ich überlegte, wie er, der Comandante, durch die Tür kam, wo er doch so viel größer war als ich, und dann ging die Tür auf und da stand er, Fidel, im Pyjama.

„Pass auf deinen Kopf auf, mein Junge!", rief er und lachte und drückte mir meine Mütze auf die Ohren.

„Jawohl, Comandante, ich passe auf", sagte ich.

Ich warf das Holz neben die Feuerstelle und machte mich ans Kochen. An diesem Tag sollte es Truthahn geben und Fidel steckte sich eine Zigarre an und schaute mir zu. Bestimmt fragte er sich, ob ich das hinkriegen würde mit dem Truthahn, aber …

… weißt du, mein Lieber, was mich gerade sehr bekümmert?

Warum kommen die Amerikaner gerade jetzt nach Kuba? Warum kommen sie jetzt, warum landen ihre Flugzeuge hier, warum legen ihre Schiffe hier an, warum erklären wir uns mit all dem einverstanden, obwohl alle, die ganze Welt, ganz genau wissen, dass es doch ist wie beim Baseball!

Baseball.

Alles hängt vom ersten Wurf ab. Das ist so. Also, warum lassen wir sie den ersten Wurf machen? Warum erlauben wir ihnen, dieses Spiel jetzt schon zu gewinnen, obwohl es noch gar nicht richtig begonnen hat? …

… was soll ich noch sagen. Ich kann nichts mehr sagen. Ich kann nicht. Sonst kommen sie und holen mich und ich will nicht, dass sie mich holen.

* * *

6.

„Ich kenne Leute, die ihr ganzes Leben erzählt haben, wie sehr sie Fidel hassen – und dann wie kleine Kinder weinten, als er starb."

Miguel schaut mich an, als ob er überprüfen wollte, ob ich ihm glaube.

Wir sitzen in seinem schicken Apartment mit herrlicher Aussicht auf die Stadt und trinken Rum. Miguel schüttet ihn in sich hinein wie Wasser.

Er stammt aus einer Kommunistenfamilie, doch heute gehört er zur oberen Mittelschicht: Er besitzt mehrere Wohnungen, die er günstig gekauft und renoviert hat und jetzt an Touristen vermietet.

„Die eine Wohnung hat sich innerhalb von sechs Monaten amortisiert. Eine andere innerhalb von zehn Monaten."

Er macht ein Gesicht wie eine Katze, die gerade von der Sahne genascht hat.

Ich glaube ihm. Heutzutage ist Kuba für Leute mit seinen Beziehungen ein wahres Paradies.

„Selbstverständlich muss ich meine Einnahmen teilen", erklärt er. „Mit dem Mann, der sie mir so günstig vermittelt hat. Mit jemandem vom Amt, der mir die für den Kauf erforderlichen Bescheinigungen ausgestellt hat. Aber es lohnt sich. Ihnen geht es gut, mir geht es gut."

Miguel liebt es, über Politik zu reden. Und er hat Ahnung davon. Sein Vater kannte sowohl Fidel als auch Raúl Castro – dessen jüngeren Bruder, der heute kubanischer Präsident ist.

„Weißt du, es gibt alte Kommunisten, die über die Gebrüder Castro schimpfen."

Er kehrt zu unserem eigentlichen Thema zurück und schaut mich aufmerksam an, als ob er einschätzen wollte, ob ich seine Informationen zu würdigen weiß. Offenbar fällt der Test positiv aus, denn er fährt fort.

„Warum? Weil sie der Meinung sind, dass die Castros die alten Ideale verraten haben. Denn irgendwann war es nicht mehr ihre Revolution, sondern eine Fidelition. Aber letztlich sagt jeder was anderes. Sicher ist nur eines: Fidel hatte ein wahrhaftig karibisches Temperament!"

Miguel bricht in Lachen aus.

Er hat recht. Fidels Temperament machte sich schon in jungen Jahren bemerkbar. Seine Biografen erzählen, wie er als Schüler eine Wette mit seinen Schulkameraden abschloss: Er würde auf seinem Fahrrad mit Karacho gegen eine Mauer fahren. Und das tat er dann auch. Zwar zog er sich eine Gehirnerschütterung zu, aber er hatte gewonnen. Warum er das gemacht hat? Wahrscheinlich wusste er es selbst nicht genau.

In seinem späteren Leben gab es eine ganze Reihe von Ereignissen, in denen sich Draufgängertum mit sinnlosem Risiko mischte.

So war es beispielsweise am 26. Juli 1953, als er mit hundert Männern die Moncada-Kaserne in Santiago de Cuba angriff.

„Seine Leute waren schlecht vorbereitet, hatten kaum Waffen", erzählt Miguel. „Sie hatten keine Chance. Die meisten von ihnen starben, der Rest landete im Gefängnis."

Fidel Castro wurde auf die Isla de Pinos gebracht, wo er sich mit dem Kochen von Spaghetti die Zeit vertrieb. Er soll diese Kunst regelrecht perfektioniert haben. Viele Jahre war das sein Spezialgericht.

Nachdem er wieder freigelassen wurde, zwang ihn die kubanische Regierung, das Land zu verlassen. So kam er nach Mexiko. Doch er hatte kein Interesse daran, im Exil zu versauern. Sobald sich die Gelegenheit bot, scharte er Kameraden um sich und plante seine Flucht nach Kuba. Es war November 1956. Mit einundachtzig Kameraden bestieg er die für fünfundzwanzig Passagiere ausgelegte klapprige Yacht *Granma* und machte sich auf den Weg nach Kuba. Che Guevara beschreibt in seinen Erinnerungen, wie sie beinahe die gesamte Überfahrt hindurch an Seekrankheit litten und zum Schluss beinahe verhungert wären, weil sich die Reise länger hinzog als gedacht.[5]

Fidel hätte seine ersten Kampfgefährten fast umgebracht, bevor die Revolution überhaupt begonnen hatte.

Der *Granma* ging kurz vor Kuba der Sprit aus und sie lief auf Grund,

Castro und seine Gefährten retteten sich an Land, wo sie jedoch von einer Patrouille entdeckt und aus der Luft und von Bodentruppen angegriffen wurden. Bei der tagelangen Verfolgungsjagd wurden einundsechzig Kämpfer getötet oder gefangen genommen, die Castro-Brüder, Che und achtzehn andere überlebten und entkamen in die Sierra Maestra.

Und wieder: Fidel Castro – mit ein paar wenigen bewaffneten Kameraden – forderte Fulgencio Batista heraus, der über eine gut ausgestattete Armee und die Unterstützung der USA verfügte. Der Diktator stellte den Rebellen zehntausend bewaffnete Soldaten entgegen.

Aber Castro war noch nie jemand, der plante, kalkulierte und sich seine Chancen ausrechnete. Wieder, wie damals auf dem Fahrrad, raste er mit voller Geschwindigkeit und sehenden Auges gegen eine Mauer. Er war vollkommen überzeugt, dass er gewinnen würde – und die Geschichte sollte ihm recht geben. Zumindest für ein paar Jahrzehnte.

Batistas Soldaten hatten Schwierigkeiten, in den Bergen zurechtzukommen, wo die Guerillas ihnen einen Hinterhalt nach dem anderen stellten. Sie wurden von Tag zu Tag weniger. Bis Fidel 1958 in die Offensive ging und Anfang 1959 triumphierend in Havanna einzog.

* * *

7.

Erasmo

Ich lernte Fidel Castro ein paar Tage nach unserer Ankunft in der Hauptstadt kennen, im Haus von Antonio Núñez Jiménez, einem Wissenschaftler, der später als erster Kubaner in die Antarktis fuhr. Auch Antonio war in Ches Einheit; später wurde er Leiter des Nationalen Instituts für Bodenreform.

Bei dem Treffen in seinem Haus ging es um ebenjene Reform. Und bei der Gelegenheit stellte sich heraus, dass Fidel einen Leibwächter brauchte. Che vergötterte ihn, teilte alles mit ihm, und schlug spontan vor, dass er mich als seinen Bodyguard haben könne.

Ob ich mich gefreut habe? Na, selbstverständlich! Nicht nur, dass ich endlich den großen Anführer kennengelernt hatte, jetzt durfte ich sogar für ihn arbeiten!

Viele Jahre war ich immer an seiner Seite. Und ständig hieß es: „Hol dies, bring das, wir fahren dahin, wir müssen dies, wir müssen das."

Doch obwohl wir alle für den wichtigsten Mann im Land arbeiteten, kümmerte sich keiner um eine sinnvolle Ernährung für ihn. Immer gab es Wichtigeres zu tun. Ich war der Erste, dem auffiel, dass el Comandante öfter hungrig herumlief. Also besorgte ich mir eines Tages einen Topf, ein paar Lebensmittel, machte ein Feuer – und als el Jefes Treffen zu Ende war, stand eine dampfende Suppe für ihn bereit. Es gehörte zwar nicht zu meinen Aufgaben, doch ich habe schon immer gerne gekocht. Na ja, und auf diese Weise hatte ich auch gleich selbst was zu essen.

Fidel fand die Idee gut, sodass ich seitdem öfter fürs Kochen zuständig war.

Mit der Zeit nahmen wir den besagten Topf überall hin mit. Egal, wohin wir fuhren.

Manchmal hatte ich vierundzwanzig Stunden am Tag zu tun. Weil Fidel Besuch bekam. Weil er irgendwo festsaß. Weil er mitten in der Nacht Hunger bekam und es mittlerweile gewohnt war, dass ich für ihn kochte. Aber ich beklagte mich nicht. Niemand von uns hätte sich jemals beklagt. Wir wussten nämlich, dass unsere Revolution nur dann erfolgreich sein würde, wenn jeder von uns, egal ob Minister oder Koch, sein Bestes gab.

So vergingen vier Jahre, in denen sich auf Kuba sehr viel veränderte. Fidel setzte die Agrarreform um, wonach der gesamte Grund und Boden verstaatlicht wurde. Er nahm den Amerikanern die Fabriken weg und bekämpfte den Analphabetismus im Land. Zu Batistas Zeiten hatte sich niemand darum gekümmert.

Alles geschah so schnell, dass ich mich kaum noch an diese Jahre erinnere. Weißt du, dass ich nicht einmal eine Wohnung oder ein Zimmer hatte? Ich schlief einfach irgendwo da, wo el Comandante gerade war.

Bis mich eines Tages Celia Sánchez, seine Freundin und Gefährtin, zur Seite nahm und sagte: „Erasmo, du bist ein sehr begabter Koch. Fidel kann sich jederzeit einen neuen Leibwächter besorgen, aber gute Köche sind schwer zu finden. Hättest du vielleicht Lust, eine Ausbildung zu machen?"

Es war eine große Ehre für mich. Celia kochte immer wieder für ihren Freund. Und Fidel betonte jedes Mal, wie sehr ihm ihr Essen schmecke.

Sie sprach dabei einen sehr wichtigen Punkt für mich an. Zu der Zeit fragte ich mich oft, ob dieser ganze militärische Kram wirklich das Richtige für mich war. Es machte mir so viel mehr Spaß, mir Gerichte auszudenken, etwas in einen Topf zu tun, zu erleben, wie Gewürze den Geschmack einer Speise veränderten. Wie dasselbe Rezept jedes Mal ein wenig anders ausfiel. Doch vor allem: wie Fidel und meinen Kollegen schmeckte, was ich zubereitet hatte.

Also antwortete ich Celia, dass das eine hervorragende Idee sei – ja, ich würde mich freuen, eine Ausbildung zum Koch zu machen!

Meine Guerillakameraden kamen gar nicht mehr aus dem Staunen heraus: „Du, Fidels Leibwächter? Du willst Koch werden? Warum? Du bist doch auf dem besten Wege, Offizier zu werden!"

Aber ich blieb dabei. Sobald Fidel sein Einverständnis gegeben hatte, begann ich mit der Ausbildung.

Um auf der Kochschule angenommen zu werden, musste ich zunächst eine Prüfung absolvieren. Ich habe Fischfilet in Mangosauce gekocht, was mir den ersten Platz unter den Prüflingen einbrachte. Ich war wirklich überrascht, dass es mir so gut gelungen war. Für diese Sauce musst du nämlich eine hervorragende Demi-glace haben, also eine dicke Kraftsauce.

Du nimmst mehrere Knochen, aber nur solche mit Mark, und schneidest sie in kleine Stücke. Dann bäckst du die Stückchen bei zweihundert Grad, etwa zwanzig Minuten. Die beste Sauce kriegt man aus Rinderknochen, aber an sich kannst du alles nehmen.

Während sie im Ofen sind, brätst du Möhren, Tomaten und eine halbe Selleriewurzel in Öl. Sobald die Knochen braun geworden sind, tust du alles zusammen in einen großen Topf und kochst es auf kleiner Flamme. Wie lange? Hm, etwa zwei Tage. Eine gute Demi-glace muss die Konsistenz von Gelee haben.

Der Rest ist einfach. Du filetierst den Fisch und brätst ihn, am besten in Olivenöl. In einem anderen Topf erwärmst du die zuvor gekochte Demi-glace. Sobald sie heiß ist und der Fisch fertig, gibst du die Mangostückchen hinzu. Aber wirklich erst zum Schluss, denn Mango zerfällt sehr schnell. Du schneidest die Mango in Würfel, nicht zu groß und nicht zu klein, etwa daumennagelgroß. Dann kochst du sie, bis sie weich sind und eine Sauce ergeben. Sobald das Fischfilet gar ist, gießt du die Sauce darüber, fertig.

Später bereitete ich diesen Fisch noch oft für Fidel zu. Er mochte ihn sehr. Woher ich das Rezept hatte? Noch aus dem Restaurant in Santa Clara, in dem ich als Junge gejobbt hatte.

Die Schule war wunderbar, wir hatten Lehrer aus Frankreich, Italien und Paraguay. Doch seltsamerweise niemanden aus der Sowjetunion, obwohl sehr viele Russen auf die Insel gekommen waren, seit die Amerikaner ein Embargo gegen Kuba verhängt hatten.

Mein Lieblingslehrer war ein gewisser David Griego, früher Chefkoch im berühmten Hotel *Habana Libre*. Um ein guter Koch zu sein, sagte er, reiche es nicht, kochen zu können. Schon gar nicht, wenn man prominente Persönlichkeiten beeindrucken wolle. Kochen könne jeder: Man geht einfach nach Rezept vor, keine große Kunst. Doch wenn man in der Küche eines Präsidenten tätig sei, müsse man gut planen und fähig sein, Aufgaben zu delegieren. Griego erklärte mir, dass wir Tage im Voraus würden planen müssen. Das sei nichts, was man in der Guerillaarmee lernen könne, dort benötige man andere Fähigkeiten.

Ich war im zweiten Jahr meiner Ausbildung, als Celia mich aufsuchte. Sie erzählte mir verzweifelt, dass Fidel so gestresst sei, dass er an manchen Tagen zu essen vergaß. Manchmal koche einer der Jungs für ihn, doch es schmecke ihm nicht. Meistens stelle er sich dann in die Küche und mache sich seine Spaghetti selbst, ein Gericht, das nicht einmal sie für ihn kochen dürfe.

Also fragte Celia mich, ob ich nicht nach der Schule in der Residenz vorbeikommen und für den Commandante kochen könnte.

Natürlich war ich einverstanden.

***

8.

Fidel hatte schon immer guten Alkohol und gute Zigarren gemocht. Im

Mai 1958 schrieb er aus der Sierra Maestra einen verzweifelten Brief an Celia Sánchez: „Ich habe keinen Tabak, ich habe keinen Wein, ich habe gar nichts. Eine Flasche süßer spanischer Rosé war noch im Kühlschrank. (…) Wo ist er?“[6] Als ich Erasmo dieses Zitat vorlese, nickt er bestätigend: „Ja, er liebte guten Alkohol. Wer denn nicht? Aber gegessen hat er das, was jeder normale Kubaner auch aß.“

„Wirklich?“, frage ich zweifelnd.

Die Vision von el Comandante, der dasselbe isst wie die einfachen Leute, klingt für mich zu sehr nach Propaganda.

„Ich meine, damals standen normale Kubaner stundenlang an, nur um eine gammelige Tomate zu kaufen. Niemand durfte ohne staatliche Erlaubnis auch nur einen einzigen Fisch fangen. Und du willst mir sagen, dass sich Fidel wie die einfachen Leute ernährte?“

Ernesto Hernández runzelt irritiert die Stirn.

„Die Schlangen vor den Geschäften kamen vom Embargo der Amerikaner! Das war nicht Fidels Schuld!“, ruft er empört. „Und seine Ernährung unterschied sich nicht von der aller anderen Kubaner.“

„Das meinst du doch nicht ernst!“, protestiere ich. „Er soll wirklich nur Grapefruits gegessen oder mittags gezuckertes Wasser getrunken haben wie so viele hier, nachdem die Sowjetunion zusammengebrochen war?“

„Was weißt du denn schon! Du hast doch keine Ahnung!“

Wütend wirf Erasmo sein Geschirrtuch auf den Tisch, dreht sich demonstrativ um, schnappt sich sein Handy und fängt an, darauf herumzutippen.

Verdammt. Ich befürchte, dass ich es übertrieben habe. Es gibt schließlich Dinge, die er mir nicht sagen darf. Fidel Castro ist noch am Leben und sein Bruder Raúl an der Macht. Ich sollte ihn nicht so bedrängen.

Also frage ich versöhnlich: „Hat Fidel deiner Meinung nach irgendwelche Schwächen?“

Erasmo denkt länger darüber nach.

„Ja, eine. Er weiß immer alles besser.“

Diese Tatsache wird von allen seinen Biografen bestätigt. El Comandante soll alle immerzu belehrt haben. Er war überzeugt, dass er sich überall am besten auskannte: Baseball, Landwirtschaft, Politik, Reisanbau, Käseherstellung, Geschichte, Erdkunde, Fischerei, was auch immer.

„Deshalb auch seine stundenlangen Ansprachen. Er dachte wirklich, dass er alles am besten weiß. Dass niemand besser erklären kann, wie man den Kommunismus aufbaut oder Kühe besamt“, erklärt mein Bekannter Miguel.

Er soll schon als Student so gewesen sein. Einmal besuchte er seinen Professor und kaum war er da, ging er auch schon in die Küche und belehrte dessen Dienstmädchen, wie sie Kochbananen zubereiten müsse.

Als Präsident speiste Fidel öfter im *Habana Libre,* dem besten Hotel der Stadt. Er ließ die Köche antanzen und erklärte ihnen, wie sie Roten Schnapper, Hummer oder Ente zu kochen hätten. Die Köche dieses Hotels, das vor dem Krieg zur Hilton-Kette gehört hatte, waren die besten des Landes – und dennoch mussten sie sich Fidels Ausführungen anhören.

In einem Interview Fidels mit dem Dominikaner Frei Betto finde ich ein einzigartiges Rezept, das er dem Padre diktiert haben soll.

„Garnelen oder Langusten sollten am besten nicht gekocht werden, denn im heißen Wasser verlieren sie ihren Geschmack und werden hart. Sinnvoller ist es, sie im Ofen oder auf dem Grill zu backen oder zu grillen. Es reicht, wenn man die Garnelen für fünf Minuten auf den Rost legt, Langusten wiederum brauchen elf Minuten im Ofen oder sechs Minuten über heißen Kohlen. Gewürzt werden sollte nur mit Butter, Knoblauch und Zitrone. Gutes Essen ist einfaches Essen!"[7] Fidel liebte es, Roten Schnapper und Hummer selbst zuzubereiten. Meistens gab er sich dieser Tätigkeit während seiner berühmten Angelausflüge hin, bei denen auch gerne eine Suppe aus den extra für ihn gezüchteten Schildkröten serviert wurde. Später stellte er sich an den Grill.

Es war eine große Ehre, von Fidel persönlich bekocht zu werden.

9.

Flores

Wenn du schon fragst, das Kochen hat mir mein Bruder beigebracht. Er arbeitete in einem Restaurant und zeigte mir nach Feierabend, wie man was macht. Langusten aufschneiden, Krabben würzen. Davor kannte ich nichts außer Maniok, Süßkartoffeln und dem Fleisch, das es auf dem Land gab: Hähnchen, Schwein und Rind. Außerdem Guave, Mais, Kochbananen, Orangen, Bohnen ...

... ich kriege dreihundertfünfzig Pesos Rente. Die reichen mir völlig. Der Mensch hat keine zwei Mägen. Du kannst nicht zwei Hähnchen oder zwei Laibe Brot gleichzeitig essen. Und Alkohol ...

... ich trinke nur wenig Alkohol. Schau, bisschen Rum, bisschen Wasser, bisschen Kaffee. Kaffee mit Rum, das schmeckt sehr gut. Dann setze ich mich in den Sessel, hier, und schließe die Augen. Dann muss ich nicht mehr denken. Ich habe sehr viele Gedanken im Kopf, über sehr viele Dinge, und manchmal ist es, als würden diese Gedanken aus meinem Kopf hinauslaufen wollen und da weiß ich nicht, was ich tun soll, also sitze ich da und versuche, sie zu beherrschen, manchmal geht es, und manchmal nicht, und manchmal, da versuche ich es gar nicht erst.

Sonst noch was? Meine Frau?

… meine Frau ...

… wir haben eine gute Ehe geführt. Meine Frau und ich haben zwei Kinder. Einen Sohn und eine Tochter. Aber …

… aber als die Familie meines Vaters nicht einverstanden war, dass er meine Mutter heiratet, da nahm er eines Nachts eines der Pferde seines Vaters und ritt zum Haus meiner Mutter. Sie wartete schon auf ihn. Sie hatte ihren Eltern gesagt, dass sie im Garten spazieren geht. Er kam also angeritten und sie sprang auf.

Sie ritten in ein Dorf, wo mein Vater ein Haus gemietet hatte. Dort lebten sie von da an. Er schickte seinem Vater sogar das Pferd zurück, weil er sagte, wenn seine Familie sich ihm in den Weg stellt und nicht will, dass er das Mädchen heiratet, das er sich ausgesucht hat, dann will er von ihnen auch keinen einzigen Centavo, kein Land und auch kein Pferd, und er ließ sich viele Jahre nicht blicken und beantwortete keine Briefe, aber das Wichtigste ist, mein Lieber, …

… das Wichtigste ist, wer das Spiel beginnt. Wer zuerst den Ball wirft. Beim Baseball geht es nicht nur um Muskelkraft. Es geht auch darum, den Gegner einzuschüchtern. Wenn der erste Werfer seinen Job gut macht, kann das das gesamte Spiel entscheiden, denn die gegnerische Mannschaft verliert den Mut.

Genauso ist es in der Politik. Wenn wir den Amerikanern erlauben, den ersten Wurf zu machen, dann stimmt doch irgendetwas nicht. Dann muss man fragen, warum sie nie hergekommen sind, als wir arm waren, nachdem die Sowjetunion kaputtgegangen ist und die Russen von heute auf morgen nicht mehr mit uns befreundet sein wollten. Warum sie nie hergekommen sind, als innerhalb weniger Monate all unsere Schweine eingegangen sind. Da war ich dabei, ich fuhr mit dem Tierarzt durch die Dörfer, wir haben alle Bauernhöfe und Farmen besucht. Er wollte wenigstens ein paar Tiere retten. Ich war immer mit dabei, denn ich brauchte ja Fleisch für Fidel. Und dieser Tierarzt überprüfte, ob die Schweinepest schon angekommen war, wo wir waren, und ich weiß noch, dass die Bauern vollkommen verzweifelt waren, weil nix zu machen war. Wir konnten kein einziges Schwein retten, und die Amerikaner kamen damals auch nicht. Also warum kommen sie heute? Warum kommen sie heute, wo unser Peso so stark ist wie noch nie in unserer gesamten Geschichte und wir endlich auf die Beine kommen? Sag mir, mein Junge, warum? …

... el Comandante, wenn du es schon wissen willst, aß jeden Morgen Eier zum Frühstück. Am liebsten Wachteleier. Eine bescheidene Mahlzeit. Mit ein bisschen Bohnen und Reis, und einmal …

… einmal saßen sie zu zweit, Fidel und Che, im *Hotel Nacional,* und der Kellner brachte ihnen Eiscreme. El Comandante liebt Eis! Er konnte zehn Kugeln zum Nachtisch essen. Oder sogar mehr. Dem Kellner zitterten die Hände und der Jefe sagte: „Mein Freund, koste du als Erster von diesem Eis."

Da wurde der Mann ganz bleich. Und da beschlossen sie, dass es sinnvoll wäre, jemanden zu haben, der alles für den Comandante vorkostete. Und mein Vater …

… mein Vater brachte mir eins bei: Schaue zu, beobachte, ziehe deine Schlüsse, aber gehört hast du nichts. Schon als ich ein kleiner Junge war und als Schuhputzer arbeitete, befolgte ich diesen Rat meines Papas. „Die Leute reden über alles Mögliche", sagte er, „aber wenn du keinen Ärger willst, vergiss gleich wieder, was du gehört hast." Und für das Schuhputzen bekam ich fünf Centavos pro Paar, das weiß ich noch, deswegen ...

... deswegen kann ich nicht wirklich mit den Leuten heutzutage. Wenn ich Bus fahre, in die Kirche, lese ich in der Zeitung oder in der Bibel. Der Bus kostet einen Peso, aber glaubst du, dass einer von den jungen Leuten für einen alten Mann aufsteht und ihm seinen Platz anbietet? Nein, mein Freund. Heute sind die Alten unsichtbar. Kein Respekt mehr.

... Und der Comandante sagte einmal, dass er erst dann einen Anlass sehen würde, mit den Amerikanern zu reden, wenn ein Schwarzer Präsident wird. Aber es sah lange nicht so aus, als würde das jemals passieren. Wenn also Fidel Castro den Präsidenten der USA bisher nicht getroffen hat, dann nur, weil er es nicht wollte – und nicht, weil Obama da was zu sagen gehabt hätte. Niemand sagt Fidel Castro, was er zu tun hat! Denn Fidel weiß ganz genau, was im Baseball das Wichtigste ist: Nämlich wer den ersten Ball wirft. El Comandante ist der Beste, auch im Baseball, und wenn jemand als Erster werfen darf, dann nur er, und außerdem ...

... außerdem darfst du nicht vergessen, wie er mal zu mir gesagt hat, dass er Lust auf einen Salat aus kleinen Aalen hätte, Anguilas. Sie sehen aus wie Spaghetti, lang und dünn. Er sagte, dass er mal einen solchen Salat gegessen habe und dass ich mich darum kümmern solle, diese Aale aufzutreiben und zu lernen, wie man diesen Salat macht, und er lächelte, weil er wusste, da er mich bereits gut kannte, dass ich ihm die Aale besorgen würde, auch wenn das bedeuten sollte, sie selbst fangen zu müssen, egal ob mit Händen oder Zähnen. Also fuhren wir, sein Leibwächter und ich, los und fragten herum, wer von den Fischern kleine Aale habe, wir fuhren die ganze Nacht, bis wir jemanden fanden, der sagte, dass er einen solchen Angelplatz kenne, aber dass es verboten sei, dort zu fischen, und da rief ich: „Cabrón, du fährst mit uns sofort dahin, diese verdammten Aale holen!", und da begriff er, dass er es mit jemand Wichtigem zu tun hatte und widersprach nicht. Wir setzten uns in ein Boot und fuhren hin, mitten in der Nacht, und am nächsten Morgen, wir haben gar nicht geschlafen, hatten wir die Aale, und ich tat Salatblätter dran und Tomaten und Oregano und Petersilie und Zwiebeln und Möhre, und so bekam Fidel seinen Aalsalat; er wusste es, er wusste sehr genau, dass er sich immer auf mich verlassen konnte, er aß ihn und lächelte, doch er sagte nichts, gar nichts, er musste auch nichts sagen, es genügte, wie er mich anblickte, daran erkannte ich, dass alles gut war … alles gut …

… jetzt schau aus dem Fenster, schau, siehst du diesen Baum, es ist ein Mangobaum, so wunderbare Früchte …

… und ich überlegte, wie ich so hinunterklettern könnte, dass die Mango nicht kaputtging …

… gleich hier wächst ein kleiner Limettenbaum, schau, und die Büsche da unten, das sind Tomaten, wir bauen sie hier auf Kuba direkt am Haus an oder zwischen den Wohnblöcken, denn manchmal ist es schwer, Tomaten im Laden zu bekommen, und so habe ich eigene und bin unabhängig, ich muss nicht in den Bus steigen, muss nicht zum Mercado fahren, muss keinen um was bitten; ich habe meine eigenen Tomaten, pflücke sie, wann ich will, eine oder zwei, und den Comandante …

… ich liebe ihn wie meinen eigenen Vater, oder einen Bruder; wenn er heute herkäme und mir sagen würde: „Flores, ich brauche deinen Arm", dann würde ich mir den Arm abhacken und ihm geben, und wenn er sagen würde: „Flores, ich brauche dein Herz", würde ich mir das Herz rausreißen und es ihm geben. Einmal …

… einmal fuhren wir zu einem Korallenriff hinaus, es war so ein wunderbarer Tag, und Fidel ging tauchen; er hatte wie immer seine zwei Leibwächter dabei, die dieselbe Blutgruppe hatten wie er, falls dem Jefe etwas passierte, und da …

… da nahmen diese Soldaten die Mango, und ich pflückte ihnen noch mehr, wo ich doch schon auf dem Baum war, und dann fuhren sie weiter. Und so schloss ich mich der Revolution an und ich malte Sprüche auf Mauern: „Vive el 26 de Julio, viva la Revolución Cubana!“ Und wenn Batistas Polizei ankam und fragte, wer das gemalt hat, dann sagte ich immer, dass ich doch weder lesen noch schreiben kann und überhaupt nicht verstehe, was da steht, und dann ließen sie mich in Ruhe ...

So viel kann ich dir sagen. Mehr nicht. Ich würde ja gerne, aber ich kann nicht. Sonst kommen sie mich holen. Und mir wäre lieber, wenn sie nicht kommen ...

Nein, ich erzähle dir noch was. Tiere mag ich lieber als Menschen. Nimm zum Beispiel meinen Hund. Er ist mir eines Tages auf der Straße zugelaufen, wollte nicht wieder weg, also nahm ich ihn mit, ich nahm ihn mit nach Hause und kochte ihm Reis, er verschlang alles, fraß so schnell, dass er ins Schwitzen kam, und seitdem sitzt er auf der Fußmatte vor dem Haus, und wenn ich irgendwo hingehe, läuft er mir hinterher. Beethoven habe ich ihn genannt, denn wenn ihm was nicht passt, tut er so, als ob er taub wäre. Beethoven, komm her, Beethoven! Siehst du, das meine ich. Wenn er nicht hören will, hört er nicht. Wenn er nicht kommen will, tut er so, als ob er gar nicht gemeint wäre. Und wenn …

… und wenn der Comandante einen freien Augenblick hat, fährt er aufs Korallenriff hinaus und geht tauchen. Seine Leibwächter können nur davon träumen, so tief zu tauchen wie Fidel und solche schönen Fische zu fangen, und dann kommen sie mit dem Fang zurück, mit einem riesigen

Sack, und alles, was da drin ist, hat Fidel gefangen, wie oft habe ich das gesehen! Ich nehme dann die Languste und schneide sie auf, so, durch die Mitte, ich tue das Fleisch auf den Grill und gieße ein bisschen Limettensaft drauf, el Jefe liebt solch einfaches Essen, ich habe es gerade gestern für ihn zubereitet, obwohl manchmal …

… manchmal weckt mich mein Herz. Dann setze ich mich in meinem Bett auf und warte, bis es sich beruhigt hat; wenn es sich beruhigt, schlafe ich wieder ein, und wenn nicht, dann warte ich, bis die Sonne aufgeht und gehe aus dem Haus, um nicht nachdenken zu müssen, denn sonst muss ich nachdenken, und ich habe so viele Gedanken, ganz unterschiedliche Gedanken, zu allen möglichen Themen, vielleicht sollte ich sie aufschreiben, zumindest hat das meine Exfrau immer gesagt: „Schreib es auf, Flores, schreib alles auf, was dir durch den Kopf geht, sonst wird es ganz böse enden", das hat sie gesagt, also versuche ich es aufzuschreiben, aber wenn ich nachts aufwache, ist es noch dunkel, oft fällt hier der Strom aus, und bevor die Sonne aufgeht, sind schon so viele Gedanken durch meinen Kopf gerast, dass ich nicht weiß, welche genau ich aufschreiben soll, und meine Frau? ...

… meine Frau ist weg. Hat mich verlassen. Sie wollte alleine wohnen, ohne mich. Manchmal gehe ich zu ihr hin und sage ihr, dass diese Gedanken nichts mit mir zu tun haben, dass ich nichts dafür kann, dass es einfach passiert, sie schickt mich weg, und dann denke ich ...

… ich denke an diese Mango, ja, es war wirklich eine schöne Frucht, und ich überlegte, wie ich da herunterkommen soll, von dem Baum, ohne sie kaputt zu machen, und unten fuhren die Militärautos vorbei.

* * *

10.

Mein Dolmetscher und Guide Jorge ist beinahe zwei Wochen bei mir. Gemeinsam suchen wir alle Menschen auf, die auch nur ansatzweise etwas mit Fidels Ernährung zu tun hatten.

Jorge nimmt mich unter anderem zu seinem alten Ausbilder mit, bei dem er eine Schulung zum Barmann absolviert hat. Dieser Mann war jahrelang Fidels persönlicher Kellner. Wir besuchen ihn in seinem Haus in Havannas Villenviertel.

„Fidel hat mal ein Hähnchen gegessen und sich dabei schlimm verschluckt", erinnert sich der alte Kellner. „Ein Knochen blieb ihm im Hals stecken. Wir starrten ihn alle an, wie gelähmt, vielleicht drei oder vier Sekunden. Die Leibwächter starrten uns Kellner an, wir wiederum die Leibwächter. Währenddessen würgte und hustete Fidel. Ich wurde als Erster klar im Kopf und rannte zu ihm. Ich schlug ihm mit der Faust auf den Rücken, mit voller Kraft. Er hustete kurz ab und konnte anschließend wieder normal atmen. Also kann man sagen, dass ich ihm das Leben gerettet habe. Und glaub mir, es gibt viele Menschen auf Kuba, die mich dafür nur zu gerne aufknüpfen würden", sagt er lachend.

Nur einmal müssen wir eine Pause machen. Eines Tages, so um die Mittagszeit, wird Jorge von seinem Chef Erasmo ins Restaurant gerufen. Er soll mit einem Kollegen den amerikanischen Präsidenten Barack Obama bedienen, der mit Ehefrau, Töchtern und Schwiegermutter im *Mama Inés* zu Abend isst.

„Der Präsident hatte ein Beefsteak und die First Lady ein Steak in Rotweinsauce", informiert mich Jorge am nächsten Tag. „Und dann ist etwas Unglaubliches passiert! Nach dem Essen blickte mir Präsident Obama in die Augen und sagte: ‚Jorge, it was a great pleasure!'"

„Was fandest du daran so toll?", will ich wissen.

„Er hat sich meinen Namen gemerkt!", freut sich Jorge. „Kannst du dir das vorstellen? Viele kubanische Politiker kommen zu uns, und es ist noch nie vorgekommen, dass einer von ihnen auch nur ein freundliches Wort über meine Arbeit verloren hätte. Und da schaut mich der mächtigste Mann der Welt an und sagt mir, dass es eine große Freude gewesen sei, von mir bedient zu werden. Und er spricht mich mit meinem Namen an! Diesen Abend werde ich nie vergessen!"

Erasmo umarmt Jorge herzlich, als hätte er eine wichtige Prüfung bestanden.

„Jetzt weißt du, wie es ist, für einen Präsidenten zu kochen!", lacht er.

* * *

11.

Erasmo

Das größte Problem mit Fidel war, dass er in seiner Guerillazeit gelernt hatte, zu jeder Tages- und Nachtzeit zu essen. Ich konnte also überhaupt nicht planen. Für einen Koch ist das richtig schlimm. Man ist Tag und Nacht auf Abruf.

Doch es hatte auch seine Vorteile: Fidel war in Sachen Essen entspannt und beschwerte sich nicht – er aß alles, was ich ihm hinstellte. Eher ist es sein Bruder Raúl, der den Koch kritisieren würde.

Einmal fuhren wir nach Birán, wo Fidel aufgewachsen ist und wo seine Mutter bis zu ihrem Tod lebte. Sein Vater war noch vor der Revolution gestorben. Sie hatten eine riesige Plantage in Birán. Fidel hatte acht

Geschwister. Selbst wenn alle auf der Plantage geblieben wären, hätten sie ein gutes Leben gehabt. Aber er hat ja die Revolution entfacht und musste mit gutem Beispiel vorangehen. Während der Agrarreform war die Finca seines Vaters eine der ersten, die er verstaatlicht hat. Seiner Mutter überließ er ein kleines Häuschen auf dem Anwesen.

Sein Vater war durch harte Arbeit ein wohlhabender Mann geworden. Er war kein amerikanischer Kapitalist, keiner von denen, die wir bekämpften, sondern ein armer Spanier aus Galizien, der alles, was er auf Kuba erreicht hat, seiner Hände Arbeit verdankte. Doch es wäre nicht möglich gewesen, allen anderen ihren Grundbesitz wegzunehmen, aber seine Familie zu verschonen. Noch zu der Zeit, als er in der Sierra Maestra kämpfte, war eine seiner ersten Aktionen, große Zuckerrohrplantagen abzufackeln. Also setzte er auch die seines Vaters Ángel in Brand. Hast du schon mal ein Feuer auf einer Zuckerrohrplantage erlebt? Ich schon. Die Luft ist klebrig und schwer vor Süße.

Seine Mutter sollte ihm das nie verzeihen. Ja, sie freute sich, wenn Fidel vorbeikam, ja, sie nahm uns alle freundlich bei sich auf, aber man merkte ihr an, dass sie ihm die Sache übelnahm – auch wenn er ihr Lieblingskind war. Sie sprachen nur über Belanglosigkeiten: „Wie geht's?", „Alles gut", „Viel zu tun", „Ganz schön heiß heute". Obwohl die Kameraden und ich es ihm öfter vorgeschlagen haben, wollte er nicht mit ihr allein gelassen werden. „Nicht nötig, bleibt hier", sagte er dann.

Sein Vater hatte ihn immer für einen Taugenichts und einen Krawallmacher gehalten, der es nie zu etwas bringen würde. Eigentlich war vorgesehen, dass er auf der Zuckerplantage bleiben und das Familienvermögen vermehren sollte. Fidel war sehr begabt, er schloss sowohl die Schule als auch die Universität mit Bestnoten ab. Er hat ja Jura studiert. Er hätte alles werden können. Politiker? Jede Partei hätte ihn zu ihrem Anführer gewählt. Sportler? Die amerikanische Major League Baseball hat ihm sogar einen Profivertrag angeboten! Koch? Er konnte richtig gut kochen; wäre er auf dieselbe Schule gegangen wie ich, hätte er womöglich der beste Koch der Insel werden können.

Doch er wurde Jurist und fing gleich nach dem Studium an, sich für die Ärmsten der Armen einzusetzen. Anstatt sich mit einer eigenen Kanzlei niederzulassen und reiche Leute zu vertreten, zog er es vor, den Notleidenden zu helfen. Damals kam er kaum über die Runden.

Er hatte das Kochen wohl von seiner Mutter gelernt, denn sie kochte sehr gut. Bevor sie die zweite Frau von Ángel Castro wurde, arbeitete sie als seine Bedienstete, später auch als seine Köchin. Ich kann mich erinnern, wie sie mal Paella für uns alle gemacht hat. Zwar war ich der Meinung, dass ich in der Küche ziemlich gut klarkam, aber was diese Frau da gezaubert hat, war eine ganz andere Liga. Ich habe noch nie so köstliche Paella gegessen! Ich wollte von ihr wissen, was ihr Geheimnis war, aber sie lächelte nur. Gute Köche verraten ihre Tricks nicht, eher nehmen sie sie mit ins Grab. Ich nahm an, dass sie ein Gewürz verwendet hatte, das ich nicht erkennen konnte.

Später erzählte ich es meinem Dozenten von der Gastronomieschule und er meinte, dass oft das Wasser entscheidend sei. Es ist scheinbar neutral im Geschmack, aber seine Qualität kann entscheidenden Einfluss auf ein Gericht haben. In der Tat, die Castros besaßen auf ihrem Anwesen eine eigene Quelle und das Wasser schmeckte sehr gut. Vielleicht lag es wirklich daran.

* * *

12.

Der Vater meines Freundes Miguel war gut mit Fidel bekannt und aß regelmäßig bei ihm.

„Wenn er noch leben würde, könnte er dir Geschichten erzählen …", sagt Miguel nachdenklich. „Ich weiß noch, wie er mal sagte, dass Fidel bei Feierlichkeiten kaum je etwas gegessen hat, weil er immerzu am Reden war. Am liebsten aß er Milchprodukte, er war verrückt nach Milch und Käse. Fidel hatte eine ganz besondere Lieblingskuh, eine spezielle Züchtung. Er ließ alle wichtigen Parteimitglieder zu diesem Bauernhof fahren, um sie zu besuchen. Mein Vater musste ebenfalls hin, obwohl er fand, dass es pure Zeitverschwendung sei, sich eine Kuh anzuschauen statt zu arbeiten."

Das besagte Tier war damals eine Art Symbol der kubanischen Revolution. Sie war schwarz-weiß, hatte ein ruhiges Wesen und riesige Euter. Ihnen verdankte sie ihren Namen Ubre Blanca, also „Weißes Euter". Man schrieb damals Lieder und Gedichte über sie, und die Zeitung *Granma* (nach Fidels legendärem Schiff benannt) meldete jeden Tag, wie viel Milch sie gegeben hatte.

Ein Vierteljahrhundert später drehte der Regisseur Enrique Colina einen Dokumentarfilm über Ubre Blanca.[8]

„Manchmal wollte sie kein normales Gras fressen, also mussten wir ihr spezielles Bermudagras besorgen. Oft haben wir sie auch mit Zitrusfrüchten gefüttert", erzählt darin einer der Landarbeiter. „Sie hatte riesige Euter! Sie konnte über hundert Liter Milch täglich geben", berichtet ein anderer.

Hundert Liter! Viermal so viel wie eine normale Kuh.

Fidel liebte Milchprodukte: von frischer Milch über Käse bis hin zu

Eiscreme. Seiner Meinung nach verzehrten die Kubaner viel zu wenig davon – und das in einem Land, das für seine Rinderzucht und Steaks berühmt war. Vor der Revolution konnte man frische Milch oder Joghurt nur in Großstädten kaufen. Auf dem Land war es gar nicht üblich, sie zu trinken oder Käse herzustellen. Deshalb war es dem Comandante wichtig, seinem Volk beizubringen, dass Milchprodukte nahrhaft und gesund sind. Beinahe so wichtig wie andere Ziele der Revolution, und so gab es ein neues, revolutionäres Schlachtfeld: die Küche.

Fidel selbst hatte eine neue Rinderrasse gezüchtet, eine Mischung aus einheimischen Zebukühen und Holsteinern. Er nannte sie *Tropische Holsteiner*. Sooft er konnte, besuchte er den Zuchtbetrieb und belehrte die dort arbeitenden Landwirte und Wissenschaftler, wie die Tiere behandelt, gefüttert und gemolken werden sollten. Er brachte ihnen sogar bei, wie sie die Kühe richtig besamten. Doch die Ergebnisse des Zuchtprogramms waren zunächst recht mager.

Bis Ubre Blanca geboren wurde.

„Sie soll Fidel schon aufgefallen sein, als sie noch ein kleines Kälbchen war", erzählt Miguel. „Mein Vater meinte, dass ihm sofort ihre großen Euter aufgefallen waren. Er ließ ihre Entwicklung beobachten und besuchte sie jedes Mal, wenn er auf der Farm war. Und da einer seiner Spitznamen el Toro lautete, der Stier, war seine Vorliebe für Kühe der Gegenstand zahlreicher Witze."

Als sich herausstellte, dass Ubre Blanca tatsächlich zu einem Ausnahmetier heranwuchs, ließ Fidel eine Kommission von etwa einem Dutzend Fachleuten einberufen, die sich nur um sie kümmerten. Die Wunderkuh bekam spezielles Futter und man spielte ihr beim Melken klassische Musik vor.

Kurz darauf schlug Ubre Blanca alle Rekorde. Sie schaffte es sogar ins

Guinessbuch der Rekorde als leistungsstärkste Milchkuh der Welt. Dass sie dabei eine amerikanische Kuh vom Podest gestürzt hatte, freute Fidel natürlich ganz besonders.

„El Comandante erzählte ständig von ihr", erinnert sich Erasmo Hernández. „Er war der Meinung, dass fünftausend solcher Kühe ausreichen würden, um das ganze Land mit Milch zu versorgen."

Ubre Blanca wurde wie eine Prominente behandelt. Sie wurde rund um die Uhr von Sicherheitskräften bewacht und hatte sogar eigene Vorkoster – das Gras und die Früchte, die für sie bestimmt waren, wurden zuvor anderen Tieren gegeben, damit man sicher sein konnte, dass das kostbare Rindvieh keinem Giftanschlag zum Opfer fiel.

Die Wissenschaftler bekamen die Order, für Nachwuchs zu sorgen, doch keines ihrer Kälber sollte zu einer solchen Ausnahmekuh heranwachsen.

Ubre Blanca muss gespürt haben, welche Verantwortung auf ihren Schultern lastete. Nach ein paar Jahren begann das Tier zu kränkeln. Nach dem dritten Wurf wurde sie ernsthaft krank, schließlich versiegte die Zauberquelle und sie gab nur noch so viel Milch wie normale Kühe. Was sollte die Tageszeitung *Granma* nun also vermelden? Die Leser waren es gewohnt, jeden Tag einen Bericht über die Melkergebnisse der großen Heldin zu erhalten. Die Kubaner wollten, dass ihr Nationalsymbol gesund und fit war und weitere Rekorde aufstellte.

Eine kranke Ubre Blanca war alles andere als nützlich für die Revolution – schließlich konnte sie ihren Feinden als Beweis dafür dienen, dass irgendetwas nicht nach Plan lief.

Kuba konnte sich keine kranke Ubre Blanca leisten. 1985 entschloss sich Fidel Castro, das Tier einschläfern zu lassen.

* * *

13.

Erasmo

Du fragst, was Fidel außer Milchprodukten gerne aß. Hm, er mochte kein Fleisch, dafür aber Gemüse. Er vertilgte Unmengen an Gemüse, in jeder nur erdenklichen Form. Und wenn er schon Fleisch aß, dann am liebsten junges Lamm in Honig-Kokos-Sauce. Wie das geht? Du nimmst Lammfleisch und fügst Zwiebeln, Knoblauch, Bohnen, ein bisschen schwarzen Pfeffer und ein Lorbeerblatt hinzu. Dann dünstest du es in Wein. Egal in welchem, aber ich mag am liebsten Weißwein. Oder aber Weinbrand. Dann lässt du alles eine halbe Stunde köcheln.

Anschließend machst du die Demi-glace warm. Du kannst ein wenig Muskatnuss hinzufügen. Sobald das Fleisch gar ist, gibst du Kokosmilch und etwas Honig hinzu. Zum Schluss würzt du es mit Salz und Koriander.

Fidel mochte auch Lechón asado, also Milchferkel. Das sind Ferkel, die nie etwas anderes als Muttermilch bekommen haben. Du schneidest das Ferkel auf und entnimmst alle inneren Organe. Es bleiben nur Haut, Köpfchen und Schwänzchen. Dann marinierst du es vierundzwanzig Stunden in einer Mojo criollo. Die geht wie folgt: Du presst ein paar Orangen aus, tust ein wenig Olivenöl und die Kraftsauce dran. Dann fügst du klein geschnippelte Petersilie und Knoblauch hinzu. Du tauchst das Ferkel in die Sauce ein, es muss von allen Seiten bedeckt sein. Anschließend steckst du es in den Ofen. Die erste Stunde bäckst du es bei hundertfünfzig Grad, die zweite bei hundertachtzig. Dann holst du das Ferkel heraus und bestreichst es mit Gänseschmalz, damit es eine schöne Farbe kriegt. Danach tust du es noch mal kurz in die Röhre. Fidel mochte besonders gebackene Kochbananen dazu.

Wenn er irgendwo hinfuhr, rief er mich öfter von unterwegs an und befahl: „Überrasche mich, wenn ich zurück bin!"

Also musste ich mir etwas Besonderes einfallen lassen. Was nicht einfach war, schließlich kochte ich schon seit Jahren für ihn.

Erasmo Hernández, einer der Köche von Fidel Castro

* * *

14.

Julia Jiménez, eine Ärztin Mitte vierzig in Jeans mit modischen Löchern drin, lebt seit fünfundzwanzig Jahren in Orlando, Florida.

Sie war ein Teenager, als ihre Eltern mit ihr übers Meer flohen. Wie

Tausende anderer Kubaner auch. Ich lerne Julia zufällig kennen, als ich Gast in der Pension ihrer Tante in Matanzas bin. Ich will mir nämlich anschauen, was Menschen in der kubanischen Provinz essen – und da wurde mir das kleine Hotel aus der Kolonialzeit wegen seiner hervorragenden Küche empfohlen. Julia besucht ihre Tante zum ersten Mal seit der Flucht in die USA. Jeden Tag sitzen wir zusammen an einem Tisch, der inmitten des märchenhaft bunten Patios steht, und Donna Juanita, eine winzige, schmale, freundliche Greisin, serviert uns in einem fort neue köstliche Speisen.

Als ich ihre Kochkünste in den höchsten Tönen lobe, Rindfleisch, Hummer und in Orangensaft marinierte Steaks, die man hier Palomilla-Steaks nennt, flüstert Julia mir zu: „Meine Tante repräsentiert noch die alte Schule, die von Nitza."

Als ich wissen will, wer denn Nitza sei, lächelt Julia breit und antwortet: „Sie ist alles, was an der kubanischen Küche gut ist. Und alles, was schlecht ist, auch."

Dann meint sie, ihre Tante solle es am besten selbst erklären. Also ruft sie Doña Juanita und bittet sie, sich zu uns zu setzen. Die alte Dame macht es sich bequem, breitet ihre Röcke aus und beginnt zu erzählen. Ich höre gebannt zu und nehme hin und wieder einen Löffel Kürbissuppe.

Nitza Villapol Andiarena wurde zu einem Star der Fünfzigerjahre, als das Fernsehen nach Kuba kam. Sie hatte eine wöchentliche Kochsendung, in der sie kubanischen Hausfrauen beibrachte, wie sie ein perfektes Steak und ein raffiniertes Dessert zubereiteten. Dabei machte sie Werbung für amerikanische Mixer, Toaster und Küchenmaschinen. Nitza schrieb auch mehrere Kochbücher, die von zahlreichen Hausfrauen auf der Insel bis heute wie eine Art Bibel angesehen werden.

„Ich war damals dreizehn", erzählt Doña Juanita. „Wir hatten keinen

Fernseher, aber Nitzas Rezepte kursierten sowieso überall. Alle, die einen Fernsehapparat hatten, schrieben sie mit und gaben sie an Freunde und Bekannte weiter. Einmal die Woche ging ich zu unseren Nachbarn, um sie für meine Mutter abzuschreiben. Ich habe sie bis heute, und bis heute koche ich danach."

Doña Juanita ruft nach ihrer Enkelin und sagt etwas zu ihr. Das Mädchen kommt nach ein paar Minuten zurück und bringt ein vergilbtes Notizbuch. Die alte Dame reicht es mir und ich fange an zu blättern. Darin steht unter anderem:

Vaca frita – „Gebratene Kuh", also Rindfleisch mit Zwiebeln

Ropa vieja – „Alte Kleidung", also Fleisch mit Gemüse

Die Rezepte sind in Schönschrift geschrieben, es sieht beinahe aus wie Kalligraphie.

Nachdem Fidel an die Macht gekommen war, hätte man erwarten können, dass Nitzas geradezu bourgeoise Sendung aus dem Programm genommen werden würde. Doch das neue Staatsoberhaupt schätzte ihr Talent sehr. Nitza Villapol durfte weiterarbeiten, wenn auch unter anderen Bedingungen. Nachdem die USA ein Embargo gegen Kuba verhängt hatten, fehlten sehr viele Nahrungsmittel. Anfang der Sechzigerjahre wurden Lebensmittelkarten eingeführt. Die meisten Menschen verbrachten jeden Tag viele Stunden damit, etwas zu essen zu organisieren. Und Nitza sollte ihnen in dieser schweren Zeit behilflich sein.

„Ich hatte keinerlei Ahnung, worum es bei dieser Revolution ging. Ich hatte damit nichts zu tun", erinnerte sich Villapol Jahre später in einem Gespräch mit dem amerikanischen Journalisten Tom Miller. „Damals, als ich anfing, vor der Revolution, sah man überall Menschen, die auf der Suche nach etwas zu essen im Müll wühlten. Die Leute hungerten, während die Reichen in Cienfuegos Hummer aßen und teuren Kaffee tranken."[9]

Nitza Villapol ging mit Ernst und Freude daran, für die Revolution zu kochen. Da es in den Geschäften kaum mehr als Kartoffeln gab, brachte sie den Hausfrauen in ihrer Sendung bei, wie man diese am besten zubereiten konnte. Beispielsweise machte sie Kartoffelstampf den einen Tag mit Öl, den anderen mit Zwiebeln und am nächsten Tag mit Knoblauch. Sie ließ sich immer etwas Neues einfallen.

Alles änderte sich nach dem Zusammenbruch der Sowjetunion, des größten Sponsors von Fidels Vision. 1991 hörte das russische Geld quasi über Nacht auf zu fließen. Und es stellte sich heraus, dass Kuba ohne dieses Geld aufgeschmissen war.

Fidel Castro nannte diese Phase *Sonderperiode*. Bald begannen bittere Witze zu kursieren. Im Zoo von Havanna seien die Schilder mit *Bitte die Tiere nicht füttern* durch *Bitte den Tieren nicht ihr Futter klauen!* ersetzt worden. Der Höhepunkt war dann: *Bitte die Tiere nicht essen!*

Beliebt war auch dieser Witz: „Was sind die größten Errungenschaften der Kubanischen Revolution? Medizin, Bildung und Sport. Und die größten Misserfolge? Frühstück, Mittagessen und Abendessen."

Auch Nitza war angesichts des Versorgungsmangels gezwungen, immer bescheidener zu kochen. Sie experimentierte herum, wie sie nur konnte; unter anderem riet sie den Hausfrauen, Fleisch durch Früchte zu ersetzen. Die Menschen auf Kuba erinnern sich bis heute an ihr Grapefruitsteak: Man schnitt eine Grapefruit in Scheiben, marinierte sie, briet sie in Panade und gab Knoblauch und Limettensaft hinzu. Sie präsentierte auch eine alternative Ropa vieja – die berühmte kubanische Speise aus Rindfleisch und Gemüse –, nur dass sie statt Fleisch Bananenschalen verwendete.

„Es war entsetzlich", sagt Doña Juanita nachdenklich. „Vor allem, weil es damals keine Grapefruits gab. Oder Limetten. Oder Knoblauch. Oder Bananen."

„Was habt ihr dann gegessen?", frage ich verwundert.

Doch sie ist nicht imstande, mir zu antworten. Erst aus Büchern erfahre ich, dass in der *Sonderperiode* etwa fünfzigtausend Kubaner aufgrund von Mangelerscheinungen ihr Augenlicht verloren. Statt Mittagessen nahmen die Leute Zuckerwasser zu sich. Es fuhren keine Taxis und keine Busse mehr.[10]

Auch Julia Jiménez blickt nachdenklich, wenn sie sich an die Neunzigerjahre erinnert.

„Wir litten ständigen Hunger. Ich habe zwölf Kilo abgenommen, davon sieben allein im ersten Jahr der Sonderperiode. Irgendwann erkannte mein Vater, dass es sinnlos war, weiter darauf zu hoffen, dass sich Fidel Castro etwas einfallen lassen würde. Er beschloss, in die USA auszuwandern."

Um zu überleben, begannen die Kubaner, überall kleine Gärten anzulegen: neben den Wohnblöcken, zwischen Häusern, auf den Balkonen. Sie bauten alles an, was auf Kuba gedieh: Auberginen, Tomaten, Zwiebeln, Kohl, Zucchini, Gurken. Sie pflanzten auch Bäume, die mit der Zeit Früchte zu tragen begannen: Orangen, Mangos, Bananen. Bis heute findet man auf Kuba neben fast jedem Wohnhaus Gemüsebeete.

„Wir schauten uns Nitzas Sendung trotzdem an", fährt Doña Juanita fort. „Wie aus Trotz. Wir fragten uns: Was wird sie sich heute einfallen lassen, um die Revolution zu retten? Was wird sie uns anbieten?"

Auch Nitza magerte ab. Sie kämpfte noch einige Jahre, doch man merkte ihr an, dass sie ihre Motivation verlor. Eines Tages verschwand sie einfach vom Bildschirm.

* * *

15.

Erasmo

Manchmal kommen Amerikaner her. Es muss sich herumgesprochen haben, dass ich der ehemalige Koch von Castro bin, denn dauernd liegen sie mir damit in den Ohren. Sie fragen, was er gerne aß und ob ich mich nicht schäme, für ihn gearbeitet zu haben. Doch das sind Staatsgeheimnisse! Ich kann doch nicht jedem Dahergelaufenen davon erzählen! Bei dir ist das was anderes. Du bist ein Freund. Du kommst aus Polen – und ein Pole wird einen Kubaner eher verstehen als ein Ami. Schließlich waren unsere Staaten mal im selben Bündnis.

Und warum sollte ich mich schämen? Fidel war ein feiner Mann. Niemand hat für diese Insel so viel Gutes getan wie er.

Die Amerikaner sind ziemlich streitlustig, aber am schlimmsten sind die Exilkubaner, die ihre alte Heimat besuchen kommen. Mit diesen Leuten brauchst du echt nicht zu diskutieren. Völlig hoffnungslos. Früher habe ich es versucht, heute verstecke ich mich vor ihnen in der Küche. Sie werfen mir alles vor, was sie eigentlich Fidel vorwerfen wollen. Das muss ich mir nicht anhören.

„Damals war damals, und jetzt ist jetzt", sage ich immer. „Jeder tut im Leben Dinge, die er später bereut. Seid froh, dass ihr jetzt herkommen dürft", und dann füge ich hinzu: „Und was passiert, wenn du in Amerika einen Herzinfarkt auf der Straße bekommst? Sie fragen dich zuerst, ob du krankenversichert bist, und nur dann werden sie dir Erste Hilfe leisten! Wenn du keine Krankenversicherung hast, lassen sie dich da liegen. Und bei uns kümmert man sich um alle!"

Ob etwas davon bei ihnen ankommt? Das bezweifle ich.

Man kann Fidel für viele Dinge kritisieren, aber er war niemals hinterlistig. „Er hat euch doch alle enteignet!", sagen die Exilkubaner. „Zuallererst hat er seine eigene Familie enteignet!", kontere ich. „Und hat er euch gezwungen, auszuwandern? Nein, hat er nicht. Er hat gesagt, wenn ihr gehen wollt, die ist Tür offen, denn er möchte ein Land aufbauen, in dem ihr nicht jeden Tag Hummer zu Abend essen werdet."

Was sagst du, Witold? Dass man heute in meinem Restaurant jeden Tag Hummer bekommt? Jetzt hör doch auf! Lass uns lieber in die Küche gehen und was Leckeres kochen. Da, hier ist deine Schürze.

Ich verrate dir ein Geheimnis. Fidel hat mich noch oft angerufen, nachdem er zurückgetreten ist. Er wollte, dass ich komme und Gemüsesuppe für ihn koche. An sowas merkt man, ob einer ein wirklich guter Koch ist. Du kannst dasselbe Gemüse nehmen, in denselben Proportionen, genauso lange die Zwiebeln andünsten, dieselbe Fleischbrühe ansetzen – aber meine Gemüsesuppe war immer so gut, dass Fidel Nachschlag nahm; und bei jemand anderem beschwerte er sich. Ein guter Koch hat das gewisse Etwas, eine besondere Gabe. Deswegen schmeckt sein Essen besser. Fidel sagte immer: „Ich weiß nicht, wie du das machst, aber deine Suppe schmeckt mir am besten!"

Was, du willst das Rezept? Nein, ich habe dir eh schon zu viel erzählt. Wie Fidels Mutter ihr Paellarezept werde ich mein Rezept für Gemüsesuppe mit ins Grab nehmen.

Aber wir können zusammen Ceviche machen, wenn du möchtest. Du brauchst Fischfilet, egal von welchem Fisch, Hauptsache, das Fleisch ist weiß. Das würfelst du dann und fügst Zitronensaft, ein wenig Olivenöl, Salz und Pfeffer hinzu. Dann kochst du Zwiebeln, damit die Ceviche ein schönes Aroma bekommt. Zum Schluss gibst du eine zerdrückte

Knoblauchzehe und ein wenig Chili dran und lässt es eine Viertelstunde im Kühlschrank ziehen. Fertig!

16.

Flores

Was sagst du? ...

... Sag das noch mal ...

... aaaah! ...

... Du meinst, ich sehe dem Comandante ähnlich? Danke, das hast du schön gesagt. Lass mich deine Hand drücken. Oder besser: Schlag ein! High five, oder Choca cinco, wie wir auf Kuba sagen. Ja, das haben schon viele gesagt, und jedes Mal freut es mich sehr. Ich sah ihm schon immer ähnlich, vor allem, als ich jung war, das hat der Comandante selbst gesagt: „Flores, du siehst mir so ähnlich! Willst du nicht meine Uniform anziehen und mich eine Weile vertreten? Ich muss mich ausruhen." Und ich erwiderte immer: „Nein, Comandante, niemand ist imstande, Sie zu ersetzen." Und er war immer sehr zufrieden mit meiner Antwort und ...

... und siehst du, mein Geld ist alle. Ich musste eine Nachbarin bitten, mir eine Zigarette zu geben. Da hat sie mir zwei gegeben, sie ist eine gute Nachbarin, manchmal schenkt sie mir auch was zu essen, schau, das hier, was ich im Topf habe, Hähnchen mit Reis, ist alles von ihr, wenn du willst, nimm dir einen Löffel und iss, sie hat auch meine Lebensmittelkarten, weil ich ihr gesagt habe: „Nimm alles, Salz, Bohnen, Fleisch, wenn ich was brauchen sollte, melde ich mich." Aber ich weiß, dass sie mir mehr gibt als nötig. Kubaner sind gute Menschen, sie teilen gerne mit anderen ...

… und wenn sie nicht teilen? Che hat mal einer Fabrik einen Besuch abgestattet. Der Direktor bat ihn in sein Büro und sagte: „Herr Kommandant, möchten Sie vielleicht ein kühles Bier?" Damals war es wirklich schwer, an Bier zu kommen. Also fragte Che: „Für mich hast du Bier – und für meine Kameraden?" Darauf der Direktor: „Ich habe nicht genug Bier für alle, aber ich kann Ihren Leuten kaltes Wasser geben." Tja, da war er die längste Zeit Direktor gewesen. Che sagte nämlich: „Was bist du für ein Kommunist, wenn du dein Bier nicht mit allen teilst?"

… Mehr kann ich nicht sagen …

… wirklich, ich würde ja gerne, aber ich kann nicht … Ich will nicht, dass sie kommen …

… obwohl, warte. Eins kann ich dir noch erzählen. Dass Fidel Eiscreme liebt. Er kann fünfzehn Kugel essen oder auch zwanzig. Und deswegen wollte er, dass alle Kubaner Eis essen können, wann immer ihnen danach ist. Jeder Kubaner sollte ins *Coppelia* gehen können und sich das beste Eis holen. Da gab es mehr Sorten als in den USA! Fidel ließ Eis aus Schafsmilch, Ziegenmilch und Eselsmilch herstellen, sogar aus Bisonmilch! Und als er dieses Eis kostete, sagte er, dass es hervorragend schmecke und dass man es öfter so machen sollte …

… aber man kann nicht zwei Stück Fleisch oder zwei Langusten auf einmal essen, nicht einmal der Comandante kann das. Wenn er schwimmen geht, am Riff, wenn er nach Langusten taucht, und keiner seiner Leibwächter auch nur davon träumen kann, so tief zu tauchen wie er, wenn er sich eine Languste holt – nicht einmal Fidel kann zwei auf einmal essen. Er isst nur eine, EINE, und der Rest ist für die anderen, so ist er eben, er teilt immer, immer.

* * *

17.

Fidel wurde immer älter und immer kränker, doch er blieb seiner Vorstellung von einer kulinarischen Revolution treu. 2005 verkündete er die große Schnellkocheraktion: Jeden Monat verteilte der Staat Schnellkocher an kubanische Haushalte, insgesamt waren es über zwei Millionen dieser Töpfe.

2008 verzichtete er endgültig aufs Regieren. Und als schon gemunkelt wurde, dass er tot sei, tauchte er plötzlich in einer Käsefabrik auf. Als ob nichts gewesen wäre. Dort hielt er eine mehrstündige Rede über die Welt im Wandel und die Entwicklung der kubanischen Milchindustrie.

Fidel Castro starb acht Monate nach dem Besuch von Barack Obama – und mir – im November 2016 auf Kuba.

Einige Tage später rief ich Erasmo an, um ihm mein Beileid auszudrücken.

„Ich heule wie ein Kind", sagte er. „Fast muss ich mich über mich selbst wundern. Es war ja klar, dass er alt ist, dass er nicht ewig leben würde, ich dachte, ich wäre darauf vorbereitet. Na ja, offenbar nicht. Ich habe beinahe sechzig Jahre mit Fidel verbracht. Noch vor Kurzem hab ich ihn besucht. Ich wurde ja immer angerufen, wenn Fidel wünschte, dass ich etwas für ihn koche. Und ich fuhr hin und kochte für ihn. Am Tag seines Todes sollte ich ihn auch wieder besuchen. Doch dann rief einer meiner Freunde an, der bis zum Ende an seiner Seite war, und sagte: „Erasmo, du brauchst nicht mehr zu kommen …"

„Ist es so weit?", fragte ich.

„Ja", erwiderte er und legte auf.

Havanna, die Hauptstadt von Kuba

* * *

18.

Flores

Als ich …

… als ich das erste Mal zu Fidels Haus kam, mit einem Sack Kohlen auf dem Rücken, ging die Tür auf und da stand er, im Pyjama, el Comandante im Pyjama, und er sagte: „Pass auf deinen Kopf auf“, dann lachte er und zog mir die Mütze in die Stirn, ganz tief. „Jawohl, Herr Kommandant, ich werde aufpassen“, sagte ich, dann warf ich den Sack ab und begann, seine Mahlzeit zu kochen, und er fragte mich, ob ich denn wisse, wie man einen Truthahn zubereitet, und ich sagte: „Jawohl, Herr Kommandant!“, dann setzte er sich neben mich und schaute mir zu, und dann fragte er, ob ich wisse, wie man ihn ohne Knochen zubereitet, und ich sagte: „Jawohl, Herr Kommandant, das weiß ich“, und er fragte: „Ganz sicher?“, und ohne meine Antwort abzuwarten erklärte er mir, wie man einen Truthahn richtig entbeint. „Flores“, sagte er, „merke dir, dass du die Truthahnknochen immer durch sein Arschloch rausholen musst!“, und dann lachte er und ich lachte mit ihm, und dann aß der Comandante meinen Truthahn und sagte kein Wort, und er musste gar nichts sagen, denn wenn er nichts sagte, wusste ich, dass es ihm schmeckte …

… mehr kann ich dir nicht sagen … Ich werde immer für ihn sorgen, für meinen Comandante. Er ist alles für mich. Er ist mein Leben …

… es war gestern, erst gestern, da sah ich ihn, hier, in meinem Garten, du kannst aus dem Fenster schauen und blickst direkt in meinen Garten, er stand da und lächelte, und ich versicherte mich, dass er alles hatte, was er brauchte, wir konnten uns schon immer mit Blicken verständigen, es genügte, dass er die Augen zusammenkniff, nur ganz leicht, und ich wusste, dass ich zu ihm kommen soll, aber diesmal, da hat er mir zu verstehen gegeben, dass alles in bester Ordnung ist.

Entschuldige, aber mehr kann ich dir nicht sagen. Es wäre besser, wenn du jetzt gehst.

Geh jetzt.

NACHTISCH

បង្អែម

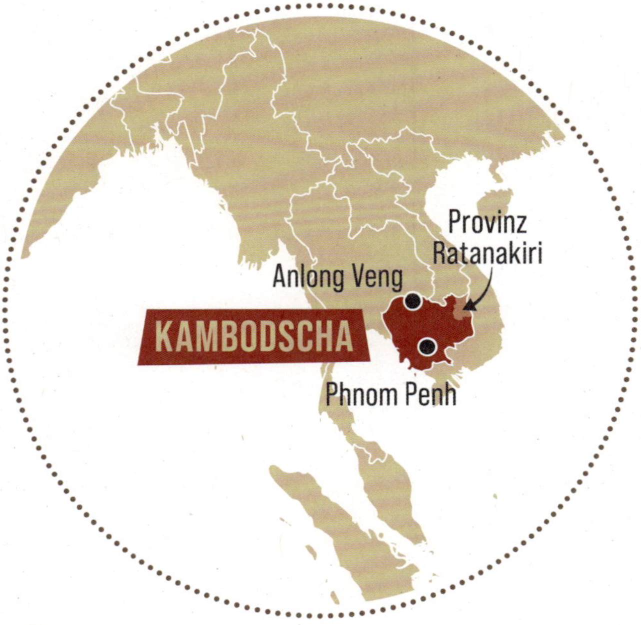
Provinz
Ratanakiri
Anlong Veng
KAMBODSCHA
Phnom Penh

Papayasalat

Die Geschichte der Yong Moeun, Köchin von Pol Pot

1.

Zuerst höre ich ein lautes, ansteckendes Lachen. Es ist so verlockend, dass ich unwillkürlich mit einstimmen und mitlachen möchte, egal worüber, egal, ob es Sinn ergibt oder nicht. Ich muss mich zwingen, mich daran zu erinnern, warum ich hier bin: Pol Pot. Massenmorde. Killing Fields. Ich muss in meinem Kopf diesen Film ablaufen lassen, den jeder kennt, der auch nur ansatzweise Interesse an Kambodscha hat: aus der Erde ragende Schädel, Armknochen, Becken, Rippen, Wirbelsäulen. Zwei Millionen Opfer in knapp vier Jahren.

Zuerst höre ich dieses Lachen und dann kommt sie: Yong Moeun, langjährige Köchin eines der größten Verbrecher des 20. Jahrhunderts.

Um sie zu finden, bin ich nach Anlong Veng gekommen, einem Städtchen, das sich am Ufer des Ta-Mok-Sees erstreckt. Er ist nach dem letzten grausamen Anführer der Roten Khmer benannt. Ta Mok, also Großvater Fausthieb, war das Pseudonym von Chhit Choeun, der 1997 den kränkelnden Pol Pot entmachtete.

Die Häuser sehen hier aus wie im ganzen Land: schnell, chaotisch und scheinbar ohne Plan erbaut. Dazwischen wuseln – fleißigen Skarabäen in morschen Palmen gleich – ehemalige Soldaten der Roten Khmer sowie ihre Kinder und Kindeskinder. Anlong Veng war die letzten Enklave der

Khmer Krom: Hierher waren diejenigen gekommen, die bis zum Schluss an die Revolution glaubten.

Pol Pot starb 1998 in dem Dschungel, der die Stadt umgab. Die Überbleibsel seiner Armee kämpften noch etwa ein Jahr weiter, bis Ta Mok verhaftet wurde. Man brachte ihn mit einem Hubschrauber in ein Gefängnis in Phnom Penh.

Um zu Yong Moeun zu gelangen, muss ich ins Stadtzentrum fahren und dort ein absurdes Denkmal umrunden: eine auf einer weißen Kugel stehende Taube, die von vier Hirschen bewacht wird. Es soll angeblich Frieden symbolisieren. Dann fahre ich an einem kleinen Restaurant und an einem Bach vorbei, bis ich eine Tankstelle sehe. Dahinter erkenne ich ein Häuschen, vor dem riesige Tamarindenwurzeln auf der Veranda trocknen. Hier bin ich richtig.

Yong Moeun begrüßt mich mit einem festen Händedruck und fängt an zu lachen. Ich habe noch nicht ein Wort gesagt, da lacht sie schon.

Also sage ich mir einmal mehr: Pol Pot, Genozid, Pol Pot, Genozid …

Doch es hilft nicht. Ihr Lachen ist ansteckend wie Polio. Ich drücke ihre Hand und merke gar nicht, wie ich ebenfalls anfange zu lachen.

* * *

2.

Ich habe zu früh geheiratet. Finde ich heute zumindest.

Mein Mann hieß Pich Cheang, schau, das ist er auf dem Foto. Er ging in dieselbe Schule wie ich, er kannte auch meinen Bruder. Er sagte immer, dass ich ihm schon in der Schule gefallen hätte.

Aber erst als er erfuhr, dass ich ebenfalls der Organisation angehörte, beschloss er, dass ich die perfekte Ehefrau für ihn sei. Also ging er zu meinem Bruder und hielt bei ihm um meine Hand an. Mein Vater war zu dem Zeitpunkt nämlich schon tot.

Mein Bruder erzählte mir, wie klug und mutig Pich Cheang sei. In der Tat, er war ein schlauer Junge: Er hatte die Schule mit Auszeichnung abgeschlossen und war einer der besten Schüler, die sie je hatten. Auch an Mut mangelte es ihm nicht. Nicht ohne Grund sollte er später General werden.

Zwar wusste ich nicht genau, welchen Jungen mein Bruder genau meinte, aber unser Kamerad Koy Thuon überzeugte mich, dass Kommunisten untereinander heiraten sollten. So trafen wir uns. Wir redeten eine Weile und Pich Cheang machte einen guten Eindruck auf mich. „Na gut, dann heirate ich ihn eben", beschloss ich.

Mein zukünftiger Mann arbeitete damals in einer Gummifabrik; offiziell als einfacher Arbeiter, in Wirklichkeit war er dort eingestellt, um Menschen für die Organisation anzuwerben. Er hatte bereits ein großes Netzwerk an Kameraden, als Soldaten der Sihanouk-Regierung Wind von seinen Aktivitäten bekamen. Zum Glück wurde er rechtzeitig gewarnt. Doch von da an musste Pich Cheang in den Untergrund gehen, sodass wir heimlich geheiratet haben. Wir trafen uns im Haus eines Freundes außerhalb der Stadt. Unsere ehemaligen Schulkameraden kamen sowie einige Arbeitskollegen aus der Gummifabrik, die mein Mann bereits angeworben hatte. Bruder Thun verheiratete uns und erklärte im Namen von Angkar feierlich, dass wir von nun an Mann und Frau waren. Gleich darauf gingen alle auseinander, damit die Armee unsere Versammlung nicht bemerkte.

Die Partei mietete uns ein Häuschen in einem Dorf in der Krachech-Provinz. Es war ein befreundetes Dorf, alle Anwohner unterstützten unsere Bewegung.

Eines Tages tauchte eine Frau dort auf. Pich Cheang sagte uns nicht, wer sie war – vielleicht wusste er es selbst nicht, und ich wollte ihn nicht ausfragen. Er stellte sie lediglich als „Tante Ponnary" vor. Sie war nicht besonders hübsch, aber sie hatte zarte Hände; man merkte sofort, dass sie noch nie körperlich gearbeitet hatte, weder auf dem Feld noch in der Küche.

Ich fragte nicht, woher sie kam, noch vor wem sie sich bei uns versteckte. Gewiss vor den Soldaten des Prinzen Sihanouk. Ich sorgte dafür, dass sie nicht gestört wurde und ihre Ruhe hatte. Manchmal unterhielten wir uns: Sie erzählte, dass sie von einem Kambodscha träumt, in dem jedes Kind zur Schule gehen kann.

„Ich träume ebenfalls davon", erwiderte ich. Doch wenn ich ehrlich bin, mochte ich sie nicht besonders. Sie war so verschlossen und machte einen überheblichen Eindruck. Als zwei Monate später Kameraden kamen und sie weiter ins Innere des Dschungels brachten, atmete ich auf.

Pich Cheang und ich führten eine sonderbare Ehe. Er war ständig im ganzen Land unterwegs und organisierte neue Angkar-Zellen und ich fuhr herum und verteilte Flugblätter in benachbarten Dörfern und Städten. Wir sahen uns kaum.

Bis Pich Cheang eines Tages verhaftet wurde. Die darauffolgenden drei Jahre sahen wir uns überhaupt nicht mehr.

* * *

3.

Er war ein höflicher Junge, „der nie Ärger machte".[11]

So beschrieb ihn später Seng, sein älterer Bruder, und er hat nicht gelogen. Der kleine Saloth Sar – so lautete Pol Pots bürgerlicher Name – war ein ausnehmend fröhliches und liebes Kind.

„Er wurde 1925 geboren. Damals war Kambodscha noch eine französische Kolonie", erzählt Soeum Borey, Geschichtslehrer an einer Schule in Phnom Penh. Wir treffen uns in einem Café im europäischen Stil im Zentrum der Hauptstadt. „Sein Vater war ein wohlhabender Reisbauer. Eine von Pol Pots Schwestern wurde sogar zu einer der Frauen des Königs von Kambodscha."

Als ein Journalist der *New York Times* kurz nach dem Tod des Diktators mit Saloth Seng sprach, konnte sein Bruder nicht begreifen, was aus Sar geworden war, nachdem er sein Zuhause im kleinen Fischerdorf Prek Sbauv verlassen hatte. Als Heranwachsender fiel er nie auf und war lediglich ein durchschnittlicher Schüler. Als er auf die weiterführende Schule nach Phnom Penh ging, interessierte er sich überhaupt nicht für Politik. Er spielte gerne Fußball und machte ein bisschen Musik. In dem prestigeträchtigen Gymnasium in der Hauptstadt kam er nicht besonders gut mit, sodass er nach zwei Jahren auf eine Fachschule am Stadtrand wechseln musste. Doch dort riss er sich zusammen und bekam für seinen Abschluss sogar ein Stipendium in Paris.

Nach Frankreich ging er dann mit zwanzig anderen Stipendiaten. Auf dem Schiff vermissten sie bald schon ihr Land und die gute Khmer-Küche. Bei einem Zwischenstopp in Dschibuti gingen die Studenten also auf den Markt und kauften Zitronen und Gewürze. Sie wollten auf dem Schiff nach Khmer-Art kochen.

Wie Philip Short in seiner monumentalen Pol-Pot-Biographie schreibt, war Saloth Sar fürs Kochen zuständig.[12] Was er genau kochte? Wo er es gelernt hatte? Das ist nicht überliefert.

Auch mir gelang es nicht, jemanden zu finden, der sich daran erinnern konnte, den jungen Sar mit einem Kochlöffel in der Hand gesehen zu haben.

* * *

4.

Glaub bloß nicht, Witold, dass ich die Einzige war, der auffiel, was für ein schöner Mann Bruder Pouk war. In unser Lager kamen immer wieder Mädchen aus den umliegenden Dörfern und viele von ihnen schwärmten für ihn. Wenn er vorbeiging, fingen sie alle an zu kichern. Auch ich lachte ihn an, obwohl ich verheiratet war. Aber wir waren alle so jung und er war so attraktiv!

Nur dass uns Bruder Pol Pot gar nicht beachtete.

Ich lebte schon eine Weile in seinem Lager, über ein Jahr, als ich beim Frühstück eine Bekannte bemerkte. Dasselbe Gesicht, dasselbe überhebliche Lächeln, dieselben zarten Hände. Tante Ponnary!

Sie war es tatsächlich.

Jemand sagte, dass sie die Ehefrau von Bruder Pouk sei – ich konnte es nicht fassen! Warum hatte mir niemand gesagt, dass Pol Pot verheiratet war? Ich war traurig, dass unsere Organisation solche Dinge vor ihren Mitgliedern verheimlichen musste. Aber ich tat so, als würde es mir nichts ausmachen. Ich verbeugte mich vor ihr und sagte, dass wir uns schon kennen würden. Tante Ponnary lächelte mich an und erwiderte, dass sie sich an mich erinnere. Ich servierte ihr das Frühstück und räumte hinterher ab, ohne ein Wort.

Seitdem lebte Tante Ponnary dauerhaft in unserem Lager. Sie wohnte bei Bruder Pouk und aß mit uns allen, allmählich gewöhnte ich mich an ihre Gesellschaft.

In der Zwischenzeit war mein Mann aus dem Gefängnis gekommen und tauchte eines Tages bei uns im Lager auf. Ich habe ihn kaum wiedererkannt. Er war schon immer schlank gewesen, doch nun war er nur noch Haut und Knochen.

Pich Cheang lächelte breit und rief: „Guten Tag, Genossin Moeun!"

Pol Pot lächelte ebenfalls und begrüßte ihn freundlich. „Schwester Moeun kriegt uns hier alle satt." Und dann lachte er. Und mein Mann lachte mit.

Yong Moeun, Köchin von Pol Pot

***

5.

Man erzählt sich, dass Sar ein tolles Auto fuhr, einen Citroën, den sich kaum jemand in Kambodscha leisten konnte. Er arbeitete mit dem Vorsitzenden der Demokratischen Partei zusammen, der wichtigsten Opposition im Lande. Und er ging mit Soeung Son Maly, einem der schönsten Mädchen in Phnom Penh. Er führte das Leben eines Bonvivants, etwas, was er schon seit seiner frühesten Jugend angestrebt hatte. Doch nachts ging er zu konspirativen Treffen, wo er zusammen mit anderen Aktivisten die Revolution plante.

„Saloth Sar kehrte als Revolutionär aus Frankreich zurück", erzählt der Historiker Soeum Borey. „Dort lernte er engagierte Leute kennen, die sich für Politik begeisterten. Er arbeitete sich in das Thema ein und allmählich wurde Politik zu seiner Obsession."

In Paris lernte er unter anderem Ieng Sary und Khieu Samphana kennen. Beide sollten seine langjährigen Gefährten und später Mitglieder der Regierung werden. Dort trat er auch dem Cercle marxiste bei, einem kommunistischen Studentenzirkel, in dem bald die Idee der Roten Khmer geboren wurde.

„Nachdem er ein weiteres Semester nicht bestanden hatte, schickte ihn die junge Organisation zurück nach Kambodscha. Das Land befand sich im Chaos. Die jungen Pariser Kommunisten wollten jemanden vor Ort haben, der ihnen aktuelle Informationen übermitteln konnte: Welche Organisationen entstanden und welche davon ähnliche Ziele wie sie hatten", erklärt Soeum Borey. „Sar ging nach Phnom Penh, danach in ein

Vietcong-Lager. Die Vietcong führten damals Krieg gegen die Vereinigten Staaten."

Interessanterweise soll Sar im Dschungel wieder zum Kochlöffel gegriffen und in der Lagerkantine gekocht haben. Nach ein paar Jahren kehrte er aus der Vietcong-Basis zurück. Er frischte seine Bekanntschaft mit der schönen Soeung Son Maly auf und sie gingen eine Zeit lang wieder miteinander aus, doch als die junge Frau sah, dass Sars politische Karriere stockte, entschied sie sich für jemand anderen.

„Man erzählte sich, dass Pol Pot lange brauchte, um über die Trennung hinwegzukommen", sagt Soeum Borey. „Danach wurde die Revolution seine große Liebe."

Irgendwann heiratete auch er. Seine Auserwählte war Khieu Ponnary, die Schwägerin von Ieng Sary, seines Kommilitonen aus der Pariser Zeit. Sie war die erste Frau in Kambodscha, die einen Magistertitel erhalten hatte.

Einige Jahre arbeitete er als Lehrer in einem der lokalen Gymnasien. Wieder erinnert man sich an ihn offenbar äußerst positiv, wie Soeum Borey mir berichtet: „Ich kannte mal einen Lehrer, der mit Pol Pot zusammengearbeitet hatte. Er erzählte, dass man selten einen so freundlichen, engagierten und beliebten Pädagogen wie ihn treffen würde. Das ist sonderbar, vor allem wenn man bedenkt, dass die Roten Khmer später alle Schulen schließen ließen."

Doch Sar sollte nicht lange als Lehrer beschäftigt sein. Prinz Sihanouk, der Regent von Kambodscha, wollte die kommunistische Bewegung nicht tolerieren. Die Schlinge um die junge Organisation zog sich immer fester. Sie beschlossen, in den Dschungel zu gehen und erst dann wieder aufzutauchen, wenn sie bereit wären, um die Macht im Land zu kämpfen.

* * *

6.

Mein Guide und ich fahren durch die kambodschanische Provinz. Es sieht trist aus – die Regierung hatte großen Konzernen erlaubt, beinahe den ganzen Dschungel zu roden, sodass sich heute hier eine karge Steppe bis zu einer Hochebene erstreckt. Am Holz verdienten vor allem thailändische Unternehmen. Der Wald wird Jahre, wenn nicht Jahrhunderte brauchen, um sich zu erholen, denke ich.

Soeum fragt, ob ich einen Bombenkrater besichtigen möchte. In den Sechzigerjahren haben die Amerikaner hier Hunderttausende Bomben abgeworfen. Die meisten Krater sind mittlerweile zugewachsen oder wurden zugeschüttet. Diesen könne man noch gut erkennen, sagt er.

Klar will ich ihn sehen.

Wir fahren von einer asphaltierten auf eine Schotterstraße. Dieser folgen wir einige Kilometer, bis wir zu einem kleinen Dorf gelangen. Zwischen den Hütten rennen abgemagerte, doch fröhliche Hunde herum und wackeln mit den Schwänzen. Sie bellen uns an, wohl mehr aus Pflichtgefühl als aus Aggressivität.

Soeum betritt eine der Bambushütten. Hier wohnt Onkel Keo, der älteste Bewohner des Dorfes. Angeblich ist er fast neunzig und erinnert sich an viele Begebenheiten aus seinem langen Leben. In einem Land, wo die Hälfte der Bevölkerung nicht mal dreißig wird, ist sein Gedächtnis ein wahrer Schatz. Soeum fragt ihn, ob er uns den Krater zeigen könne. Der Greis zieht umständlich seine Plastiklatschen an, greift nach einem dicken Stock, auf den er sich beim Gehen stützt, und steigt mit uns in den Wagen.

„Ich kann mich noch erinnern, wie sie diese Bombe abgeworfen haben." Er weist mit dem Stock nach links, um uns zu zeigen, wohin wir abbiegen müssen. „Man konnte die Bomber schon von Weitem hören. Wir hatten große Angst vor ihnen, sie brachten Tod und Zerstörung. Im Nachbardorf fiel eine Bombe auf den Tempel und tötete zwölf Menschen. Bei uns trafen sie ein Haus, in dem eine zehnköpfige Familie wohnte."

Onkel Keo bedeutet uns mit seinem Stock, dass wir das Auto bei einem grünbraunen Gebüsch abstellen sollen. Wir gehen zu Fuß weiter.

Der Krater befindet sich hinter den Büschen. Er ist von Gras und Gestrüpp bewachsen, doch seine Ausmaße sind immer noch eindrucksvoll.

„Direkt nach dem Einschlag hätte man hier drei Elefanten übereinander reinstellen können. Jetzt nur noch zwei", sagt Onkel Keo. Soweit ich etwas von Elefanten verstehe, kann das stimmen.

Die Bombardierung Kambodschas lief unter dem Decknamen „Operation Menu" – die einzelnen Aktionen trugen die Namen der jeweiligen Mahlzeiten. Die endgültige Entscheidung für die Offensive war 1969 gefallen, zwei Monate nach der Ernennung Richard Nixons zum US-Präsidenten. Auf kambodschanischem Gebiet befanden sich Lager vietnamesischer Kommunisten, gegen die die USA zu der Zeit Krieg führten, und die Bombardierung sollte einerseits die Vietcong schwächen und andererseits der nordvietnamesischen Führung deutlich machen, dass auch die neue Regierung unter Nixon Südvietnam voll unterstützen würde.

Zum „Frühstück" warfen fünfzig B-52-Bomber über zweitausend Tonnen Bomben auf Lager vietnamesischer Kommunisten in Kampong Cham. Die meisten davon trafen die Zivilbevölkerung.

Dann kam das „Mittagessen" – noch mehr Bomben.

Und das „Abendessen".

Schließlich der „Nachtisch".

Insgesamt fielen im Rahmen der Operation Menu etwa hunderttausend

Tonnen Bomben auf Kambodscha. Die Aktion wurde geheim gehalten, es wussten nur einige wenige Mitglieder des US-Kongresses davon, die in den Vietnamkrieg involviert waren.

Doch das war nur der Anfang.

Die Operation Menu endete, der Krieg in Vietnam endete, aber Kambodscha wurde weiter bombardiert. Insgesamt warfen die Amerikaner über eine halbe Million Tonnen Bomben auf dieses kleine Land – dreimal so viel wie auf Japan während des Zweiten Weltkriegs. Dabei starben mindestens hunderttausend Kambodschaner, womöglich noch mehr. Heute lässt sich die genaue Zahl nicht mehr rekonstruieren.

Je mehr amerikanische Bomben niedergingen, desto mehr Menschen schlossen sich den Roten Khmer an. Anfang 1970 hatten sie etwa zweitausend Bewaffnete – zwei Jahre später über dreißigtausend. Sie begannen, das ganze Land zu kontrollieren.

Die amerikanischen Bürger wurden noch lange getäuscht, die Wahrheit über die Bombardierung Kambodschas kam erst nach der Watergate-Affäre ans Licht.[13]

Als am 15. August 1973 der Kongress das Ende der Aktionen anordnete, hatten die Khmer Krom beinahe fünfzigtausend Mitglieder und machten sich auf, die Hauptstadt zu erobern.

7.

Wir bringen Onkel Keo zurück in seine Hütte. Er zieht die Latschen aus und legt sich flach auf den Boden. Er meint, dass er so am besten die Mittagshitze aushalte. Er schaut an die Decke, als wollte er die Fliegen zählen, die dort hocken.

Wir unterhalten uns noch ein wenig. Soeum will ihm nicht verhehlen, dass wir Pol Pots Köchin besuchen werden. Der Onkel schweigt nachdenklich und sagt schließlich: „Mein jüngerer Bruder war zu Pol Pots Zeiten der Aufseher unseres Dorfes. Damals hatte ich eine Frau. Eines Tages arbeitete sie auf dem Reisfeld, er ging zu ihr und sie begannen, sich wegen irgendetwas zu streiten. Sie regte sich auf und schimpfte. Wie hätte sie glauben können, dass sie vor ihm Angst haben müsste? Wir waren doch eine Familie!

Am Abend, als sie nach Hause ging, fingen seine Leute sie ab. Sie verprügelten sie so schlimm, dass sie zwei Tage später ihren Verletzungen erlag. Sie hätte fügsam sein sollen und das war sie nicht."

Weder Soeum noch ich wissen, was wir sagen sollen. Ich stammele, wie leid es mir tue, er dolmetscht meine Worte. Doch Onkel Keo schaut uns nicht an; es scheint, als wäre er in seinen Erinnerungen versunken. Schließlich erzählt er weiter: „Mein Bruder und seine Bande töteten hier über fünfzig Menschen. Die einen schlugen sie tot, die anderen ließen sie verhungern. Wisst ihr, er war kein schlechter Mensch. Er war ein guter Junge. Komisch, dass er dann so wurde.

Dann kamen die Vietnamesen, verjagten Pol Pot und mein Bruder war kein Ortsvorsteher mehr. Einige Jahre später erkrankte er an einer Art Krebs. Die Haut fiel ihm in Fetzen ab, angeblich verfaulte sogar seine Nase. Irgendwann verließ er seine Hütte nicht mehr. Ich weiß nicht, ob das alles stimmt, ich habe ihn nicht mehr gesehen. Die Leute erzählten es sich. Seine Frau und seine Kinder liefen ihm davon. Niemand aus dem Dorf brachte ihm auch nur ein Glas Wasser. Er starb alleine, und keiner wollte ihn später begraben."

„Und wo ist nun sein Grab?“, fragt Soeum.

„Bei den anderen. Am Rand des Kraters.“

„Der Krater, an dem wir gerade waren?“, vergewissere ich mich.

Onkel Keo nickt: „Ja, genau. In dem Gebüsch, wo wir geparkt haben.“

Also sind wir, ohne es zu wissen, über ein Massengrab gelaufen, in dem Keos Ehefrau und sein mörderischer Bruder liegen! Ich möchte von ihm wissen, warum er uns das vorhin nicht gesagt hat.

„Ihr habt nur nach dem Krater gefragt“, erwidert der Onkel und starrt weiterhin die Decke an.

8.

Die Anführer der Roten Khmer heirateten auffällig oft Köchinnen.

Khieu Samphan, der spätere Staatschef, ehelichte eine gewisse So Socheat. Zum ersten Mal sah er sie, als sie ihm und anderen Anführern Essen brachte.

Viele Jahre später erinnerte sich So Socheat, dass Khieu Samphan von da an öfter vorbeikam, um ihr in der Küche zu helfen. Sie wusste nicht, was sie von seinem Geschäker halten sollte: Er war ein Intellektueller, der in Paris studiert hatte, sie ein einfaches Mädchen vom Land. „Erst als er vorbeikam, um mir beim Knoblauchschälen zu helfen, hatte ich Gelegenheit, seinen Charakter zu testen“, erzählt sie.[14]

Offenbar fiel dieser Test positiv aus, denn kurz danach heirateten sie.

Nuon Chea, Bruder Nummer Zwei, heiratete die Köchin Ly Kim Seng. Als die Roten Khmer an die Macht kamen, achtete Nuon Chea sehr darauf, ein echtes Vorbild zu sein, und verbot seiner Ehefrau, ein Amt zu bekleiden. Er führte das Land und sie kochte Dumplings.

Pol Pot schlug einige Male vor, dass Nuon Chea seine Frau auf Auslandsreisen mitnähme. Niemand hätte es ihm krummgenommen – Ly Kim Seng war eine verdiente Kämpferin für die Sache. Doch ihr Mann zog es vor, sie in der Küche versteckt zu halten. Er wollte nicht, dass andere ihn schief ansahen, weil seine Frau irgendwelche Privilegien genoss.

Sogar jene unter den Ehefrauen, die gebildet waren und studiert hatten, mussten sich regelmäßig an den Herd stellen. So wie Yun Yat, Ehefrau von Son Sen (dem späteren Verteidigungsminister), oder Khieu Trinith, Frau von Ieng Sary (später Minister für auswärtige Angelegenheiten). Obwohl sie beide später ebenfalls Ministerinnen werden sollten – Yun Yat Bildungsministerin, Khieu Trinith Ministerin für Soziales – bestand ihre Pflicht zuerst vor allem darin, ihre Männer zu bekochen.

Also arbeiteten vier von fünf Ehefrauen der wichtigsten Männer des Regimes am Herd. Die einzige, die nicht mit einem Kochlöffel in der Hand gesehen wurde, war Khieu Ponnary, die Frau von Pol Pot.

In keinem anderen Land durchdrang die Welt der Küche so stark die Welt der Politik.

* * *

Zu unserer Zeit gab es nur wenige Frauen in der Dschungelbasis. Wenn, dann waren es Mädchen aus den umliegenden Dörfern, die vorbeikamen, um uns beim Kochen oder im Garten zu helfen. Die Anführer waren alle junge Kerle, sie mochten es, wenn junge Mädchen da waren. Doch die Organisation erlaubte keine Affären. Wenn einer eine Frau haben wollte, musste er sie schon heiraten.

Du fragst nach mir und Bruder Pouk? Also, mir war klar, dass er mich mochte, und zwar sehr. Es kam immer wieder vor, dass er sich bei mir Rat holte, denn er wusste, dass ich ihm immer ehrlich antworten würde. Oder er kam einfach in die Küche und schaute mir bei der Arbeit zu. Manchmal, zum Beispiel wenn ich mit gesenktem Kopf beim Maisschälen saß, hatte ich das Gefühl, dass mich jemand beobachtete. Dann hob ich den Blick und sah ihn. Und ich fragte mich, wie lange er dort wohl gestanden hatte und was er von mir wolle. Doch ich wusste es nicht. Sobald ich den Kopf hob, lächelte er mich an und ging davon.

Aber beide waren wir bereits verheiratet. Da gab es keine Diskussion. Wir waren für jemand anderen bestimmt und die Organisation war in solchen Dingen sehr entschieden.

9.

Eines Abends fing Tante Ponnary an, sich beim Essen irgendwie seltsam zu benehmen. Sie sagte laut, dass wir aufpassen müssten, denn die Vietnamesen würden nur darauf lauern, uns alle umzubringen.

Ich weiß noch, wie ich dachte, dass ich ihre Meinung sonderbar fand. Die Vietnamesen waren doch unsere Verbündeten! Wir hatten eine Allianz mit ihnen. Aber selbstverständlich sagte ich kein Wort.

Doch Bruder Pouk hörte sofort auf zu essen. Er wischte sich den Mund ab und verließ den Tisch.

Niemand wollte mit Khieu Ponnary diskutieren. Das erschien mir merkwürdig, denn die Brüder diskutierten sonst nur zu gern. Doch dieses Mal beeilten sie sich, mit ihrem Essen fertig zu werden, und gingen schlafen.

Ich verstand es nicht.

Seit jenem Abend sprach Tante Ponnary immer öfter über die Vietnamesen. Dass sie uns hassen, dass sie uns töten wollen. Dass die Khmer und die Vietnamesen schon immer Feinde seien.

Sie benahm sich überhaupt komisch. Eines Tages saßen die Brüder zu einer Beratung am Tisch und einer der Adjutanten brachte Pol Pot ein Glas Wasser. Khieu schlug es ihm aus der Hand, sodass es zu Boden fiel.

„Sar, nein! Nein, du darfst das nicht trinken! Das Wasser ist vergiftet!"

Bruder Pouk bat sie, sich zu beruhigen.

„Nein, ich werde mich nicht beruhigen!", brüllte sie. „Er hat dir Gift ins Wasser getan! Die Vietnamesen wollen dich umbringen!"

Sie starrte ihn an. Er starrte zurück.

Er sagte nichts mehr, aber ich werde niemals sein trauriges Gesicht vergessen. Pol Pot, immer fröhlich, immer gut gelaunt, stets mit einem Lächeln auf den Lippen, sah an jenem Tag aus wie eine Maniokknolle.

Mit der Zeit stellte sich heraus, dass sich Tante Ponnary an manchen Tagen normal verhielt: Sie nahm an den Besprechungen teil, sie sprach logisch und klar, redete mit den Leuten im Lager über die Revolution und nahm am Alltagsleben teil.

An anderen Tagen jedoch sprach sie wieder über die Vietnamesen. Und dann schien es, als lebte sie in einer eigenen Welt. Diese Welt musste grausam sein, denn sie saß nur zitternd da und schaute uns mit leerem Blick an, oder sie wachte mitten in der Nacht auf und schrie.

Sie schrie, dass sie kommen würden und dass wir wegmüssten.

Sie weckte den armen Pol Pot, zerrte an ihm herum, brüllte ihn an. Sie wollte, dass er sofort mit ihr zusammen weglief. Manchmal brüllte sie wie ein Tier. Man hörte sie im ganzen Lager.

Ich begriff, warum Pol Pot damals vom Tisch aufgestanden und gegangen war.

Bald wurde neben meiner Hütte eine weitere gebaut. Dort wurde Tante Ponnary eingesperrt, wenn es ihr nicht gut ging. Sie blieb dann eine Weile dort, aß, trank und verrichtete ihre Notdurft in der Hütte.

Ich kochte nach wie vor für sie, aber das Essen wurde ihr von einem der Khmer Loeu gebracht. Er gab ihr den Teller und nahm ihn wieder mit. Manchmal hörte ich, wie sie ihn anschrie und beschimpfte. Sie machte ihn vollkommen fertig, obwohl er ihr nur das Essen brachte und das Mädchen hineinließ, das bei ihr putzte. Niemand wollte zu ihr rein, denn an solchen Tagen konnte sich Tante Ponnary auf einen stürzen und sogar verletzen.

Die schlimmen Tage gingen vorüber und Khieu hörte auf zu schreien. Dann kam das Mädchen und machte sie zurecht: wusch sie und kämmte ihr die Haare. Tante Ponnary tauchte wieder im Lager auf und benahm sich, als ob nichts gewesen wäre. Sie redete wieder mit uns und wohnte wieder in Pol Pots Haus.

Ich mochte diese Frau nicht. Nicht, weil sie krank war und sich sonderbar benahm. Nein, ich kannte sie ja schon von früher und wusste, wie überheblich und unfreundlich sie war. Ganz anders als Bruder Pouk.

Außerdem störte mich, dass sie fünf Jahre älter als Pol Pot war. Ich kannte kein anderes Ehepaar, bei dem die Frau älter als der Ehemann gewesen wäre. Manche munkelten, dass sie ihn verzaubert haben musste.

Ich glaube zwar nicht an Zauber, aber ich musste immer wieder daran denken, dass er sich eine bessere Ehefrau hätte aussuchen können. Sie war ja nicht einmal hübsch! Damit will ich nicht sagen, dass sie hässlich gewesen sei, das nicht – aber sie war wirklich keine Augenweide. In unserem Lager arbeiteten viel hübschere, jüngere und fröhlichere Frauen. Eine von ihnen hätte eine viel bessere Ehefrau für ihn abgegeben.

Aber das habe ich selbstverständlich nie laut ausgesprochen.

Zwar konnte ich Khieu Ponnary nicht leiden, aber aus irgendeinem Grund mochte sie mich umso mehr.

An einem ihrer Vietnamesen-Tage kam einer der Adjutanten von Pol Pot zu mir und bat mich in seinem Namen, zu ihr zu gehen und sie zu beruhigen.

„Wie soll ich das bitte anstellen?", fragte ich ihn genervt, weil ich überhaupt keine Lust hatte, sie zu sehen.

„Das wird schon, sie hat dich gern. Sitz einfach eine Weile bei ihr", meinte er.

Also ging ich hin, und irgendwann beruhigte sie sich tatsächlich. Sie ließ zu, dass ich sie fütterte und kämmte. Ich blieb über Nacht bei ihr, damit sie nicht schrie und das ganze Lager aufweckte. Am nächsten Tag brachte ich meine Rattanmatte und meine Decke in ihre Hütte, um bei ihr zu schlafen, bis es ihr wieder gut ging.

Eines Nachts wachte ich auf und sah, dass Tante Ponnary nicht schlief, sondern dasaß und mich anstarrte. Sie saß auf ihrem Bett, mit offenen Augen, und schaute mich mit einem Blick an, bei dem ich befürchtete, dass sie mich töten wollte. Als wäre ich ein Vietnamese, der gekommen war, um sie abzustechen.

Ich war entsetzt. Ich lag reglos auf meiner Matte und beobachtete sie. Was würde sie wohl tun?

Bis zum Morgengrauen konnte ich kein Auge zutun. Sie war auch nicht wieder eingeschlafen. Sobald die Sonne aufgegangen war, lief ich aus der Hütte und kümmerte mich um das Frühstück.

Dieses Leben machte mich fertig, ich sag's dir …

Zum Glück bekam ich ein paar Monate später hohes Fieber und konnte nicht mehr arbeiten. Es war Malaria. Ich freute mich darüber. Lieber Malaria als Khieu Ponnary!

* * *

10.

Man kann sich kaum ein instabileres Land vorstellen als das Kambodscha der Sechziger- und Siebzigerjahre. Vom Himmel fielen amerikanische Bomben, das Land fiel nach und nach in die Hände kommunistischer Guerillas, und obendrein führte General Lon Nol einen Putsch durch und entmachtete Prinz Sihanouk.

Sihanouk flüchtete nach China. Die dortigen Kommunisten waren der Meinung, dass er unbedingt eine Allianz mit den Roten Khmer eingehen sollte – also mit seinen Feinden, die sich seit Jahren im kambodschanischen Dschungel mit dem erklärten Ziel zusammenrotteten, ihn zu stürzen! Doch es war die einzige Möglichkeit für ihn, sein Gesicht zu wahren und politische Bedeutung zu behalten.

Für die Roten Khmer hatte die Allianz mit dem Prinzen wiederum eine nicht zu unterschätzende Propagandawirkung. Die einfachen Bauern glaubten, dass die königliche Familie über den Regen herrschte, also befürchteten sie, dass nach dem Putsch ihre Ernte ausbleiben könnte. Dank des Bündnisses mit Sihanouk bekamen die Roten Khmer nun noch mehr Unterstützung aus der Landbevölkerung.

1971 nahmen die Roten Khmer den Prinzen mit auf eine Reise zu den von ihnen eroberten Gebieten. Es war ein großes Erlebnis, sowohl für

Sihanouk wie auch für die Menschen, die ihm begegneten.

Damals traf er auch Yong Moeun.

* * *

Während der gesamten Reise begleitete ich ihn als seine Köchin. Ich freute mich darauf, den Prinzen kennenzulernen und aus der Nähe sehen zu können.

Als zweite Köchin arbeitete Yun Yat, die Ehefrau von Son Sen, der später Verteidigungsminister wurde. Wir überlegten lange, was wir für den Prinzen kochten könnten. Es sollte etwas Traditionelles, seiner Person Würdiges und gleichzeitig etwas sein, das ihm schmeckte.

Prinz Sihanouk stellte sich als sehr freundlich heraus, doch er wollte das, was wir gekocht hatten, überhaupt nicht essen. Er hatte aus China Konserven mit Fertignahrung mitgebracht, dazu Butter und Kekse. Außerdem buk einer seiner Bediensteten jeden Tag frische Brötchen für ihn, so ähnlich wie französische Baguettes. Unsere Anführer, die in Paris studiert hatten, hatten mal von dem dortigen Essen erzählt und ich bekam den Eindruck, dass sie den Prinzen um die Brötchen beneideten. Zwar sagte keiner etwas, aber sie schielten immer wieder zu ihm hinüber.

Unser Essen rührte er nicht an. Er beschränkte sich auf seine Konserven, zu denen er die Brötchen aß. Darüber waren wir sehr traurig. Warum wollte der Prinz das Essen der kambodschanischen Bauern nicht annehmen, wenn er sie schon besuchen kam? Damals dachte ich noch, dass er Angst habe, vergiftet zu werden.

Erst ein paar Jahre später, in der Botschaft in China, als ich den Prinzen fast jeden Tag sah, verstand ich, dass er unsere Küche schlicht und einfach verachtete.

Von Yong Moeun zubereitete Gerichte

***

11.

Die Roten Khmer mit ihren Sandalen aus alten Autoreifen nahmen eine Stadt nach der anderen ein. Die Bevölkerung hieß sie begeistert willkommen. Die Leute glaubten, dass ihre Ankunft ihnen den ersehnten Frieden bringen würde.

Peang Sophi, ein Bewohner von Batdambang, berichtet, dass eine beinahe feierliche Atmosphäre herrschte. Es war im April 1975. Peang und seine Bekannten liefen auf die Straße, um die Partisanen zu begrüßen, die gerade Batdambang erobert hatten. Er wusste so gut wie gar nichts über sie. Er erinnert sich nur, dass sie panische Angst vor Essen in Konserven hatten.

„Irgendwann hatte etwas in einer Büchse, womöglich ein Insektengift, dazu geführt, dass einer von ihnen schwer erkrankte. Seitdem waren sie der Meinung, dass eine Fischkonserve eben Fischgift enthalte. Ein Freund von mir hat ihnen mal eine Büchse Sardinen geschenkt und sie sagten, dass er sie sofort wegschmeißen solle. Dafür aßen sie Zahnpasta, das habe ich mit eigenen Augen gesehen."[15] Andere Zeugen berichten davon, dass die Rebellen Wasser aus Toiletten tranken.

Am 17. April 1976 eroberten die Roten Khmer Phnom Penh und begannen umgehend mit einer Standardmaßnahme ihrer Revolution: der Umsiedlung von Stadtbewohnern in den ländlichen Raum. Dort wollten sie den neuen Menschen erschaffen. Ohne Vorwarnung ergriffen sie Leute auf der Straße, sammelten sie in Kolonnen und schickten sie aufs Land. Andere wurden zu Hause aufgesucht und bekamen nur ein paar Minuten, um das Nötigste einzupacken, bevor man sie mitnahm. Die Roten Khmer begründeten dies mit Sicherheitsmaßnahmen. Sie behaupteten, dass Amerikaner die Bombardierung der Hauptstadt planten und versprachen, dass die Bewohner bald schon in ihre Wohnungen zurückkehren dürften. Doch es war alles gelogen.

Zu Beginn verschonten sie die Menschen noch. Sie exekutierten lediglich Anhänger von Lon Nols Regime – sowie Patienten in Krankenhäusern, die zu schwach waren, um aufs Land transportiert zu werden.

Sie nahmen den Leuten auch ihre Schuhe und Brillen weg. Beides sahen sie als Relikt des Kapitalismus an, einen Ausdruck des Individualismus, der in dem neuen, besseren Kambodscha nicht mehr erwünscht war. Noch Jahre später lagen Schuhhaufen an den Straßenrändern von Phnom Penh.

Nuon Varin arbeitete zu jener Zeit als Französischlehrerin in einem der privaten Gymnasien der Hauptstadt. Seit Jahren sympathisierte sie mit den Roten Khmer, also war sie an dem Tag, als diese Phnom Penh erobert hatten, zusammen mit einer Gruppe von Freunden auf der Straße, um ihnen zuzujubeln. Der polnische Reporter Wieslaw Górnicki schrieb 1980 ihre Erinnerungen in einem vietnamesischen Lager für kambodschanische Flüchtlinge nieder: „Sie wurde von einer Patrouille der Roten Khmer angehalten. Die Männer befahlen ihr, sich einer Gruppe verwirrter, verängstigter Menschen anzuschließen. Es halfen keine Proteste. (…) Ein Soldat schlug ihr mit einem Gewehrkolben auf den Rücken, befahl ihr, ihre Schuhe auszuziehen, ihren Ausweis abzugeben und mit der Kolonne weiterzulaufen.“16

Nuon Varin versuchte, mit den Soldaten zu diskutieren. Zur Strafe wurde sie der Po Pot zugewiesen, der schlimmsten Strafkolonne. Der Autor berichtet, wie sie dort hungerte: „Sie bekam hundert Gramm Reis pro Tag, einmal pro Monat ein Ei, hin und wieder, sehr unregelmäßig, eine Schüssel Prahok, eine Bauernsuppe mit Sojanudeln, Gemüse und Fischstückchen. Doch es gab Wochen, da teilte die Küche ihnen gerade mal achtzig Gramm Reis aus und sonst nichts.“[17]

* * *

Ich wurde sehr krank und brauchte lange, um mich von der Malaria zu erholen. Viele Monate danach musste ich noch mit einem Gehstock laufen. Die Brüder meinten später, dass es sehr knapp gewesen sei, fast hätte ich es nicht geschafft. Ich überlebte nur dank der Tabletten, die mir Pol Pot gegeben hatte. Er hatte nur wenig von dem Malariamittel, aber er hat es mit mir geteilt.

So konnte ich dem Tod entkommen – aber nicht der Tante Ponnary. Sobald ich wieder gesund war, beschloss Pol Pot, dass sie ihn mit ihrem ewigen Vietnamesen-Gerede nicht mehr bei seiner Arbeit stören sollte. Also ernannte er sie zur Vorsitzenden des Frauenverbandes. Und mich zu ihrer Sekretärin.

Glaub mir, ich hätte vor Wut heulen können!

Aber Pol Pot und die Organisation wollten, dass ich mit ihr zusammenarbeite. Sie gingen davon aus, dass ich mich gut mit ihr verstehe. Also tat ich, wie mir geheißen.

Angkar war ich.

Ich war Angkar.

Meine wichtigste Aufgabe bestand darin, Tante Ponnery so weit wie möglich von den Anführern fernzuhalten. Ich wusste schon länger, dass sie Kinder mochte, doch sie und Pol Pot konnten keine haben. Noch vor ihrer Hochzeit war Khieu an Gebärmutterkrebs erkrankt und ihr waren die Eierstöcke entfernt worden.

Ich überlegte, dass ihr vielleicht die Anwesenheit von Kindern guttäte. Also organisierte ich Treffen in den von uns befreiten Dörfern. Die Kinder sangen und sagten Gedichte für sie auf, und dann setzten sie sich zu uns und erzählten aus ihrem Leben. Sie sang mit ihnen und hörte vergnügt ihren Geschichten zu.

Während unserer Ausflüge verlor Tante Ponnary kein Wort über die Vietnamesen. Sie schrie nicht, sie aß und sie wusch sich. Zugegeben, manche Tage waren schlimmer als andere. Dann saß sie nur da und wirkte abwesend. Die Kinder sangen für sie und sie starrte nur die Wand an, als ob wir gar nicht da wären. Manchmal fragte sie mich plötzlich: „Wo ist Genosse Sar? Ist er in Sicherheit? Kannst du mich zu ihm bringen?“

Doch all das war besser als schlaflose Nächte im Lager.

Später besuchten wir Pol Pot und Khieu berichtete ihm, was sie in den Dörfern gehört hatte. Jedes Detail. Damals, in jenen Momenten, sah ich sie so, wie sie gewesen sein musste, als sich unser Anführer in sie verliebt hatte: eine intelligente Person und hervorragende Beobachterin.

Doch nach einigen Tagen im Lager fing sie wieder an, überall Gefahr zu wittern, also war ich gezwungen, mir wieder einen Ausflug auszudenken. Also brachen wir auf. Immer und immer wieder.

Bis eines Tages einer unserer Jungs zu mir gelaufen kam – da waren wir gerade in einem Dorf in der Provinz Kampong Cham – und rief: „Schwester, Schwester!"

„Was ist los?", fragte ich.

„Phnom Penh wurde erobert!"

Sofort dachte ich an Pol Pot. Ich freute mich für ihn, da ich wusste, was für ein besonderer Tag es für ihn war. Doch gleichzeitig machte ich mir Gedanken um ihn. Er war doch für alle da, sorgte sich um alles und jeden und lag deshalb oft ganze Nächte lang wach. Was würde denn werden, wenn er die Verantwortung für ein ganzes Land auf seinen Schultern trug? Er würde noch mehr Sorgen haben. Er kümmerte sich um jeden, doch er hatte niemanden, der sich um ihn kümmerte.

* * *

13.

Sie urinierten immer in einen riesigen Topf. Wenn er voll war, war die unterste Schicht schon am Fermentieren. Sogar Ieng Sary, der Außenminister, machte mit. „Man kann sich den Gestank kaum vorstellen"[18], schreibt

Laurence Picq, die Ehefrau eines der hohen Beamten der Roten Khmer und die einzige Frau aus dem Westen, die Pol Pots Regime überlebt hat.

Sie hatte zuerst als Köchin, dann als Dolmetscherin gearbeitet. Auch half sie im Garten aus. Die Beamten des Ministeriums pinkelten in den Topf, damit sie Dünger für ihre Pflanzen hatte.

Die beste Methode, zu beweisen, dass du ein guter Kommunist bist, war, Toiletten zu schrubben. In der Khmer-Kultur galt es nämlich als eine der niedersten Tätigkeiten. Die Engagiertesten putzten die Klos mit bloßen Händen und kratzten mit den Nägeln die Exkremente von den Wänden. Kein Wunder: Sie kämpften um ihr Leben.

Laurence Picq erinnert sich auch an stundenlange Selbstkritik-Sitzungen, bei denen man sich irgendwelche Vergehen ausdenken und Freunde und Bekannte denunzieren musste.

Bei einem dieser Treffen war ein Mann anwesend, dem man vorwarf, Mais von den Feldern gestohlen zu haben. Er gab zu, dass er mal aus Hunger einen Kolben gepflückt und gegessen hatte. Er und seine Frau wurden aus Phnom Penh aufs Land verbannt. „Sie kamen nie wieder zurück“, schreibt Picq. „Die Leute sagten: Wenn sie so schlimmen Hunger hatten, waren sie bestimmt Verräter.“[19]

„Sie kamen nie wieder zurück“, das hieß in der Welt der Roten Khmer, dass sie umgebracht wurden.

In jener Zeit herrschte bitterer, grausamer Hunger. Überall, sogar in den Ministerien. Bei jeder Reislieferung riefen die Menschen: „Es lebe Angkar! Es lebe die ökonomische Linie! Es lebe die Kollektivierung!“

Doch oft fielen die Lieferungen aus.

Sean, die damalige Köchin im Außenministerium, kochte Suppen aus Gras, Kräutern und Palmenrinde. Doch es gab Tage, da hatte sie nichts, gar nichts. Oder solche, an denen sie lediglich ein Dutzend faule Eier oder einen Korb verschimmeltes Obst für alle bekamen.

Laurence Picq begriff, dass die Roten Khmer Hunger als politisches Instrument einsetzten:

Hunger war Strafe für Insubordination.

Hunger war Strafe für Herkunft aus der falschen Klasse.

Hunger war Strafe für Krankheit, denn dann war man nicht mehr von Nutzen für die Revolution.

Hunger half, die Disziplin zu wahren.

„Der Hunger beherrschte unser gesamtes Denken. (...) Sobald wir etwas zu essen bekamen, waren wir Angkar dankbar."[20]

Das Menü im Ministerium wechselte nur, wenn Politseminare für wichtige Funktionäre anstanden. Dann kam ein spezieller Lieferwagen und brachte Fisch, Gemüse und sogar Hummer.

1975 fuhr Yong Moeun mit ihrem Mann Pich Cheang und einer Gruppe verdienter Genossen zu einer solchen Schulung. Diese Leute wurden *Bang*, die Älteren, genannt. Die Bang wurden nicht zusammen mit anderen Mitarbeitern des Ministeriums einquartiert, sondern in Villen untergebracht, die einst dem vertriebenen Großbürgertum gehört hatten. Sie wurden nicht nur viel besser versorgt – es gab Hähnchen, Schweinefleisch, Reis und frisch gebackenes Brot –, sondern sie bekamen auch Wein.

Währenddessen starben die normalen Kambodschaner an Hunger.

Die Themen des Seminars, das Moeun und ihr Mann besuchten, waren: die Visionen von Angkar, die Umsiedlungen aufs Land und ihre (selbstverständlich ausschließlich positiven) Konsequenzen, die Abschaffung des Geldes, die Rolle des Prinzen Sihanouk. Pol Pot erklärte den Bang höchstpersönlich, dass Sihanouk eine Geisel der Roten Khmer sei und dass sie mit ihm machen könnten, was sie wollten. Er sei ein Tiger im Käfig.

„Die kambodschanische Revolution ist einmalig in der Weltgeschichte", sagten die Roten Khmer.

„Entscheidend ist die ewige Trennung von Stadt und Land", sagten sie.

„Angkar ist besser als Lenin und konsequenter als Mao", sagten sie.

„Angkar wird von der ganzen Welt bewundert, denn seine Revolution ist die reinste und die vollkommenste", sagten sie.

* * *

14.

Ich wurde zwei Monate nach der Eroberung Phnom Penhs in die Hauptstadt berufen. Mein Mann war schon dort. Zuerst wurde er zum Direktor der Zentralbank ernannt, doch später befand die oberste Leitung, dass Kambodscha das erste Land werden sollte, das ohne Geld funktionierte. So wurde die Bank überflüssig.

Danach wurden wir beide zu einer Schulung geschickt. Bevor sie begann, fragte ich Pol Pot: „Wozu muss ich dahin? Ich will doch nur kochen!"

Bruder Pouk lächelte: „Die Organisation braucht dich für etwas anderes, Schwester Moeun. Bruder Pich Cheang wird zum kambodschanischen Botschafter in China ernannt. Und du wirst die Ehefrau eines Botschafters."

Dabei wusste ich nicht mal, was ein Botschafter ist! Also erwiderte ich: „Ich will nirgendwohin. Ich will hier bleiben, in Kambodscha! Ich will weiter für die Organisation kochen!"

Pol Pot lächelte wieder: „Schwester Ly Kim Seng, die Frau von Nuon Chea, wird ab jetzt für uns kochen. Für dich haben wir eine andere Aufgabe vorgesehen."

Ich muss zugeben, dass es sehr schwer für mich war. Ich habe sogar geweint. Aber ich konnte doch nicht mit ihm diskutieren. Angkar wusste am besten, was gut für uns war und was man von uns verlangen konnte. Also fuhren wir nach China.

Ich wusste, dass ich es für die Partei tat. Und für die Revolution. Und wie immer: für Bruder Pol Pot.

* * *

15.

Eine gewisse Roeun war die graue Eminenz im Außenministerium. Ihr Mann, Doeun, leitete die Handelsabteilung im Ministerium für Industrie. Er war es, der seiner Frau die Stelle als Geschäftsführerin eines Ladens für Diplomaten beschafft hatte.

Die unternehmerisch begabte, energische Roeun erklomm schnell die Karriereleiter, stieg quasi Woche für Woche immer weiter auf, bis sie eines Tages die rechte Hand von Außenminister Ieng Sary wurde. Sie war verantwortlich für die gesamte Administration und so konnte sie all ihre Tanten, Onkel, Cousinen und Cousins mit lukrativen Posten versorgen und lebte wie die Made im Speck.[21] Laurence Picq erinnert sich, dass es ihr einmal gelungen war, ein ganzes Beet besonders schönen Kohls zu züchten. Sofort tauchte Roeun auf und beschlagnahmte den ganzen Kohl. Doch anstatt ihn an die hungernden Mitarbeiter des Ministeriums zu verteilen, konfiszierte sie ihn für ihren Diplomatenladen.

„Solche Menschen wie Roeun tauchen in jedem Krieg und jeder Revolution auf", erklärt der Historiker Soeum Borey. „Ihre einzige Sorge war, was und wie viel sie an allem verdienen konnte. Ihre Einnahmen aus dem Geschäft für Diplomaten wurden nicht kontrolliert, also konnte sie machen, was sie wollte. Ihre Cousins nahmen immer mehr wichtige Positionen ein, sodass sie sich nach und nach einen ganzen Clan aufbaute, der ihre Macht immer weiter festigte."

Zufälligerweise war Yong Moeun, die Köchin von Pol Pot, die Nichte von Roeun, und die Botschaft in China galt als die prestigeträchtigste Stelle im Ausland.

Serge Thion, Autor eines Essays aus dem Buch *Revival: The Cambodian Agony* ist der Meinung, dass Pich Cheang seine Nominierung zum Botschafter ausschließlich der Tatsache verdankte, dass Roeun ihre Nichte absichern wollte.

Die Vetternwirtschaft, die die Roten Khmer an der Regierung von Prinz Sihanouk so heftig kritisiert hatten, wurde schon bald zu ihrer eigenen Methode.

16.

Dreimal frage ich Moeun nach Roeun und danach, ob ihr Ehemann durch die Vermittlung der Tante zum Botschafter berufen wurde.

Und auf die typische Khmer-Art tut Moeun dreimal so, als hätte sie meine Frage überhört.

* * *

17.

Vor unserer Abfahrt fand ein Abschiedstreffen mit den Anführern statt. Dabei überraschte mich Pol Pot: Er erklärte, dass ich zur Sekretärin der Angkar-Zelle in der Botschaft nominiert worden sei. So machten sie mich praktisch zur Vorgesetzten meines eigenen Ehemannes. Alle wussten, dass die Partei das Wichtigste war, und in der parteiinternen Hierarchie stand mein Mann nun unter mir. Zwar war er Botschafter, aber ich war diejenige, die die Versammlungen leitete, also musste er auf mich hören.

Als Pol Pot uns einmal in Peking besuchte, nannte er mich scherzhaft Vizebotschafterin und fragte meinen Mann, ob er denn folgsam sei.

Ich arbeitete sehr hart in Peking. Nach einem Jahr konnte ich ein wenig Chinesisch sprechen, nach zwei Jahren schon ziemlich gut. Ich übersetzte sogar Filme aus dem Chinesischen ins Khmer. Aber das war rein gar nichts, verglichen mit meinem Mann. Pich Cheang erlernte die chinesische Sprache in nicht einmal einem Jahr. Sogar unsere Kameraden, die schon länger in China arbeiteten, bewunderten ihn dafür.

Ein Jahr nachdem wir in Peking angekommen waren, wurde unser erster Sohn geboren. Später noch zwei weitere. Alle besuchten sie chinesische Schulen und sprechen bis heute perfekt Mandarin.

Es war mir nur peinlich, dass ich nichts selbst machen musste – weder kochen noch waschen noch bügeln. Für all das hatten wir Bedienstete.

Am seltsamsten war für mich jedoch, dass wir einen Koch hatten. Er hieß Lao Song und war sehr erfahren. Er kochte für uns ausschließlich chinesische Speisen, mit Bohnen, Kohl, Hähnchen. Und Dim-Sum.

Lao Song kochte viel besser als ich. Sobald ich also ein wenig Zeit hatte, bat ich ihn, mir das eine oder andere beizubringen. So lernte ich, Dim-Sum und Frühlingsrollen zuzubereiten.

***

18.

Ich bin in Phnom Penh verabredet, mit Freunden von Freunden. Prak und Keo sind Brüder, die nur wie durch ein Wunder die Herrschaft der Roten Khmer überlebt haben. Prak arbeitet im touristischen Bereich: Er kutschiert Besucher durch ganz Kambodscha, von den antiken Tempeln in Angkor Wat über Krachech mit seinen Flussdelfinen bis hin zur Hauptstadt oder Sihanoukville am Golf von Thailand.

Keo, der ältere Bruder, arbeitet als Manager in einer Bank. Doch seine wahre Leidenschaft sind Motorräder. Bis vor Kurzem war es in Kambodscha kaum möglich, richtig schnell zu fahren, da die Roten Khmer die meisten Straßen zerstört hatten – für sie waren sie eine Art imperialistisches Überbleibsel aus der Kolonialzeit. Also musste Keo zum Motorradfahren nach Thailand. Zweimal hatte er einen ernsthaften Unfall und kam nur knapp mit dem Leben davon. Aber er hat nicht vor, aufzuhören.

„Wenn man in Unterdrückung aufgewachsen ist, kann man für den Rest seines Lebens nicht genug von der Freiheit kriegen", erklärt er mir.

Wir gehen in eines der besten Restaurants der Hauptstadt und bestellen süß-saure Suppe. Dann fangen wir an zu reden. Die beiden Brüder erzählen von ihrer Kindheit unter der Herrschaft der Roten Khmer.

Prak

„1975, als Pol Pot an die Macht kam, war ich gerade mal anderthalb

Jahre alt. Meine Mutter stillte mich noch. Als sich herausgestellt hat, dass es Probleme mit der Lebensmittelversorgung gibt, beschloss sie, mir weiterhin die Brust zu geben."

Keo

„Das wissen wir von einer Frau, die mit unserer Mutter in der Kommune war. Wir haben sie Jahre später zufällig kennengelernt. Prak erinnert sich nicht an jene Zeit, ich auch nicht. Die Roten Khmer achteten sehr darauf, dass weder ein Mann mit seiner Frau noch Bruder und Schwester oder ehemalige Nachbarn zusammen in einer Kommune lebten. Sie wollten eine vollkommen neue Gesellschaft aufbauen, also zerstörten sie alle alten Bindungen. Als Teenager wurde ich auch an einen anderen Ort als Prak und unsere Mutter geschickt."

Prak

„Ich schlief bei meiner Mutter. Das weiß ich noch."

Keo

„Aber auch das war nicht selbstverständlich! Meistens wurden die Kinder von ihren Eltern getrennt und von der Partei aufgezogen. Also von irgendwelchen Erzieherinnen. Vielleicht war unsere Mutter zu dem Zeitpunkt schon krank, wenn sie erlaubt haben, dass ihr zusammen schlafen durftet? Wir kennen die Details nicht.

Ich war älter, also musste ich anfangen zu arbeiten, zusammen mit den Erwachsenen. Wir schufteten auf Reisfeldern, von früh bis spät.

Was unsere Herkunft angeht, so hatten wir eine gute Kategorie:

zwei – denn unserer Mutter war es gelungen, die Tatsache zu verheimlichen, dass unser Vater zu Sihanouks Zeiten Offizier gewesen war."

Prak

„Sie gab als unseren Namen den einer alten Freundin an, die einige Monate zuvor gestorben war. Niemand schöpfte Verdacht."

Keo

„Unser Vater starb während des Bürgerkriegs, bei den Kämpfen der Regierung gegen die Roten Khmer. Hätten die Aufseher das gewusst, hätten wir nicht überlebt. Ohnehin hungerten wir die meiste Zeit. Wir bekamen nur ganz wenig Essen, buchstäblich eine Handvoll am Tag. Meist Reis mit irgendeiner Pampe. Vollkommen geschmacklos. Fleisch gab es keines. Es konnte keine Rede davon sein, dass die Tagesration für einen schwer arbeitenden Jugendlichen ausreichte. Mein Freund Khim und ich gingen also auf Rattenjagd. Wir huschten im Schutze der Nacht hinaus. Hätte uns jemand bemerkt, hätten wir große Probleme bekommen. Wir stahlen immer lange Drähte und Streichhölzer aus der Kommune. Heute kommt es einem albern vor, Streichhölzer zu stehlen, aber damals war es eine große Leistung. Wir mussten eine Woche lang die Wachleute beobachten und eine Stelle finden, von wo aus sie den Eingang zur Küche nicht einsehen konnten. Kaum in der Küche, mussten wir die Streichhölzer erst mal finden. Das heißt, ich stand draußen Wache und Khim huschte hinein. Nach fünf Minuten kam er zurück. Es waren die längsten fünf Minuten meines Lebens.

Nachdem wir uns den Draht und die Streichhölzer besorgt hatten, stahlen wir uns abends zur Jagd hinaus. Man musste sich leise anschleichen und dann abwarten, bis die Ratten kamen. Eine schnelle Bewegung und wenn wir Glück hatten, gab es Fleisch zu essen. Wir machten ein kleines Feuer, vorsichtig, denn niemand durfte den Rauch sehen. Und nachdem wir gegessen hatten, schlichen wir uns wieder ins Lager.

Bis eines Tages, bei der abendlichen Selbstkritik-Sitzung, einer der Anführer eine Untersuchung wegen der gestohlenen Streichhölzer einleitete. Ich dachte, ich würde einen Herzinfarkt kriegen! Zu unserem Glück wurden die Köchinnen beschuldigt. Khim und ich sagten kein Wort. Man machte für den Diebstahl unschuldige Frauen verantwortlich, die unser Essen kochten. Ich weiß noch, dass sie bestraft wurden, aber ich kann mich an keine Einzelheiten mehr erinnern. Eine von ihnen wurde in eine andere Kommune versetzt, glaube ich.

Wie ich mich damit fühle? Heute fühle ich mich schlecht damit, aber man kann kein normales Maß an diese abnormale Zeit anlegen. Jeder von uns wollte nur überleben.

Khim wurde später umgebracht. Ich weiß gar nicht, wofür. Eines Tages verschwand er einfach und wurde nie wieder gesehen. Vielleicht haben sie die Streichhölzer bei ihm gefunden. Ich weiß es wirklich nicht.

Weißt du, wären sie clever gewesen, hätten sie den Leuten erlaubt, Ratten zu jagen. Die Tiere vernichteten die Ernte und das Korn, und die Menschen waren so ausgehungert, dass sie die Viecher ausgerottet hätten. Damals war eine über Feuer gebratene Ratte eine Delikatesse für uns. Später aß ich welche in Bangkok, in Peking, in teuren Restaurants, aber sie haben mir nie wieder so gut geschmeckt wie damals."

Prak

„Ich habe es nicht gewusst. Das mit den Ratten."

Keo

„Ich habe es dir erzählt. Wahrscheinlich hast du es vergessen."

Prak

„Ich wusste es nicht."

Keo

„Prak, du wusstest es, garantiert. Jedes Mal, wenn wir zu unserer Tante nach Battambang fahren, fahren wir an einem Stand vorbei, wo sie gebratene Ratten verkaufen: drei Stück ein Dollar. Und jedes Mal erzähle ich dir diese Geschichte. Und ich sage dir, dass wir das nächste Mal anhalten und du eine kosten wirst. Denn wer keine Ratte gegessen hat, weiß nichts über das Leben. Es ist gar nicht schlimm. Man muss sich nur überwinden."

Prak

„Ich wusste es nicht …"

Keo

„Du hast es einfach verdrängt. Besser so, du hast recht. Warum sollte man sich auch daran erinnern. Ich würde es auch gerne vergessen … Aber ich schaffe es nicht."

Prak

„Ich kann mich an nichts aus der Zeit der Roten Khmer erinnern. Ich war noch zu klein. Ich weiß nur noch, wie unsere Mutter gestorben ist …"

Keo

„Sie war schon eine Weile krank. Das hat uns diese Frau erzählt, die mit ihr in der Kommune war. Niemand konnte sagen, was ihr fehlte. Die Roten Khmer hatten alle Ärzte ermordet und das einzige Pflegepersonal im Lager war ein Junge in meinem Alter. Er hatte eine Schulung durchlaufen und wusste, wie man Spritzen gab und Furunkel aufschnitt. Nur: Die Erkrankung meiner Mutter war schlimmer als ein Furunkel. Doch niemand wusste, was sie hatte."

Prak

„Eines Tages wachte ich morgens auf und kuschelte mich an sie. Ich legte meinen Arm um sie und wartete, dass sie dasselbe tun würde.

Aber Mama umarmte mich nicht. Noch im Halbschlaf begann ich, nach ihrer Brust zu suchen. Damals stillte sie mich nicht mehr, aber es beruhigte mich, an ihrer Brustwarze zu nuckeln.

Aber ihre Brust war kalt.

Ich wurde vollkommen wach und begann, sie zu schütteln, ‚Mama, Mama!', rief ich. ‚Mama, wach auf!'

Doch sie wachte nicht auf.

Ich begriff nicht, was los war, und fing an zu weinen.

Das ist meine erste Kindheitserinnerung. Der kalte Körper meiner Mutter neben mir."

Keo

„Oh, Prak, Bruder … Du hast doch die Fähigkeit, zu vergessen, dann versuch, auch das zu vergessen … Es ist nicht gut für dich, wenn du dich daran erinnerst."

19.

Während des Regimes der Roten Khmer aßen die Menschen nicht nur Ratten, um zu überleben.

Sie aßen Heuschrecken, Grillen, Maden, Ameisen und deren Eier.

Sie fingen Vogelspinnen und brieten sie über dem Lagerfeuer.

Sie fingen Frösche und wickelten sie in Bananenblätter ein, dann buken sie sie.

Sie aßen Echsen, Schildkröten, Schlangen.

Sie aßen Skorpione und Termiteneier.

Sie aßen gebratene Fledermäuse und tranken ihr Blut. Sie glaubten, dass es ihnen Kraft und Gesundheit verleihen würde.

Sie fingen alle möglichen Vögel, aßen sie und ihre Eier.

Wenn sie Glück hatten, konnten sie einen Elefanten fangen.

Während der Rote-Khmer-Diktatur aßen die Kambodschaner fast alle Flussdelfine im Land auf. Der Bestand verringerte sich von Zigtausenden auf einige Hundert.

20.

Koy Thuon, der Cousin von Yong Moeun, der sie in die Organisation eingeschleust hatte, wurde zu einem der ersten Opfer der Säuberungen an hohen Funktionären gegen Ende der Siebzigerjahre. Er wurde 1977 verhaftet und kam nach S-21, an einen Ort, von dem man nicht zurückkehrte. Dieses im Zentrum von Phnom Penh liegende Geheimgefängnis war für die schlimmsten Feinde des Regimes vorgesehen – vor allem Rote Khmer der ersten Phase, denen Verrat vorgeworfen wurde. Koy Thuon gab unter Folter zu, dass er geplant habe, Pol Pot zu töten, und dass er Unterstützung bei Thailändern, Vietnamesen und Amerikanern gesucht habe.[22]

„In solchen Situationen wurde die gesamte Familie bestraft: Eltern, Kinder, Brüder, Schwestern, sogar Menschen, zu denen man nur losen Kontakt hatte", erklärt mir Soeum Borey. „Wenn es zu Säuberungen kam, verloren alle ihr Leben, die auch nur ansatzweise etwas mit dem Verräter zu tun hatten."

Im Fall von Koy Thuon wurde sogar seine schwangere Tochter ermordet. Und Leute, die er damals, als sie noch Partisanen im Dschungel waren, für die Revolution rekrutiert hatte. Ihr einziges Verschulden war, dass sie mittels der falschen Person in die Partei gelangt waren.

Darunter waren auch Roeun und ihr Mann Doeun. Eines Tages waren sie einfach verschwunden.

Eine lose Verbindung zum Angeklagten genügte, damit man unter Verdacht geriet und schlimmstenfalls sein Leben verlor.

Laurence Picq erzählt die Geschichte eines Mannes namens Phat. Seine Ehefrau arbeitete als Assistentin von Roeun. Er war Gärtner und züchtete Kaninchen im Garten des Ministeriums.

Weil das Ehepaar nicht zusammen mit Roeun und Doeun abgeholt wurde, ging Phat davon aus, dass die Kaninchen wichtig waren – und sie so lange überleben würden, solange es Kaninchen gab. Also kümmerte er sich um sie, so gut er konnte.

Eines Tages wurden die Tiere krank. Sie bekamen Entzündungen an Augen und Maul, ihre Körper schwollen an. Der entsetzte Phat lief los, um Laurence zu holen, die sich ein wenig mit Medizin auskannte. Es stellte sich heraus, dass sich die Kaninchen mit Kaninchenpest, einer unheilbaren Viruskrankheit, angesteckt hatten. Phat hatte nichts damit zu tun – dennoch verschwanden eines Tages er, seine Frau und ihr wenige Wochen alter Säugling.[23]

* * *

21.

Als ich hörte, dass Koy Thuon gestorben war, fühlte ich mich wie erschlagen.

Später erfuhr ich, dass einige andere Botschafter, unsere Kollegen von der Schulung, zusammen mit ihren Ehefrauen zurück nach Phnom Penh beordert wurden. Niemand von ihnen ist je angekommen. Yom und Din, die Botschafter in Laos waren, Cheang und Touch in Vietnam, Yaem und Ni aus Nordkorea – alle wurden sie umgebracht.

Es hieß, dass sie gegen unser Land spioniert hätten: für die Vietnamesen, für die Amerikaner, für die Russen. Ob es gestimmt hat, fragst du? Womöglich war da was dran. Oder aber jemand hat einen Fehler gemacht und unschuldige Menschen verurteilt. Kambodscha hatte damals viele Feinde. Die Amerikaner konnten sich nicht damit abfinden, dass ihre Bombardierungen nichts gebracht haben, die Sowjetunion und Vietnam konnten nicht akzeptieren, dass wir selbstbestimmt sein wollten.

Ist es möglich, dass alle Verräter waren außer meinem Mann und mir?

Ich weiß es nicht.

Auf jeden Fall befürchtete ich, dass wir als Nächste dran sein würden. Ich war überzeugt, dass bald jemand mit dem Befehl kommen würde, dass auch wir nach Phnom Penh zurückzukehren hätten. Und ich sage dir: Ich hätte es sofort getan.

Die Chinesen mochten meinen Mann und mich und mehrere Leute hatten uns zu verstehen gegeben, dass wir auf sie zählen könnten. Dass sie uns helfen würden, uns verstecken, uns in ein anderes Land bringen. Wenn wir nur fliehen wollten. Ich habe solche Gespräche immer im Keim erstickt. Wir wollten nicht fliehen. Ich hätte es niemals zugelassen.

Angkar war ich. Ich war Angkar.

Wenn Angkar wollte, dass ich zurückkomme, tat ich es.

Wenn Angkar der Meinung gewesen wäre, dass ich ins Gefängnis muss, wäre ich eben ins Gefängnis gegangen.

Wenn Angkar der Meinung gewesen wäre, dass ich eine Verräterin bin, hätte ich zugestimmt.

Wie Ieng Sary einmal sagte: Angkar hatte hundert Augen, wie eine Ananas. Habe ich denn hundert Augen? Nein. Also war klar, dass die Partei es immer besser wusste. Wenn Angkar entschieden hätte, dass ich getötet werden muss, wäre ich gerne gestorben.

Ich habe nie mit meinem Mann darüber gesprochen, niemals. Weder als er nicht mehr Botschafter war, noch als Pol Pot gestorben war. Nachdem wir hierher, nach Anlong Veng gezogen waren, sprachen wir nie wieder über die Zeit in China. Aber ich weiß, dass er genauso dachte wie ich.

Niemand kam, um uns zu holen. Es gab nie einen Befehl. Wir lebten einfach weiter.

* * *

22.

Nach dem Tod von Koy Thuon regierten die Roten Khmer nur noch ein Jahr.

Der Albtraum von Khieu Ponnary wurde wahr: Die Vietnamesen kamen wirklich. Phnom Penh, das angeblich unbesiegbar war, wurde in wenigen Tagen eingenommen. Pol Pots Revolution endete wie ein böser Traum. Die Vietnamesen deckten Schritt für Schritt die Verbrechen ihrer ehemaligen Genossen auf.

Doch obwohl die Welt von ihren Verbrechen wusste, wurden die Roten Khmer weiterhin als die rechtmäßige Regierung Kambodschas angesehen. Pol Pot und seine Anhänger kehrten in ihre Dschungellager zurück. Von dort aus versuchten sie erfolglos, ihre Macht zurückzugewinnen. Aber sie handelten erfolgreich mit Holz und Halbedelsteinen und das brachte ihnen großen Wohlstand ein.

Zu jener Zeit stellte die Uno ihre Untersuchungen zu den Verbrechen der Roten Khmer ein. Vor allem um das kommunistische Vietnam zu schwächen, einen der Hauptgegner der Vereinigten Staaten.

Einer der Akteure dieser Politik war Zbigniew Brzeziński, ein Pole, der als Nationaler Sicherheitsberater für Präsident Jimmy Carter tätig war.

* * *

23.

Der Fall von Phnom Penh? Wir wussten schon ein paar Tage vorher, dass es geschehen würde.

Mein Ehemann bekam Besuch von den Botschaftern aus Somalia, dem Senegal und dem Sudan, mit denen wir befreundet waren, und diese erzählten uns Folgendes: „Auf den Satellitenaufnahmen ist zu sehen, dass Vietnam enorme Kräfte an der Grenze mobilisiert."

Mein Mann antwortete: „Selbst wenn – sie werden sehr enttäuscht sein. Unsere Armee ist bestens vorbereitet."

Offenbar war sie es nicht.

Zu der Zeit, als die Vietnamesen in der Hauptstadt einmarschierten, tauchte Prinz Sihanouk in Peking auf. Pol Pot wollte ihn vor der Verhaftung bewahren und schickte ihn zu uns. Pich Cheang holte ihn am Flughafen ab. Die Chinesen hatten dem Prinzen eine Residenz zur Verfügung gestellt, doch er langweilte sich dort und besuchte uns regelmäßig in der Botschaft. Mein Mann lernte extra für ihn Tennis, denn Sihanouk wollte ständig beschäftigt werden. Er war wie ein großes Kind: Schaut mich an, bewundert mich, seht, wie besonders ich bin, wie klug, wie begabt! Und er beklagte sich über alles, doch mich hatte er ins Herz geschlossen, ich weiß nicht, warum. Er sagte immer: „Madame, Sie sind die Einzige, die sich um mich kümmert!"

Dabei lächelte er wie ein großes Baby.

Wenn er beim Tennis verlor, wurde er wütend, schmiss den Schläger hin und sprach zwei Wochen lang nicht mit uns. Doch danach kam er wieder an, als ob nichts gewesen wäre.

Derweil war Pol Pot dabei, alles zu verlieren. Er floh vor den Vietnamesen in den Dschungel, während mein Mann mit Prinz Sihanouk Tennis spielte. Das war alles ein einziger Albtraum.

Bis eines Tages ein Brief von Ieng Sary kam, dem Außenminister: Pich Cheang werde als Botschafter abberufen und solle nach Phnom Penh zurückkehren. Noch ein paar Jahre früher hätte ich sofort gewusst, was ein solches Schreiben zu bedeuten hatte. Doch diesmal bedeutete es nichts anderes als das: Mein Mann wurde als Botschafter abgesetzt. Mehr nicht.

24.

Ein Geländewagen beförderte uns in ein Lager im Dschungel. Wir wurden direkt zu Pol Pot gebracht. Er war sehr alt geworden und sah erschöpft aus. Ein Großteil seiner Haare war ihm ausgefallen und er war viel schwächer als damals, als wir uns von ihm verabschiedet hatten. Doch er war immer noch ein schöner Mann.

Ich fragte gar nicht, ob ich ihm etwas kochen sollte. Das war selbstverständlich. Als ich das Essen vor ihm auf die Rattanmatte stellte, schaute er auf die Teller und sagte: „Unsere Moeun kocht wie immer zu wenig. Wir werden einfach nicht satt!"

Er machte immer noch seine Witzchen und verdrehte alles, so wie damals, als wir noch zwanzig Jahre jünger waren. Da musste ich weinen. Ich erkannte, dass sich seine Träume nicht erfüllt hatten. Die Regierung jagte ihn wie eine Ratte. Mittlerweile hatte er eine weitere Malariaerkrankung hinter sich; heute denke ich, dass er damals schon an dem Krebs gelitten haben muss, der erst später entdeckt wurde.

Ich wusste, dass die Vietnamesen überall die Lüge verbreiteten, dass Bruder Pouk Menschen ermordet haben soll. Ich kann nur erahnen, wie sehr er gelitten haben muss, als er das hörte. Doch ich konnte ihm nicht helfen.

Ich weinte, aber ich beruhigte mich schnell wieder, weil ich ihn nicht beunruhigen wollte. Also lächelte ich ihn an. Ich weinte und lächelte gleichzeitig. Und er sah mich an und lächelte zurück, dann ging er in sein Haus.

Seit diesem Moment sagte er immer, wenn wir uns begegneten: „Was ist mit unserer Moeun los? Sie lacht immer, wenn sie mich sieht." Und natürlich war es genau andersherum: Ich musste weinen, wenn ich ihn traf.

Mir fiel auf, dass Tante Ponnary nie da war. Man sagte mir im Lager, dass sich ihr Zustand verschlimmert habe, doch dass ich es nicht vor Pol Pot erwähnen solle, um ihn nicht zu bekümmern. Offenbar war sie in einen anderen Teil des Landes gebracht worden.

Ein Jahr später fuhr Pol Pot für fast zwölf Monate nach China, um sich um seine Gesundheit zu kümmern. Nachdem er wieder zurück war, ernährte er sich strikt vegetarisch. Die dortigen Ärzte hatten ihm Fleisch verboten. Zum Frühstück machte ich ihm also gebratene Nudeln, Haferbrei und Frühlingsrollen. Ich musste um vier aufstehen, um mit allem fertig zu werden, aber ich tat es gerne für ihn.

Zum Mittagessen bekam er eine Suppe, meistens eine Gemüsebrühe. Manchmal aß er Fisch, aber das einzige Fleisch, das ihm die Ärzte erlaubt hatten, war Schwarzes Huhn. Das ist eine in Asien beheimatete Hühnerrasse mit schwarzem Fleisch und schwarzen Knochen. Die Chinesen glauben, dass sie Kraft und Gesundheit verleiht. Wir bekamen ein paar dieser Vögel von den Chinesen und unsere Khmer Loeu züchteten sie für Pol Pot.

Also kochte ich ihm eine Brühe aus Schwarzem Huhn und Melonen. Sie geht ganz einfach: Du nimmst ein Huhn, entbeinst es, kochst es mit Kräutern auf und sobald die Suppe köchelt, fügst du geschnittene Melone hinzu.

Suppen taten ihm gut, denn sie beruhigten seinen Magen. Doch er trank nur die Brühe, das Fleisch gab er Ieng Sary oder Nuon Chea.

Es war eine schlimme Zeit. Doch das Schlimmste sollte noch kommen.

* * *

25.

Mea Som war achtzehn Jahre alt. Sie hatte das frische, runde Gesicht einer Bäuerin und starke Arme vom Schleppen der Artilleriegranaten für die Roten Khmer. Sie war jemandem in den Schützengräben aufgefallen und umgehend zu den Anführern gebracht worden. Bis Yong Moeun aus Peking zurück war, kochte Mea Som für Pol Pot und seine Kader.

Pol Pots Frau, Khieu Ponnary, lebte zu der Zeit weit weg in der Ortschaft Pailin. Und Mea Som war hübsch, sie fiel Pol Pot sofort auf. Angkar machte eine Ausnahme für seinen Anführer und erlaubte, dass Bruder Nummer Eins sich scheiden lassen und sie zu seiner Frau machen durfte.

Und so wurde Pol Pot zu einem weiteren Anführer der Roten Khmer, der eine Köchin heiratete.

* * *

26.

Als ich davon erfuhr, ging es mir nicht gut. Es fiel mir schwer, die beiden zusammen zu sehen. Schwester Som kümmerte sich nicht angemessen um Bruder Pouk, nicht so, wie es eine Ehefrau tun sollte. Bald führte sie sich auf wie Prinz Sihanouk: wie ein verwöhntes Kind. Sie meinte, dass sie als Ehefrau des Führers auf alles ein Anrecht hätte. Zwar kochte sie für sich und ihren Mann, aber alle sagten zu mir: „Bruder Pouk mag lieber dein Essen. Komm, sei nicht mehr böse auf ihn und koch ihm was Leckeres!“

Doch ich war verärgert. Ich kochte für so viele Menschen und niemand kam auf die Idee, mir zur Hand zu gehen. Schließlich verlangte ich, dass sie mich vom Hauptlager an einen anderen Ort versetzten.

Ich sprach immer wieder davon. Bis Ieng Sary davon hörte. Eines Tages fing er mich ab und begann unvermittelt ein Gespräch über Koy Thuon.

„Dein Cousin hat uns verraten", sagte er. „Er wollte uns an die Amerikaner verkaufen."

Ich erwiderte entnervt, dass ich keine Ahnung hätte, was er damals getan hat, denn ich sei gar nicht im Land gewesen.

Ieng Sary schwieg daraufhin und sagte anschließend: „Ich hatte bereits ein Schreiben angefertigt, das euch aufforderte, zurück nach Kambodscha zu kommen. Dich und den Genossen Pich Cheang."

Wir wussten beide, was ein solches Schreiben bedeutet hätte. Unseren sicheren Tod.

„Warum hast du uns also nicht abberufen?", wollte ich wissen.

„Bruder Pol Pot ließ mich nicht", sagte er mit einem Grinsen und fügte hinzu. „Du wurdest acht Mal des Verrats beschuldigt, Schwester Moeun! Acht Mal! Acht Mal bekamen wir die Information, dass du die Organisation verraten hättest. Weißt du, warum du trotzdem in Peking bleiben durftest?"

Ich schüttelte den Kopf.

„Weil Bruder Pol Pot sagte, dass er das nicht zulassen würde. Denn: Wenn du eine Verräterin wärst, dann müsste er zwangsläufig auch ein Verräter sein. Wenn wir dich verhaften wollten, dann ihn bitte gleich mit."

Es stellte sich heraus, dass mir Pol Pot wieder mal das Leben gerettet hatte. Und ich wusste es nicht mal.

Ich habe später oft überlegt, warum Ieng Sary mir das erzählt hat. Schließlich verstand ich: Es war wegen Mea Som, Pol Pots neuer Frau. Ieng Sary merkte, dass es mir damit nicht gut ging, und er wollte mir auf diese Weise mitteilen, dass Pol Pot immer an mein Wohl dachte. Auch, wenn ich es nicht wusste. Seitdem sprach ich nie wieder davon, von ihm fortzugehen.

27.

Ich traf Tante Ponnary nur noch einmal, 1990 in Malai. Sie erkannte mich sofort, was mich wunderte, denn wir hatten uns fünfzehn Jahre nicht gesehen, und damals hatte sie Phasen, in denen sie kaum noch jemanden erkannte.

Pol Pot hatte zu der Zeit bereits ein Kind mit seiner neuen Frau, aber Khieu Ponnary wusste davon nichts.

„Wie geht es ihm? Ist alles in Ordnung? Ist er sicher?“, fragte sie mich. „Kannst du mich zu ihm bringen? Bitte.“

Sie schrie nicht, war ganz ruhig. Schaute mich nur flehend an. Aus ihren Augen rannen Tränen.

„Bitte“, wiederholte sie.

Ich wusste nicht, wie ich reagieren sollte. Ich drehte mich um und ging.

* * *

28.

Pailin ist die schnell wachsende kambodschanische „Hauptstadt der Edelsteine“, über ihr thront ein wunderschöner, reich verzierter Tempel. Das Städtchen ist von Plantagen umgeben: Kaffee und Taro.

Im Vergleich zu den neuen Gebäuden sehen die Häuser der ehemaligen Anführer der Revolution heute aus wie Häuschen ärmlicher Verwandter vom Land. Sie kamen damals aus den Bergen hierher und erklärten, nicht mehr gegen die Armee der Regierung kämpfen zu wollen.

Als Erster war Ieng Sary eingeknickt, Pol Pots Schwager. Im August 1996 wurde ihm klar, dass weiterzukämpfen sinnlos war. Er arrangierte sich mit Hun Sen, dem neuen, von den Vietnamesen eingesetzten Premier. Nach Ieng Sary folgten Khieu Samphan und Nuon Chea.

In den Wäldern rund um Pailin kann man auch heute noch riesige Chilifelder sehen – ein Andenken aus Zeiten, in denen die Soldaten der Roten Khmer auf Anweisung ihrer Befehlshaber überall essbare Pflanzen aussäten.

Bis heute kann man auch auf Landminen treten. In Pailin leben zahlreiche Menschen, die dadurch ihre Beine verloren haben. Obwohl die Roten Khmer bereits vor zwanzig Jahren ihre Waffen gestreckt haben, explodieren die Minen immer noch.

In Pailin wohnen viele ehemalige Soldaten der Roten Khmer, von Fußsoldaten bis hin zu Offizieren. Ich treffe mich mit zweien von ihnen zum Mittagessen. Es sind ehemalige Truppenführer mittleren Ranges: Herr Sum und Herr Sang. Ich möchte von ihnen wissen, wie sie sich zu Zeiten des Regimes ernährt haben.

Herr Sum ist circa fünfzig Jahre alt, klein und sehr dünn. In der Partisanenzeit überwachte seine Einheit die Leute, die Halbedelsteine für die Roten Khmer sammelten. Er passte auf, dass niemand die Steine stahl und sie auf eigene Faust verkaufte. Mit der Zeit stieg Herr Sum auf und war für den Export der Steine verantwortlich.

Herr Sang ist ein wenig größer und ungefähr im gleichen Alter. Bei der Armee war er als Führer einer Einheit tätig, die regelmäßig die Stadt Battambang überfiel.

Beide Einheiten kapitulierten zu der Zeit, als Ieng Sary sich ergab.

„In meinem ganzen Leben habe ich niemals so gut gegessen wie damals", sagt Herr Sum verzückt.

Wir verputzen genüsslich Aalsuppe mit Möhren, Kohl und Gewürzen, die ich nicht mal benennen könnte.

„Nimm beispielsweise Aal. Meine Leute fingen ihn mit Fallen. Man nimmt ein langes Stück Bambus, zwei oder drei Meter, und steckt einen Köder hinein. Dann verstopft man ein Ende, damit die Fische nicht mehr rauskommen. Ich hätte jeden Tag Aal essen können, wenn ich gewollt hätte. Bis heute ist er für mich eine Delikatesse, also danke für die Einladung!"

„Andere haben Wildschweine im Dschungel gejagt", fügt Herr Sang hinzu. „Und heute? Ein Wildschweinfilet kostet im Restaurant fünfzigtausend Riel, also etwa zwölf Dollar. Aalsuppe dreißigtausend. Ich möchte mich ebenfalls für die Einladung bedanken, denn ein solches Essen kann ich mir nur selten leisten. Nur dann, wenn die Geschäfte gut gehen – und ganz sicher nicht jeden Tag."

„Einmal im Jahr hatten wir Schulungen, an der Grenze zu Thailand. Pol Pot und andere Anführer führten Kurse durch", erinnert sich Herr Sum. „Bruder Nummer Eins wiederholte: Jeder von euch muss jagen und kochen können, um zu überleben. Und tatsächlich: Wir alle hatten stets ein Messer, einen Löffel und eine Blechschüssel in unseren Rucksäcken. Die Schüsseln konnte man aufs Feuer stellen und sich schnell was zubereiten. Jeder von uns konnte kochen."

„Ja, darin lag das Genie von Pol Pot", nickt Herr Sang. „Er hatte eine Idee, wie man Kambodscha stark machen könnte, wie man einen stabilen Staat aufbaute. Aber ... na ja ... Es hat eben nicht funktioniert."

Dann rülpsen Herr Sum und Herr Sang laut – so ist es hier Sitte, genau so haben Pol Pot und seine Leute nach dem Essen auch immer gerülpst –, greifen nach ihren Zahnstochern und fangen an, zwischen ihren vom Rauchen gelbbraunen Zähnen herumzupulen.

29.

Selbst als er von seinen Leuten verraten wurde, selbst als er schon sehr krank war, hörte der scheinbar so freundliche und sanfte Bruder Pouk nicht auf, Menschen zu ermorden. Er war kaum noch in der Lage zu gehen und gab dennoch Befehl, ein paar Ausländer hinzurichten, die versehentlich die Grenze zwischen Thailand und dem von den Roten Khmer beherrschten Gebiet überschritten hatten. Später ließ er Son Sen ermorden, einen seiner treuesten Weggefährten. Alle hielten ihn für Pol Pots Nachfolger; derweil verdächtigte Bruder Pouk ihn, hinter seinem Rücken mit der neuen Regierung zu verhandeln. Also ließ er Son Sen umbringen, zusammen mit seiner Frau (übrigens ebenfalls eine ehemalige Köchin) und seinen Kindern. Insgesamt starben dabei dreizehn Menschen.

Pol Pot konnte nicht wissen, dass er, als er Son Sen töten ließ, zugleich sein eigenes Urteil fällte. Denn auf einmal begriffen auch seine treuesten Anhänger, dass man sich bei ihm niemals seines Lebens sicher sein konnte.

Ta Mok, einer der verbliebenen hochrangigen Roten Khmer, die noch nicht zur neuen Regierung übergelaufen waren, hatte nicht vor zu warten, bis er dran war: Er erschoss umgehend drei Menschen aus Pol Pots Umfeld und ließ Saroeun, welcher Son Sen erschossen hatte, in einen Eisenkäfig sperren und vom Gipfel eines Berges werfen.

* * *

30.

Son Sen? Nein, ich glaube nicht, dass Pol Pot ihn hat ermorden lassen. Er war doch von Anfang an dabei, noch bei den Partisanen. Bruder Pouk bedeutete er mehr als alle anderen. Ich war bei ihm, als er von Son Sens Tod erfuhr. Er wurde blass und ließ sein Glas fallen. Er hat ihn sehr geliebt.

Es war Ta Mok. Er hat Son Sen getötet. Da bin ich ganz sicher. Er hat es getan, um es Pol Pot in die Schuhe zu schieben. Bruder Pouk war zu leichtgläubig, er vertraute den Menschen. Und Ta Mok war bestimmt ein vietnamesischer Spion.

Kurz nach der Ermordung von Son Sen und seiner Familie kam ein Bote von Ta Mok zu uns und richtete uns aus, dass wir in den Dschungel kommen sollten. Warum? Der „Verräter Pol Pot" solle vor Gericht gestellt werden.

Genauso hat er es formuliert. Kannst du dir das vorstellen? Ein naseweises Jüngelchen, das noch nicht einmal geboren war, als Pol Pot die Organisation aufbaute, hatte die Chuzpe, unseren Anführer einen Verräter zu nennen!

Ich bin nicht hingegangen. Mein Mann auch nicht. Ta Mok hätte uns dafür erschießen lassen können, aber es war uns egal. Alle hatten Angst vor ihm. Einmal ließ er eine Gruppe Kinder verhaften, die auf dem Weg zur Schule Papayas von einem Baum gepflückt hatten. Er nannte sie Diebe und Verräter, denn die Bäume gehörten der Partei, und nur diese entscheide, wer die Früchte essen dürfe und wer nicht. Es war egal, dass da viele Bäume wuchsen und dass sogar Papayas auf dem Boden lagen.

Angeblich geschahen solche Dinge in ganz Kambodscha, als Pol Pot noch an der Macht war. Ob das stimmt? Woher soll ich das wissen? Ich war damals nicht im Land. Doch falls so etwas passierte, dann bestimmt nicht mit seinem Segen. Bruder Pouk hätte doch nie erlaubt, dass man

Kinder bestrafte, die einfach nur mal eine Papaya essen wollten! Niemals! Ich kannte ihn besser als meine Mutter und meinen Vater.

Pol Pot war kein Mörder.

Pol Pot war ein Träumer.

Er träumte von einer gerechten Welt. Einer Welt, in der niemand hungern musste. Einer Welt, in der niemand besser war oder sich über andere erhob.

Pol Pot hätte den Leuten niemals ihr Essen weggenommen. Wenn jemand solche Befehle erteilte, dann ganz gewiss nicht er.

Also: Obwohl ich wusste, dass Ta Mok außer sich sein würde, ging ich nicht zu dieser Versammlung. Ich wusste ganz genau, wie die aussehen würde: Unverschämte Halbstarke wie der, der zu uns nach Hause kam, würden darüber urteilen, wer ein Verräter war und wer nicht. Ich wusste, dass ich dann zusammenbrechen würde. Deswegen wollte ich nicht daran teilnehmen.

Und obwohl ich selbst in einem Eisenkäfig hätte enden können, bin ich bis zum Ende an der Seite meines Bruders Pouk geblieben.

Und da stehe ich bis heute.

* * *

31.

Der Amerikaner Nate Thayer ist der einzige Journalist aus dem Westen, dem es gelang, mit Pol Pot vor dessen Tod zu sprechen. Ta Mok behandelte damals das ehemalige Staatsoberhaupt als Verhandlungsmasse. Er war bereit, ihn auszuliefern, um bessere Kapitulationsbedingungen auszuhandeln. Die Tatsache, dass er einen westlichen Journalisten zu Pol Pot ließ, sollte seinen guten Willen demonstrieren.

Nate Thayer besuchte Pol Pot in seiner Bambushütte im Dschungel. Viele Jahre später frage ich ihn, ob er sich von jenem Besuch an etwas erinnern kann, was mit Essen zu tun hat.

„Ja. Pol Pot hatte einen kleinen Gemüsegarten neben der Hütte, den seine Frau und seine Tochter bestellten", erzählt Thayer. „Sie ließen Lebensmittel aus Thailand reinschmuggeln und Tee aus China. Er trank chinesischen Tee mit thailändischem Salz. Ihr schmutziges kleines Geheimnis war, dass sie die chinesische und thailändische Küche viel lieber mochten als die kambodschanische.

Sie haben damals eine Art Festgelage zu meinen Ehren abgehalten, mit importierten Pringles-Chips aus der Dose, Hamburgern mit Pattys aus Wasserbüffelfleisch, warmer Cola und Sprite sowie gefälschtem Johnny Walker Black Label Whiskey."

Beim Gespräch mit Nate Thayer gab Pol Pot kein einziges seiner Verbrechen zu.

32.

Das Grab des Diktators steht heute im Schatten eines riesigen Kasinos. Yin Soeum, mein Guide, erinnert sich, dass ihm vor einigen Jahren irgendein Mann angeboten hat, ihm Pol Pots Knochen zu verkaufen.

„Es handelte sich um einen Armknochen. Angeblich echt. Der Typ wollte hundert Dollar dafür. Viele Jahre lang lagen Pol Pots Gebeine einfach so in dem offenen Grab herum. Niemand interessierte sich dafür. Nicht einmal die Hunde. Erst seit ein paar Jahren sehe ich hier keine Überreste mehr."

Yong Moeun mit einem Hausaltar zu Ehren ihres Ehemannes

* * *

Ich war zweimal an seinem Grab. Es sieht schrecklich aus. Als hätten sie ihn erniedrigen wollen.

Seine zweite Frau, Mea Som, war nur einmal dort, so um das Jahr 2000. Zuerst kam sie zu mir und fragte: „Schwester Moeun, wollen wir zusammen etwas für Pol Pot kochen?"

Ich lächelte. „Aber natürlich!"

Und so kochten wir zusammen sein Lieblingsessen: süß-saure Suppe mit Ananas und Chili, dazu gebratenes Hähnchen.

Bei der Gelegenheit fragte ich Mea Som, ob die Gerüchte stimmten, dass er sich das Leben genommen habe. Die Leute redeten. Na ja, manche. Angeblich soll er gewusst haben, dass Ta Mok ihn ermorden wollte, also schluckte er eine Überdosis der Medikamente, die er in seiner Hütte im Wald hortete. Er wollte nicht mehr aufwachen. Aber Mea Som sagte, dass das nicht stimme und er an einem Herzinfarkt gestorben sei.

Wir brachten das Essen zu dem Ort, an dem er eingeäschert worden war. Die Menschen in Kambodscha glauben, dass die Seele eines Menschen nach seinem Tod weiterhin Nahrung braucht, um auf eine neue Daseinsstufe überzuwechseln. Ich persönlich glaube das nicht. Seine Seele ist bestimmt nicht mehr dort. Die Mönche glauben, dass sie nach so langer Zeit in jemand anderen übergegangen ist.

Vielleicht lebt irgendwo die Reinkarnation von Pol Pot? Dieser Mensch wäre jetzt ungefähr zwanzig Jahre alt. Zwar weiß ich nicht, wo er wohnt, aber ich bin mir sicher, dass wir noch von ihm hören werden.

33.

Was ich jetzt mache? Meistens ruhe ich mich aus. Ich habe Kabelfernsehen und schaue viel fern. Am liebsten gucke ich Fußball und Ringen. Ich weiß nicht, warum, aber ich mag die englische Liga: Chelsea, Arsenal. Das macht mich glücklich. Vielleicht liegt es daran, dass ich mir gern junge, starke Männer anschaue? Ich habe mein Leben mit jungen, starken Männern verbracht, denn bei uns in der Organisation gab es nur hübsche Jungs, schlank und muskulös. Wenn ich mir die heutigen jungen Männer so anschaue, muss ich seufzen. Sie sehen aus wie Hähnchen im Supermarkt, ganz blass und ohne Muskeln!

Wenn ich jünger wäre, würde ich mir ein Flugticket kaufen und nach Großbritannien reisen, um mir ein Spiel von Chelsea oder Arsenal in echt anzusehen. Aber das wird nicht passieren. Also muss der Fernseher genügen.

Ich mag auch Wrestling. Ich schaue gerne zu, wenn John Cena kämpft. Von den Fußballern mag ich am liebsten den, der so ein sanftes Lächeln hat, wie Pol Pot, wie heißt der noch mal … Ich komme gerade nicht drauf. Zeig mir ein paar bekannte Fußballer, dann sage ich es dir. Warte, ja … Genau, der! Lionel Messi! Du kannst bestimmt erkennen, dass er genauso lieb lächelt.

Nein, mir fehlt nichts.

Als mein Mann und ich hierherkamen, nach Anlong Veng, hatten wir gar nichts. Wir kauften uns ein Stück Land und bewirtschafteten es mit den bloßen Händen. Wir rodeten die Bäume und bestellten den Boden. Obwohl keiner von uns jemals auf dem Land gearbeitet hatte, legten wir ein Reisfeld an und hatten dann unseren eigenen Reis. Wir kauften einen Büffel und später noch zwei weitere.

Unser Haus steht direkt an der Straße, also kaufte ich Benzin, füllte es in Colaflaschen um und verkaufte es an die Autofahrer. Heute haben unsere Kinder eine richtige Tankstelle – alles wegen unserer Arbeit!

Es gibt auch Tage, an denen ich den Fernseher gar nicht anmache.

Dann sitze ich nur da und erinnere mich an mein Leben. Ich denke an die Leute, die ich kannte, wem ich die Hand gedrückt habe. Ich erinnere mich an meinen Mann und an Freunde aus der Guerillazeit.

Ich denke auch an Pol Pot.

Du fragst, ob es zwischen uns auch hätte anders laufen können. Ich verstehe die Frage nicht. Es ist doch gut gelaufen. Besser hätte es nicht kommen können. Über lange Jahre war ich jeden Tag bei ihm und durfte zusehen, wie er lachte, ihm zuhören, wie er seine Scherzchen machte. Ich durfte für ihn kochen. Das war mehr als genug.

Du fragst, ob ich ihn geliebt habe …

Das kannst du dir selbst beantworten, nach allem, was ich dir erzählt habe. Wie hätte man ihn denn nicht lieben können?

Der Autor mit Yong Moeun

ESPRESSO

Die Arbeit an einem solchen Buch, wie Sie es gerade in den Händen halten, bereitet zahlreiche Schwierigkeiten. Die größte Herausforderung ist es, an glaubwürdige Quellen zu gelangen. Zugegeben, über jeden der hier beschriebenen Diktatoren wurden bereits Biografien verfasst. Dank der Arbeit von Philip Short und David P. Chandler wissen wir sehr viel über das Leben und die Regierungszeit von Pol Pot; über Fidel Castro sind umfassende Werke erschienen, zum Beispiel *Fidel: A Critical Portrait* von Tad Szulc.

Über Saddam Hussein ist leider noch nicht sehr viel geschrieben worden. Noch schwieriger ist es, zuverlässige Quellen über das Leben von Idi Amin zu finden, in dessen Fall es manchmal unmöglich ist, die Mythen – viele von ihnen von ihm selbst in die Welt gesetzt – von der Wahrheit zu unterscheiden. Aber am schwersten fiel es mir, Informationen über Enver Hoxha zu finden, denn Blendi Fevzius Buch über ihn kratzt nur an der Oberfläche seiner außergewöhnlichen Lebensgeschichte.

Noch schwieriger sieht die Sache bei deren Köchen aus. Die Geschichte von Otonde Odera findet man im Buch *Teufelsköche: An den heißesten Herden der Welt* von Juan Moreno. Über Yong Moeun schrieb Laurence Picq in ihren bereits zitierten Erinnerungen. Auch über Erasmo Hernández kann man noch einige Zeitungsartikel finden. Das war es aber auch im Wesentlichen.

Es kam hin und wieder vor, dass die Köche bei unseren Gesprächen den mir aus den genannten Quellen überlieferten Geschichten widersprachen oder diese zumindest ganz anders erzählten. So verhielt es sich unter anderem mit Otonde Odera, mit dem der Journalist Juan Moreno mehrere Jahre vor mir gesprochen hatte. Dieser Bericht erschien im *Spiegel* sowie in dem zuvor erwähnten Buch. Die Beschreibung seines Lebens aus der Feder von Moreno weicht in einigen Details von dem ab, was ich selbst von Otonde Odera gehört und dann hier aufgeschrieben habe.

Ähnlich erging es mir mit Yong Moeun: Sie vermied es, Antworten auf gewisse Fragen zu geben, indem sie sich einfach taub stellte oder diese als unwichtig abtat. Der kambodschanische Journalist Thet Sambath sprach 2001 mit ihr, vor allem über ihre Bekanntschaft mit Khieu Ponnary, der Ehefrau von Pol Pot. Jener Bericht und der, den ich 2017 von Yong Moeun gehört habe, unterscheiden sich teilweise stark voneinander – und auch von dem, was die Französin Laurence Picq über sie und ihre Familie zusammengetragen hat. Da die Abweichungen das Privatleben ihrer Familie betreffen, möchte ich nicht näher darauf eingehen. Diejenigen Leser, die sich dafür interessieren, verweise ich auf Picqs hervorragendes Buch *Beyond the Horizon. Five Years with the Khmer Rouge.*

Die erwähnten Unterschiede sind nicht wesentlich. Man könnte sie mit dem hohen Alter der Protagonisten und Protagonistinnen erklären. Doch diese Erfahrung wiederholte sich so oft, dass ich mich schließlich entschloss, diesem Phänomen gegenüber eine klare Strategie zu wählen. Ich entschied, dass jeder Mensch das Recht hat, seine eigene Lebensgeschichte so zu erzählen, wie er sich Jahre später an sie erinnert oder erinnern will. Gewiss: Wenn mir Ungereimtheiten auffielen, sprach ich sie an. Doch wenn meine Gegenüber der Meinung waren, dass das, was sie mir erzählten, der Wahrheit entsprach, dann akzeptierte ich es eben als *ihre* Wahrheit.

Ich verifizierte die erhaltenen Informationen auf mehrere Arten: Vor allem durch Lektüre der genannten Quellen. Außerdem bat ich Menschen, die die beschriebenen Diktatoren kannten beziehungsweise wussten, wie ihre persönliche Umgebung und ihre Staaten funktionierten, das Manuskript zu lesen. Und schließlich konsultierte ich Fachleute, die sich mit Geschichte und Politik dieser Länder auskennen. Die Liste ihrer Namen finden Sie am Ende des Buches.

Ich habe viel Zeit darauf verwendet, die im Buch beschriebenen Begebenheiten und Szenen nachzuprüfen. Dennoch sind viele davon (etwa die Gespräche mit den Diktatoren) nicht überprüfbar – ich muss mich auf das Wort der Köch*innen verlassen. Ich musste ihnen mein Vertrauen schenken; so wie wir ihnen vertrauen, wenn sie für uns kochen. Und warum sollten wir es ihnen nicht zugestehen, dass man sie so in Erinnerung behält, wie sie es sich wünschen?

DIGESTIF

Dieses Buch entstand über vier Jahre auf vier Kontinenten. Es hätte niemals ohne die Mithilfe Dutzender Menschen veröffentlicht werden können. Ihnen allen bin ich zu Dank verpflichtet.

Vor allem möchte ich mich bei den Köchen und Köchinnen der Diktatoren bedanken, dass sie überhaupt mit mir reden wollten.

Ich danke auch meinen Guides und Dolmetscher*innen. Ich habe sie sehr sorgfältig ausgesucht, denn sie mussten nicht nur die Köch*innen finden, sondern sie auch dazu überreden, sich mit mir zu treffen. Und das war keine einfache Sache. Dank ihnen waren die Besuche bei meinen

Interviewpartner*innen meist, als würde ich alte Bekannte treffen. Es war ihre Offenheit, Freundlichkeit und Kompetenz, die dazu führten, dass mir die Köche und Köchinnen der Diktatoren Dinge erzählten, die sie nie zuvor jemandem anvertraut hatten. Ich danke:

Irak

Hassan Ashwor

Ibrahim Elias

Marcus Freeman

Uganda

Carl Odera

Julia Prus

Albanien

Lindita Çela

Besar Likmeta

Kuba

Jorge Cotilla

Miguel X.

Kambodscha

Yin Soeum

Ich danke außerdem allen, die mir während der Arbeit an diesem Buch behilflich waren.

Mein besonderer Dank gilt:

Katarzyna Boni, Soeum Borey, Ian Buruma, Sean Bye, Olga Chrebor, Ali Dib, Paweł Goźliński, Major Iain Grahame, Tomasz Gudzowaty, Dorota Horodyska, Djoni Hysaj, Wojciech Jagielski, Zbyszek Jankowski, Izabella Kaluta, Marcin Kącki, Piotr Kędzierski, Ton van den Langkruis, Daniel Lis, Maciej Musiał, Paweł Pieniążek, Agnieszka Rasińska-Bóbr, Gretchen Schmid, Philip Short, Damian Strączek, Mariusz Szczygieł, Mariusz Tkaczyk, Renata Trzcińska, Mirek Wlekły, Ewa Wojciechowska, Małgosia Woźniak-Diederen, Hassan Yasin, Lucie Zakopalová, Natalia Żaba.

Ich bedanke mich beim Verlag Penguin Random House; allen voran bei dem wunderbaren Lektor John Siciliano, der von Anfang an an dieses Buch geglaubt und die Rechte bereits vor seiner Entstehung gekauft hat. So etwas passiert polnischen Autoren in einem amerikanischen Verlag äußerst selten.

Ich danke Antonia Lloyd-Jones, die nicht nur für mich, sondern für die polnische Literatur insgesamt sehr viel tut! Ich danke dir für deine Freundschaft und für die Hingabe, mit der du dieses Buch übersetzt hast. Und für einen wunderschönen Tag im Osten Englands.

Insgesamt möchte ich mich bei allen achtzehn Übersetzern und Übersetzerinnen meines Buches weltweit bedanken – ganz besonders bei Paulina Schulz-Gruner für ihr Engagement für die deutsche Ausgabe und unsere wunderbare Zusammenarbeit.

Ich bedanke mich bei Ania Dziewit-Meller und Marcin Meller dafür, dass sie mich auf meinem Weg beinahe von Anfang an begleiten. Marcin danke ich dafür, dass er mich mal zum Verlag W.A.B. mitgenommen hat, wo ich die folgenden großartigen Menschen kennenlernen durfte:

Krzysztof Leśniewski, Łukasz Gaworski, Maciej Marcisz, Arkadiusz

Jakimiuk, Małgorzata Danowska, Elżbieta Kalinowska, Dominika Cieśla-Szymańska, Anna Dworak.

Ich danke euch!

Herzlich bedanken möchte ich mich bei meiner Managerin, Gabrysia Niedzielska.

Ich danke meinen Agenten: Ania Rucińska und Marcin Biegaj sowie der ganzen phantastischen Truppe von der Andrew Nurnberg Agency, allen voran Andrew selbst! Sowie Magda Dębowska, mit deren Agentur ich die Arbeit an diesem Buch begonnen hatte.

Izabela Meyza – ich danke dir, dass es dich gibt. Und ich verspreche dir, dass ich endlich lernen werde, ordentlich zu kochen (oder es zumindest zu versuchen). Zugegeben: Ich habe viel bei Marcus gelernt, aber da ist noch Luft nach oben.

Anielka, Marianka, Mama, Papa, Oma, Opa – danke!

Ich danke allen, auf die ich bei dieser wunderbaren, doch nicht immer einfachen Arbeit zählen konnte.

ZUTATEN

IRAK

Said K. Aburish: *Saddam Hussein. The Politics of Revenge,* London 2001

Roman Chałaczkiewicz: *Zmierzch dyktatora. Irak w moich oczach,* Warszawa 2008.

Efraim Karsh: Inari Rautsi, *Saddam Hussein: A Political Biography,* New York 2001.

UGANDA

J.H. Driberg: *The Lango: A Nilotic Tribe of Uganda,* London 1923.

Iain Grahame: *Amin and Uganda: A Personal Memoir,* London 1980.

Kenneth Ingham: *Obote. A Political Biography,* Oxford 1994.

Henry Kyemba: *State of Blood. The Inside Story of Idi Amin's Reign of Fear,* London 1977.

George Ivan Smith: *Ghosts of Kampala. The Rise and Fall of Idi Amin,* New York 1980.

ALBANIEN

Albania as Dictatorship and Democracy, Sammelband, Band III, *From Isolation to the Kosovo War,* New York 2006.

Tadeusz Czekalski: *Albania,* Warszawa 2003.

Blendi Fevziu: *Enver Hoxha. The Iron Fist of Albania,* New York 2016.

Misha Glenny: *The Balkans 1804–2012. Nationalism, War and the Great Powers,* New York 2012.

Enver Hoxha: *The Khrushchevites: Memoirs,* Tirana 1980.

Ismail Kadare: *Chronicle in Stone,* London 2007.

Arshi Pipa: *Albanian Stalinism: Ideo-Political Aspects,* New York 1990.

KUBA

Philip Brenner (Hg.): *A Contemporary Cuba Reader: Reinventing the Revolution,* Lanham 2008.

Anya von Bremzen: *Paladares: Recipes from the Private Restaurants, Home Kitchens, and Streets of Cuba,* New York 2017.

Suzanne Cope: *When Revolution Came to the Kitchens of Cuba,*

The Atlantic, 11.08.2016, https://www.theatlantic.com/international/archive/2016/08/cuba-castro-villapol-julia--child/494342.
Servando Gonzalez: *The Secret Fidel Castro: Deconstructing the Symbol,* New York 2001.
Ernesto Che Guevara: *Epizody wojny rewolucyjnej,* übers. v. Enrique Porcel Ortega, Kraków 1981.
Ernesto Che Guevara: *The Diaries of Ernesto Che Guevara,* New York 2009.
Fidel i religia. Rozmowy z Bratem Betto, übers. v. Janina Perlin, Małgorzata Dołgolewska, Warszawa 1986.
Tom Miller: *Trading with the Enemy. A Yankee Travel Trough Castro's Cuba,* New York 2015.
Juan Reinaldo Sanchez: *The Double Life of Fidel Castro: My 17 Years as Personal Bodyguard to El Lider Maximo,* New York 2016.
Tad Szulc, *Fidel: A Critical Portrait,* New York 2000.
Marisa Wilson: *Everyday Moral Economies: Food, Politics and Scale in Cuba,* Oxford 2014.

KAMBODSCHA

David A. Ablin, Hood M.: *The Cambodian Agony,* London 1990.
William Burr, Jeffrey P. Kimball: *Nixon's Nuclear Specter: The Secret Alert of 1969, Madman Diplomacy, and the Vietnam War,* Kansas 2015.
David P. Chandler: *Voices from S-21: Terror and History in Pol Pot's Secret Prison,* Berkeley 2000.
Gina Chon, Sambath Thet: *Behind the Killing Fields: A Khmer Rouge Leader and One of His Victims,* Philadelphia 2013.
Wiesław Górnicki: *Bambusowa klepsydra,* Warszawa 1980.
Ben Kiernan und Chanthou Boua (Hg.): *Peasants and Politics in Kampuchea 1942–1981,* London 1982.
Laurence Picq: *Beyond the Horizon. Five Years with the Khmer Rouge,* New York 1989.
Philip Short: *Pol Pot. Pola śmierci,* übers. v. Sebastian Szymański, Warszawa 2015.

KRÜMEL

Die **Roten Khmer** waren eine Guerillabewegung, die unter Pol Pot 1975 die Herrschaft in Kambodscha übernahm und versuchte, das Land gewaltsam in den Kommunismus zu führen. Die Organisation ist aus der Volksgruppe der Khmer hervorgegangen, die die mehrheitliche Ethnie in Kambodscha bilden. [17]

Angkar Padevat („revolutionäre Organisation") war eine lange geheimgehaltene Frontorganisation der Kommunistischen Partei Kambodschas. Letztlich ist sie gleichzusetzen mit den Roten Khmer unter ihrem Führer Pol Pot. Die Verbindung zwischen Partei und Angkar wurde erst zweieinhalb Jahre nach der Machübernahme öffentlich bekannt. [19]

Der **Mustafa-Barzani-Aufstand** zwischen 1961 und 1970 war der erste bewaffnete Kampf der Barzani-Brüder um die Autonomie kurdischer Gebiete im Irak. Er wird auch als *Erster Kurdenkrieg* oder *Barzani-Revolte* bezeichnet. Obwohl er mit einem Autonomieabkommen endete, wurde die Unabhängigkeit nie erreicht. Der Vertragspartner Saddam Hussein hielt seinen Teil der Vereinbarung nicht ein, sodass es zu weiteren Kurdenkriegen kam. [34]

Der große arabische Führer **Saladin** lebte von 1137/38 bis 1193 und war der erste Sultan von Ägypten. Er eroberte 1187 Jerusalem und gilt als idealer islamischer Herrscher. In der deutschen Literatur wurde ihm durch Gotthold Ephraim Lessings *Nathan der Weise* ein Denkmal gesetzt. [39]

Sarah Obama war die dritte Ehefrau von Hussein Onyano Obama, dem Großvater des ehemaligen US-Präsidenten Barak Obama. Sie gründete 2010 eine Stiftung, um Waisen mit Nahrung und Bildung zu versorgen und starb am 29. März 2021. [88]

Die **Sigurimi** war die albanische Geheimpolizei, die Enver Hoxha ab 1944 aufbaute. Ihr offizieller Name lautete *Drejtoria e Sigurimit të Shtetit* – Direktion der Staatssicherheit. Neben der Auslandsspionage hatte die Sigurimi auch den Auftrag, für die Linientreue der eigenen Bevölkerung zu sorgen. [154]

Von 1940 bis 1944 und 1952 bis 1958 regierte Fulgencio Batista als Staatspräsident in Kuba – zunächst gewählt, dann an die Macht geputscht. Er galt als Lobbyist der US-amerikanischen Mafia. Das **Batista-Regime** wurde 1958 durch die Kubanische Revolution gestürzt. [191]

Raúl Modesto Castro Ruz ist der jüngste Bruder von Fidel Castro. 2008 folgte er Fidel als kubanischer Staatspräsident. 2018 trat er zurück, blieb aber bis 2021 Erster Staatssekretär des Zentralkomitees der Kommunistischen Partei Kubas. [208]

Fidel Castro hat mit Leidenschaft **Baseball** gespielt. Man findet seinen Namen auch in Aufstellungen seines Collegebaseballteams. Doch ein Profivertrag in den USA? Es war durchaus üblich, das amerikanische Scouts auch in lateinamerikanischen Ländern auf die Suche gingen. Dass Castro einen Profivertrag angeboten bekam, ist jedoch eine Legende. [227]

Das **Coppelia** ist noch heute *das* Eiscafé in Havanna, regelmäßig bilden sich hier lange Schlangen. Es wurde 1966 auf Anweisung von Fidel Castro gebaut und galt auch wegen seiner modernen Architektur als Aushängeschild gegenüber den USA. [240]

Insgesamt gibt es in Kambodscha über 300 sogenannte **Killing Fields**, Massengräber, in denen die Roten Khmer die Opfer ihrer inneren, politischen Säuberungen begruben. Die Getöteten waren in erster Linie Kambodschaner, denen verschwörerische Aktivitäten unterstellt wurden – und ihre Familienangehörigen. [247]

Die **Khmer Krom** sind die in Vietnam lebende kambodschanische Minderheit. [248]

Der **Vietcong** war eine südvietnamesische kommunistische Guerillaorganisation, die als *Nationale Front für die Befreiung Südvietnams* in die Geschichtsbücher einging. Sie kämpfte im Vietnamkrieg gegen die US-Streitkräfte sowie die von ihnen eingesetzte Regierung Südvietnams. Der Vietcong hat hunderttausende zivile Opfer gefordert und Südvietnam schließlich zur Kapitulation gezwungen. [255]

„Missbrauch von Regierungsvollmächten“, so lautete der Hauptvorwurf in der sogenannten **Watergate-Affäre**, die 1974 den US-amerikanischen Präsidenten Richard Nixon nötigte, sein Amt niederzulegen. Der Name stammt von einem Gebäudekomplex, in dem sich der Sitz der Demokratischen Partei befand. Hier wurden am 17. Juni 1972 fünf Männer festgenommen, die eingebrochen waren, um bereits früher angebrachte Abhörgeräte zu erneuern. Bald wurde öffentlich, dass das Weiße Haus in die Vorfälle verstrickt war. [258]

GEWÜRZE

1 S. K. Aburish, *Saddam Hussein. The Politics of Revenge*. London 2001, S. 17.

2 H. Kyemba, *A State of Blood, The Inside Story of Idi Amin's Reign of Fear*, London 1977, S. 136.

3 H. Kyemba, *A State of Blood, The Inside Story of Idi Amin's Reign of Fear*, London 1977, S. 22.

4 J. Marshall, *Milton Obote. The first Leader of an independent Uganda. He imposed virtual one-man rule, but was twice overthrown.*, *The Guardian*, 12.10.2005, https://www.theguardian.com/news/2005/oct/12/guardianobituaries.hearafrica05 (letzter Zugriff 27.07.2019).

5 E. Che Guevara, *Epizody wojny rewolucyjnej*, übers. E. P. Ortega, Kraków 1981, S. 8-9.

6 T. Szulc, *Fidel: A Critical Portrait*, New York 2002, S. 86.

7 *Fidel i religia. Rozmowy z Bratem Betto*. Übers. J. Perlin, M. Dolgolewska, Warszawa 1986, S. 34-35.

8 E. Colina, *La vaca de marmol*, eine kubanisch-französische Koproduktion, 2013.

9 T. Miller, *Trading with the Enemy: A Yankee Travels Through Castro's Cuba*, New York 1992, S. 3008 bis 3009 (Kindle Edition).

10 Mehr dazu: *A Contemporary Cuba Reader: Reinventing the Revolution*, hg. v. Ph. Brenner, Lanham 2008, S. 1.

11 S. Mydans, *Pol Pot's Siblings Remember the Polite Boy and the Killer*, *The New York Times*, 06.08.1997, http://nytimes.com/1997/08/06/world/pol-pot-s-siblings-remember-the-polite-boy-and-the-killer.html (Letzter Zugriff: 27.07.2019).

12 Philip Short, *Pol Pot: The History of a Nightmare*, London 2006, S. 45.

13 M. Zawadzki, *Brudne sprawki Ameryki*, *Gazeta Wyborcza*, 21.02.2014, http://wyborcza.pl/alehistoria/1,121681,1500551,Brudne_sprawki_Ameryki.html (Letzter Zugriff: 27.07.2019).